TARÔ

VIDA E DESTINO

ESTUDOS COMPLETOS DO TARÔ
VOLUME 2

NEI NAIFF

TARÔ

VIDA E DESTINO

ESTUDOS COMPLETOS DO TARÔ
VOLUME 2

ALFABETO

Supervisão geral: Edmilson Duran
Projeto da capa: Décio Lopes

DADOS INTERNACIONAIS DE CATALOGAÇÃO NA PUBLICAÇÃO (CIP)

Naiff, Nei

Tarô: vida e destino – vol. 2 / Nei Naiff – Editora Alfabeto – 6ª edição – São Paulo, 2021.
456 págs.

ISBN: 978-85-98307-79-4

1. Tarô 2. Oráculos I. Título II. Série

13-0588 CDD: 133.32424

CDU: 133:794:43

ALFABETO

EDITORA ALFABETO
Rua Protocolo, 394 | CEP 04254-030 | São Paulo/SP
Tel: (11)2351.4168 | E-mail: editorial@editoraalfabeto.com.br
Loja Virtual: www.editoraalfabeto.com.br

A sabedoria se inicia na reflexão.

Sócrates (500 a.C)

CARTAS DO TARÔ

ARCANO, ORIGINÁRIO DO LATIM *ARCANUM*, SIGNIFICAVA ARCA, BAÚ, caixa, que por extensão semântica nas línguas contemporâneas resultou em "*aquilo que é profundamente secreto, enigmático, incompreensível*". Desde o final do século XIX esse vocábulo foi agregado às cartas do tarô sugerindo seu conteúdo oculto e místico; posteriormente, o estudo das cartas-arcanos teve grande influência de conceitos junguianos, nos quais essas cartas se tornaram imagens arquetípicas. No âmbito dessa nova perspectiva, também se relacionou com a semiótica peirciana, fortalecendo ainda mais o caráter transcultural de sua imagética. Em um período aproximado de um século, o tarô saiu de sua condição lúdica para adentrar em um plano oracular, repleto de significação hermética, psicológica e semiológica. A designação de uma carta já não é mais uma simples indicação alegórica, como outrora, pois se afastou de uma condição genérica para incorporar um elemento com característica peculiar. Isso se reflete em uma mudança de classificação morfológica se tornando um SUBSTANTIVO PRÓPRIO. Portanto, não se faz necessário empregar o *determinante* para indicar a ilustração ou algum título como, por exemplo, "O Mago", pois unicamente "Mago" (sem o determinante e com inicial maiúscula) seria suficiente. O artigo definido (o, a, os, as) para substantivos próprios será indispensável nas referências sintagmáticas, mas não é necessário em titulações. Por outro lado, encontramos pleonasmo em "Arcano 1, O Mago", pois o *arcano 1* é relativo ao *arcano Mago* e Mago é o arcano 1. O importante é perceber que o nome de uma carta de tarô adquiriu valor próprio; no entanto, o vocábulo *arcano* ainda é um substantivo comum. Todavia, nada invalida o uso daquilo que já se convencionou escrever nas ilustrações: O Mago, A Sacerdotisa, A Imperatriz etc.; tudo ainda pode coexistir até que as gerações entendam a magnitude alcançada pelo nome de um arcano do tarô.

SUMÁRIO

Parte 3 – Arcanos menores 227

INTRODUÇÃO

Até o início do século XX talvez fosse mais fácil para os ocultistas ensinarem a seus discípulos que um determinado elemento místico era análogo ao simbolismo da *anima mundi*, *coagulatio*, *logos*, *azoth*, *elus cohens*, *koré*. Enfim, havia tantos termos esotéricos que terminavam análogos a alguma coisa; porém, quantos eruditos ainda existem? Quantas pessoas têm a capacidade de compreender tais conceitos? Sagrado e profano — quem poderia distingui-los atualmente? Qual a diferença entre o universo espiritual e o mundano? Lógico que tudo isso ainda existe no âmbito das fraternidades esotéricas, mas quais têm tradições seculares — duas ou três? E o resto se baseia em quê: em uma dúzia de monografias fragmentadas ou em livros antigos sem *egrégora*? Seriam dissidentes revoltados, egos inflados de poder, esquizofrenia aguda? O conhecimento oculto se perdeu ou ainda estaria guardado em uma arca santa? Quanto tempo é necessário para se atingir o autoconhecimento: 12 anos, 22 *athus*, 365 monografias, um curso de fim de semana, uma fração de segundo? Quem detém a tão discutida e exultada palavra **tradição**? Afinal, o que é tradição?

Devemos entender que a maior parte das sociedades "secretas" se tornou "discretas" e se encontra aberta a qualquer mísero mortal via correio, internet ou indicação de amigo. Todos os símbolos ocultos se tornaram manifestos e boa parte dos significados ritualísticos pode ser facilmente encontrada na internet ou em qualquer livraria. Quem imaginaria, até o meio do século XX, deparar-se com alguma explicação de rituais maçônicos impressa em revistas ou livros vendidos ao público em geral? Ora, uma vez revelado o segredo, a egrégora perde a força, o maravilhoso deixa de existir e a descrença paira entre os leigos. Bem, parece simples, mas não é. Com a globalização esotérica (também, exotérica) temos um sério problema: sim, podemos *conhecer* sobre o que as fraternidades praticam, mas nunca vivenciaremos o que os adeptos *aprendem*. Assim, perde-se toda tradição dos iniciados, ou seja, até reconhecemos o significado de alguns símbolos esotéricos, mas nunca entenderemos perfeitamente os valores simbólicos daquela fraternidade. Podemos até inflar nosso ego perante os mais amigos ao ditar significados que eles ignoram, mas nunca saberemos da profundidade mística expressada pelos neófitos.

O resultado da *pseudoabertura místico-exotérica* (tente compreender o real significado dessa inusitada expressão) se transforma na seguinte balbúrdia: existem pessoas **ensinando** *cabala* que estudaram em livros, *magia* que leram na internet, *tarô* que aprenderam em workshop, *astrologia* que copiaram de um programa de computador, *numerologia* que transcreveram de uma revista, entre tantas áreas ditas holísticas, tornando o saber incoerente, sem escopo e, principalmente, baseado no misticismo decadente que o esoterismo urbano nos trouxe nas últimas décadas (ufa!). Não critico os jornais e as revistas que nos repudiam, eles têm razão(!), até agora não mostramos nada coerente ou disciplinado, tudo está sem base, sem coerência, sem passado, sem futuro. Muitos exotéricos engajados na busca do autoconhecimento pensam que é assim mesmo: tudo netuniano, tudo zen, tudo intuição, tudo lenda pessoal, tudo vidas passadas, ou quem sabe, estão querendo somente passar o tempo longe das tardes entediantes ao lado da família. Não, não pode ser assim, está errado.

Embora se possam encontrar pessoas espiritualizadas e empresas holísticas fazendo o melhor, não basta unicamente ter boa vontade; devemos ter responsabilidade com aquilo que aprendemos, ensinamos ou ofertamos. Todos começam com a melhor das intenções; mas, se o negócio vai mal, como pagar as contas? Como continuar a "missão espiritual com o tarô" se não conseguir o dinheiro suficiente para suprir o orçamento? Este é um dos problemas no meio místico-esotérico: querem transformá-lo em um evento hiper-rápido para ganharem dinheiro fácil ou terem uma vida glamorosa. Então, a busca pela fama conduz o ensino e o aprendizado à superficialidade, pois atrai mais e vende mais com a promessa do sucesso imediato. Mas funciona em longo prazo? **Não.** O indivíduo cessa pouco tempo depois, dois anos no máximo, e procura outro assunto para aprender, ensinar, vender.

Vamos ser objetivos e práticos: a ciência oculta caiu no gosto popular, mas nem todos desejam passar anos fazendo rituais iniciáticos, estudando monografias ou dispondo de horas intermináveis de seu precioso dia. O matemático Pitágoras dizia em voz alta na escadaria de sua escola mística no sul da Itália — *Os esotéricos, que entrem; os exotéricos, que fiquem*; depois adentrava o recinto com seu séquito de filósofos. Porém, hoje, os exotéricos não querem ficar somente observando os esotéricos atuarem, desejam também conhecer e sentir a sensação do mundo transcendental; todavia, não pretendem se aprofundar, nem seguir guru algum, eles anseiam conhecer de tudo um pouco. O que fazer com esta nova classe emergente: o **neoesotérico**? Nada! Ela veio para ficar e talvez criar um novo conceito de vida espiritual, mais leve, mais solto, menos dogmático ou doutrinário. Portanto, um fator primordial com que precisamos lidar doravante é a urgente mudança de paradigmas, desenvolvendo conceitos mais acessíveis, procurando uma semântica contemporânea ou mitos muito mais próximos de nossa realidade mundial e (irreversivelmente) globalizada.

Não sou contra defender a vida financeira por intermédio das artes esotéricas ou até ser autodidata espiritual, mas que tal *querer* e *oferecer* qualidade? Que tal buscar filosofia e estrutura ao que se propõe? Que tal promover responsabilidade e, acima de tudo, tê-la? Que tal antes de passar uma novidade adiante: estudar, pesquisar, organizar, praticar, verificando se é válida? Nesse ínterim ainda sou um ferrenho defensor do esoterismo tradicional — disciplina, monografia, vivência, experiência, responsabilidade. Mas, se não quer tê-los, que tal acompanhar o ritmo do saber? Que tal não misturar catarse psíquica com missão espiritual? Que tal não confundir o livre-arbítrio com o carma? Que tal buscar coerência na vida? Afinal o que somos: uma lesma gosmenta, uma naja sibilante ou uma centelha divina? *Decifra-me ou devoro-te*, já dizia a esfinge para o inquieto Édipo.

Aos **novatos** aconselho uma pesquisa, uma prévia em livros ou referências antes de chegarem "aos mestres eruditos ou aos melhores do mundo" em busca do conhecimento oculto; podendo, assim, escolherem com calma, evitando possíveis atrasos no saber e mazelas em suas contas bancárias. Aos **buscadores** experientes recomendo uma renovação nos conceitos, uma consciência do que é o sagrado e do que seja o profano, a diferença entre o conhecimento de mundo e a verdade simbólica de cada arcano. Enfim, aos **eruditos** sugiro aceitarem o novo tempo que emerge da sociedade contemporânea, uma nova era de amálgama filosófica, uma nova linguagem mística para arregimentar o novo rebanho, uma nova fórmula de conhecimento para o saber antigo. E, para **mim** mesmo, tenho ditames que sigo eternamente: renovação, reengenharia, reconstrução, o tempo urge, a sociedade muda, os homens se transformam. *Nada é eterno, nem as pedras*.

Codex Buranus, século XII
Biblioteca Nacional, Munique, Alemanha.

PARTE 1

FUSÃO ESTRUTURAL

Intuição, técnica, estudo, teoria, mediunidade — o que seria importante para uma leitura de tarô? Certa vez, em uma entrevista para a jornalista Marília Gabriela, eu disse que achava engraçado dizerem que o tarô era *intuição* uma vez que estudavam diversos livros e faziam inúmeros cursos. Ora, por tal razão, sempre confiei mais no *conhecimento*. Claro que podemos associar os dois conceitos, seria perfeito, mas ditar somente o fluxo espiritual como veículo de leitura seria ilógico diante do imenso material já publicado sobre o assunto e das centenas de milhares de pessoas que os leem. Nos idos de 1970 tinha vidência ao jogar búzios, mas qual a razão dessa percepção espiritual nunca se manifestar quando lia o tarô? De minha parte, por muitos anos, tentei "ver" além do colorido das cartas e, frustração após frustação, não notava absolutamente nada além das lindas imagens. Saiba que estudei tanto a cabala que quase me tornei um rabino e, sinceramente, em nada melhorou minha leitura com o tarô (somente minha percepção do mundo). Por que somente conseguia interpretá-lo por intermédio das informações simbólicas que havia estudado? Com o tempo tive a certeza de que é possível ler as cartas sem qualquer preparo mediúnico ou aproximação com outro pensamento que não seja o arcano em si. E não falo somente por mim, mas por centenas de alunos que embora nunca tivessem contato com qualquer arte transcendental, conseguiram ler perfeitamente o tarô. Também sei de muitos estudantes cabalísticos que somente obtiveram êxito na leitura oracular após entenderem minhas obras ou frequentarem meus cursos. *O diferencial se encontra no estudo da estrutura, na sistematização e no enfoque oracular* — **o tarô é simbólico, alegórico ou imagético e nada mais do que isso.** O século XX foi um rico celeiro científico — do cartesiano ao quântico, do estruturalismo ao gerativismo —, no qual o ser humano se tornou um símbolo vivo, transformando radicalmente a percepção de mundo. Engraçado como conhecimentos ditos ocultos são encontrados facilmente nessas áreas do saber, pois fiquei fascinado ao ler as postulações de Ferdinand Saussure, Noam Chomsky e Charles Pierce sobre linguística e semiótica. Sinceramente, aproximei-me muito mais do esoterismo ou dos próprios símbolos do tarô por intermédio desses estudiosos do que pelos inúmeros "professores esotéricos" que tive na vida. Salvo, claro, meu querido mestre Ozâmpin Olafajé (Domingos Marques) e minha respeitosa cigana Strada (Helena Rego), a quem devo eternas honras por realmente me ensinarem os mistérios do tarô por uma verve filosófica e prática (mesmo eles sendo altamente ocultistas). Com este capítulo encerramos todas as estruturas simbólicas do tarô que temos estudado desde o primeiro volume, para, então, apresentar as análises dos arcanos nos capítulos seguintes.

UMA LUZ NO FIM DO TÚNEL

Na obra anterior — o primeiro volume da série ESTUDOS COMPLETOS DO TARÔ — foram avaliadas as diversas estruturas simbólicas e algumas comparações entre os tarôs existentes; contudo, se o leitor ainda não o tiver estudado, não será difícil acompanhar o raciocínio do presente livro, pois farei um breve resumo da parte estrutural. Os que já leram observarão que retomaremos algumas partes do Capítulo 2 (Estrutura do tarô) e do Capítulo 3 (Diagrama da vida); contudo, não haverá repetição, mas ampliação conceitual para o aprofundamento do arcabouço final. Assim, o regresso aos tópicos principais da estrutura do tarô serve para melhorar a fixação do contexto global dos arcanos e suas vinculações. Argumentei na referida obra que fazer um iniciante penetrar no mundo simbólico do tarô não é uma fácil tarefa. Geralmente (ele) se inicia com uma visão muito mística das cartas, crendo que vozes espirituais o ajudarão a ler o destino; todavia, creio que a visão mais complicada se traduza ao pensar que é vital uma iniciação ritualística sem a qual o tarô não responderá. Os tarotistas de maneira geral, por já terem examinado vários livros, terminam, em um dado momento, se adaptando a um conceito ou a outro para analisar uma leitura; contudo, mesmo entre esses estudiosos sempre paira certa dúvida sobre um arcano ou um tipo de tarô. Quando iniciei o projeto desta trilogia tinha por objetivo tornar cognoscível o caos reinante no estudo do tarô, que acredito ter esclarecido no primeiro volume. Devemos aceitar o fato de que estamos aprendendo uma nova linguagem, um alfabeto simbólico, uma complexa leitura espiritual. Mas geralmente os alunos/novatos querem saber como funcionam na prática, sem terem a real dimensão da abrangência de um arcano ou de uma tiragem (abertura, lançamento, *layout*). Ainda hoje, encontramos revistas ou cursos rápidos tentando ensinar em poucos dias um mecanismo oracular que demanda muita dedicação e experimentação. Lá pelos idos de 1990, já critiquei muito esses movimentos, por saber que nunca aprenderão nada de concreto (naquele momento), mas, hoje, sinceramente, os considero plenamente importantes e válidos. Para falar a verdade, depois de ver muitos alunos (meus e de outros profissionais) abandonarem um curso regular, percebi que não é o curso (curto ou longo) que faz um tarólogo/tarotista, mas sua dedicação ao saber. No fundo, uma revista ou um workshop serve de filtro para aqueles que "sonham" com o poder e a manipulação do destino, daqueles que "vislumbram" com o autoconhecimento e a orientação espiritual. Nem preciso dizer quem abandona os cursos ou quem progride de um curso intensivo a um futuro brilhante. Ora, havendo o real interesse no aprendizado, o novato buscará maiores detalhamentos, uma vez que consegue entender a importância do estudo simbólico. Depois, descobre o valor da estrutura geral, discernindo a tarologia (estudo) da taromancia (adivinhação), que são duas áreas distintas, mas impossíveis de serem desagregadas. Sem esses dois preciosos passos não será possível chegar a uma leitura satisfatória ou à certeza de que se trilham caminhos verdadeiros para o autoconhecimento.

QUAL O MELHOR TARÔ?

A primeira pergunta que sempre me fizeram, e ainda fazem, em mais de 20 anos de atividades em seminários, palestras e cursos, é: *Qual tarô você ensina?* Geralmente o estudante, o curioso e o ouvinte têm a convicção de que existem tarôs diferentes porque escutaram ou leram sobre consultas e cursos de tarô mitológico, egípcio da Kier, Marselha, Rider-Waite, Crowley, entre tantos. Sem falar do tarô cigano ou do xamânico que em nada se reportam ao significado dos 78 símbolos tradicionais do tarô. Também, muitos leigos ouviram falar (mas não se lembram de quem) que o tarô de Crowley é mais poderoso que o de Marselha. Outros estudantes já leram que o tarô Voyager foi o mais moderno e que agora é o tarô Gilded e que este é, consequentemente, o melhor. Ou ainda, que os tarôs céltico e mitológico são muito antigos e que o tarô egípcio da Kier foi desenhado há milênios e havia registros nas pirâmides! *Sim, tudo isso se encontra perambulando pela internet e em alguns livros, infelizmente*. Atualmente é oferecida uma média de 500 tipos de criação artística (variação) do tarô nos catálogos especializados; então, surge a pergunta: *Para se aprender o tarô devo fazer 500 cursos ou ler os 500 livros?* — depois a resposta: NÃO! Já pensou no caos que seria? É importante saber que existe uma estrutura e uma cadeia simbólica comum nos arcanos do tarô, independente do nome e da origem. E se não houver essa correspondência, não é tarô. Simples assim. Contudo, não é demérito, é apenas outro sistema a ser estudado, pois o universo espiritual é infinito em sabedoria.

Voyager Tarot
James Wanless, 1984.

Todas as sabedorias funcionam? Claro. No entanto, quanto mais se definir o estudo, mais rapidamente chegará onde deseja: interpretar os símbolos em sua amplitude espiritual ou oracular. No livro anterior, abordamos a CLASSIFICAÇÃO DO TARÔ de forma direta e apenas comentando sobre a VARIAÇÃO ARTÍSTICA. Agora, pensemos o seguinte: durante o surgimento dos primeiros tarôs de que se têm notícias no século XIV até o século XVIII, sua produção era muito rudimentar, a tecnologia entre as eras da Renascença e da Revolução Industrial não permitia a impressão com tonalidades de cores, bem como um traço perfeito de sua ilustração; assim, praticamente todas as cartas desenhadas naquele período seguem o mesmo modelo de figuras e cores cujos símbolos raramente foram mudados. Também houve artesãos que confeccionaram obras-primas de tamanho valor que terminaram em espólios ou museus, como o caso do tarô de Visconti-Sforza (1450).

Entre os séculos XIX e XX, novas tecnologias foram descobertas no ramo editorial e, praticamente, toda forma de ilustração se transformou. Melhor papel-cartão, com rico colorido e retícula precisa, tornou o tarô uma fonte certa de lucro para as livrarias e, ainda, com o advento da arte digital, isso se evidenciou de maneira inimaginável. As editoras contratam artistas plásticos para desenharem um tarô ou compram a ilustração inusitada de algum entusiasta. Então, é urgente entender esse mercado capitalista para que você colecione quantos tarôs desejar, mas saiba qual (realmente) será de fácil aplicação. Nesses anos acumulei dezenas de tarôs em minha estante, mas em toda minha carreira devo ter utilizado periódica e profissionalmente, no máximo, uns cinco tipos. Lógico que joguei com outras dezenas, mas apenas para sentir o conteúdo imagético ou estudar o simbolismo. Conheço inúmeros outros tarólogos e estudantes que também possuem dezenas de tarôs, mas, assim como eu, igualmente terminam por jogar apenas um ou outro que mais lhe agradam. O restante fica guardado, sem utilidade prática. Não será diferente com você. Bem, voltando à definição estrutural — saber diferenciar os inúmeros tarôs disponíveis é um importante passo para compreender essa ferramenta de autoconhecimento e adivinhação.

Vejamos. Mesmo em nossos dias são editados tarôs com simbologia tradicional, apenas cores, novos traços e adereços foram acrescentados, mas nada mudou sensivelmente na imagem alegórica. Nos tarôs do século XVIII ou XIX, por exemplo, existe a ilustração de alguns objetos em cima de uma pequena mesa no arcano Mago: *moedas*, *faca*, *copo*; já em muitos tarôs do século XX observamos um *pentáculo*, uma *espada*, uma *taça*. Por cadeia simbólica tanto a moeda quanto o pentáculo têm o mesmo significado: elemento Terra; faca e espada, o elemento Ar; copo e taça, o elemento Água; já a figura humana nesses baralhos é jovem, está em pé e segura um bastão (elemento Fogo)! Podem ocorrer elementos estilizados que em nada modificam a arquitetura imagética; no entanto, o que difere um tarô atual de um antigo de mesma estrutura simbólica é a riqueza de cores, melhores traços ou apenas o estilo artístico. Classifiquemos, então, de **TARÔ CLÁSSICO** ou **TRADICIONAL** toda essa gama de baralhos que se reporta ao padrão marselhês[1]. Entre os mais antigos, citemos alguns: Jacques Vieville (1634), Claude Bourdel (1751), Oswald Wirth[2] (1888), R. Falconnier[3] (1889), Rider-Waite[4] (1910), Thot Tarot (1944), Spanish Tarot (1970), Old English Tarot (1997), Cosmic Tarot (1996), Nei Naiff (2002), Gilded Tarot (2004), Golden Tarot (2008), entre centenas.

O século XX foi realmente um divisor de águas no mundo e nas diversas culturas e ciências com a postulação da psicologia e da física quântica, tudo isso propiciou novas pesquisas e também influenciou diversos trabalhos artísticos. O tarô não ficou à deriva. Tanto a literatura dos arcanos quanto seus baralhos foram amplamente afetados com as novas ideias que surgiram na década de 1970. Em um dos ganhos encontramos a conceituação junguiana sobre imagens arquetípicas, que foi aplicada ao tarô nas inúmeras possibilidades de concepção artística. As portas da criatividade se abriram, sem perder o vínculo original. O que aconteceu? A estrutura das imagens tradicionais já não se fazia tão necessária, mas unicamente o universo arquetípico, ou seja, elementos que fossem análogos e similares ao conteúdo taromântico da carta. O arcano Mago, por exemplo, não precisaria ter as mesmas características medievais ou imagéticas dos tarôs clás-

---

[1] Tarô de Marselha, considerado a estrutura mais clássica, de nível genérico e o mais simples no plano simbólico.

[2] Primeiro tarô com letras **hebraicas** impressas na carta.

[3] Primeiro tarô com iconografia exclusivamente **egípcia**.

[4] Primeiro tarô com os arcanos menores **ilustrados**.

sicos. O artista procurava na mitologia ou em culturas diversas alguma característica comportamental que fosse análoga à referida carta. Assim, ele se tornou Hermes, Mercúrio, Osíris, Merlin, entre diversas figuras míticas ou fábulas possíveis que poderiam fazer alusão aos atributos do Mago. Denominamos esse grupo de baralhos de **TARÔ TRANSCULTURAL** ou **ÉTNICO** e podemos mencionar: Xultum Tarot (1972), Native American Tarot (1982), Astec Tarot (1986), Tarô da Bíblia (1989), The Wichtes Tarot (1993), Goddess Tarot (1998), DruidCraft Tarot (2005), Tarot of Vampires (2010), entre tantos.

Por volta de 1975-1980, logo após o surgimento dos tarôs transculturais, também aparecem tarôs baseados nos clássicos, mas abertos na concepção artística com livre criação dentro do contexto de significação da carta. Mesmo nessa nova categoria ainda podemos, com certo esforço, reconhecer o arcano; no entanto, cada tarô é diferente (visualmente) do outro, não tendo nada em comum. Muitas vezes, até parece *não* se tratar de um tarô ou que seja difícil empregar o que se estuda (em livros) para esses baralhos. Esse grupo recebe o nome de **TARÔ SURREALISTA** ou **FANTASIA** e podemos citar: Tantric Tarot (1976), Tarot Universal Dali (1984), The Anchanted Tarot (1990), Osho Zen Tarot (1994), Hoerig Tarot (1996), Navegator of the Sea (1997), Modern Medieval Tarot (2007), Tarot of the Silicon Diown (2011), entre tantos.

- Por exemplo. Comparemos o arcano 20, que tem entre seus atributos: evolução para uma nova vida, renovação dos valores, transformação motivada pelo destino, transcendência, inovação, nova era, futuro. O simbolismo **clássico** do tarô Rider-Waite, similar ao tarô de Marselha, é expresso pelo anjo tocando a trombeta (*anunciação espiritual de uma nova vida*) e lápides (*situação com base em ações passadas*); também observarmos o aspecto **transcultural** do tarô The Sacred Circle revelando o solstício de inverno na mitologia druida (*renascimento da vida, a iluminação do sub-*

mundo) e, por fim, a ilustração **surrealista** no tarô OSHO ZEN sendo expressa pela metamorfose de uma borboleta (*nova era, forma e consciência, renascimento*).

Rider-Waite Tarot
AGM Muller, Suíça.

The Sacred Circle Tarot
Llewellyn, EUA.

Osho Zen Tarot
Osho Foundation, EUA.

Assim, todos os tarôs que seguem os atributos (concepções arquetípicas, modelos) originais dos arcanos estarão vinculados por cadeia simbólica, seja por analogia ou transculturação. Não posso deixar de apontar que desde 1980-1990 (por causa da imensa liberdade de pensamento e facilidade no processamento de imagens) os símbolos do tarô vêm sofrendo deformações — embora alguns digam que estejam evoluindo, acredito que estão se fragmentando. Ora, se a função simbólica é preservar o conhecimento para identificar rapidamente o valor oculto, qual a razão de se desenhar tarôs que em nada lembrem tarôs? Sim, também encontramos baralhos que se intitulam tarôs, ilustrados a partir dos baralhos surrealistas e transculturais, perdendo por completo a cadeia simbólica original, pois somente com uma boa dose de conhecimento da linhagem clássica poderemos entender ou captar o significado dos símbolos propostos. Por acreditar não se tratar de um tarô preferi, então, nem classificá-los, mantendo apenas os três grupos principais (*clássico*, *transcultural*, *surrealista*). Há muitas subdivisões nessas categorias[5], mas que a princípio não faria sentido estudarmos no presente trabalho. Assim, as cartas de tarô em nossos dias passaram a ser muito mais uma obra de arte do que uma ferramenta oracular, fazendo surgir a questão: *onde se encontra a preservação simbólica se as ilustrações estão cada vez mais distantes do tarô tradicional?*

Por causa dessa imensa variedade de baralhos que se apresenta ao mesmo tempo (no mesmo catálogo ou livraria), o estudante avalia que seria melhor criar o próprio tarô para jogar. Poderia dizer que sim, se forem mantidos os símbolos e a estrutura comum. Informo que não, se quiser inventar ou criar algo que as literaturas existentes não comportem o significado da imagem. Toda minha preocupação é que talvez em menos de um século tudo o que foi pesquisado e escrito sobre os arcanos não mais satisfaça ao perfil simbólico das cartas que estão sendo criadas ao bel prazer.

1400 a 1900 — tarô clássico (tradicional)

1910 — tarô clássico (remodelado)

1970 — tarô transcultural (étnico)

1975 — tarô surrealista (fantasia)

1980 — deformação?

[5] Existe um site maravilhoso que organiza bem os diversos grupos de cartas (www.aeclectic.net) e algumas editoras também tem se preocupado em classificar tarô de outras formas de cartomancia e oráculo, como a Lo Scarabeo. Não podemos mais achar que toda carta com figuras bonitinhas possa ser um tarô. Chegou a hora de revermos tudo isso.

ENTÃO, QUAL O MELHOR TARÔ PARA JOGAR? Tudo é uma questão de gosto, qualquer tarô irá funcionar contanto que você reconheça nele o simbolismo e seus atributos. Em princípio sempre se aconselha os de categoria clássica (para aprender), mas para colecionar, cada um sabe o que deseja. Com o tempo é possível empregar os transculturais e até os surrealistas, mas nenhum é melhor que o outro. O que faz um baralho ser excelente é a capacidade do tarotista em se vislumbrar com o mundo maravilhoso que ele (o tarô) pode fornecer. Sabe? O que parece diferente à primeira vista (forma, traço e cor), quando analisado, conclui-se que são oriundos de uma mesma fonte; portanto, o melhor tarô é aquele que você considerar lindo (mas estude os clássicos primeiro)! Também, todos os livretes ou livros que acompanham os referidos tarôs sempre terão a mesma explicação, ora mais ampliada ou mais bem elaborada, mas sempre com o mesmo conteúdo: jamais se lerá que o Mago é final de alguma coisa, a Sacerdotisa é pura felicidade ou que o Sol é impossibilidade! Sempre será algo análogo à iniciativa (Mago), reflexão (Sacerdotisa), sucesso (Sol). Por fim, depois de explicado tudo isso, posso responder à primeira pergunta — *Ensino o tarô, não um tipo de tarô! Tarô é tarô; pois, para entender e ler qualquer tarô existente é necessário conhecer as estruturas comuns e o significado de cada arcano*. Simples assim.

POR QUE NUNCA PENSEI NISSO ANTES?

Outra questão que geralmente me perguntam: *O que você acha do arcano Pendurado? A Torre para você é o que, hein? Como você interpreta o Julgamento?* Antes de saber o que penso, creio ser melhor revermos dois primorosos conceitos.

TAROLOGIA

- *Estudo do tarô*. A história é fundamental para a compreensão ampla do significado e uso do tarô, bem como a relação com outras áreas do saber. Nesse contexto estudamos os símbolos, adereços e ornamentos de cada carta para, então, entender a estrutura geral, os sintomas e os atributos dos arcanos. Aprendemos a evolução natural de uma situação ou um pensamento por intermédio da sequência dos arcanos, levando-se em consideração todos os caminhos filosóficos inseridos na estrutura. Sempre argumento que a segurança do que é ou a certeza da mensagem das cartas em uma leitura advém do conhecimento histórico, estrutural e simbólico do tarô (esse estudo se concentra no primeiro volume desta trilogia, terminando aqui, no segundo volume).

TAROMANCIA

- *Leitura do tarô*. Nesse preâmbulo aplicamos os conceitos teóricos da tarologia de uma forma prática e compreensível ao leigo/ consulente. Elaboramos ou decodificamos análises simbólicas para definir um avanço natural dos acontecimentos. Contudo, para essa aplicação, necessitamos de técnicas de abertura (esse estudo se concentra no terceiro volume desta trilogia). Sem um método e tiragem adequados, ou melhor, a forma como as cartas estarão posicionadas para a questão solicitada, é impossível atingir o objetivo final do tarotista: saber ler o destino ou orientar uma determinada situação.

Alguns tarólogos-estudantes pensam que o arcano age isoladamente no conjunto das 78 cartas, iniciando, assim, uma série de considerações sem fundamentação ao buscar inúmeras possibilidades (achismos). Podemos encontrar várias páginas na internet com argumentações interessantes, mas terminam tão vagas que se torna impossível empregá-las na prática. Um dos aspectos que estudamos no livro anterior se dirigia à importância em observar os símbolos da carta sob a visão da ciência oculta renascentista, evitando o conhecimento de mundo contemporâneo do iniciado. Isso é utilizado para impedir uma análise, por exemplo, do arcano 15 como algo literalmente maléfico (tipo o exorcista) e, ainda, associá-lo *unicamente* ao orixá Exu, ao mítico deus grego Pan ou ao deus romano Baco — isso seria uma fragmentação arquetípica, um conceito equivocado, pois as análises devem ser associativas e não desagregadoras da fonte original (os vícios capitais ou os excessos que tanto saciam quanto destroem).

Ancient Italian Tarot
© Lo Scarabeo, Itália.

O que ocorre nessas discussões sobre conceitos pessoais não passa de uma tentativa de ampliação sobre o arcano, talvez, uma abordagem criativa; contudo, toda nova explanação deve ser análoga, coerente e indefectível. Não concordo quando dizem "esta é minha opinião particular", pois o tarô não é feito de achismos — todas as explicações devem ser unívocas entre professores e estudantes; caso contrário, haverá deformação simbólica geração após geração. Nos tarôs clássicos, por exemplo, o arcano Eremita sempre é representado por um homem idoso, expressão suave, vestindo um longo manto, segurando uma lanterna e se apoiando em um cajado. Em qualquer livro ou livreto essa carta costuma ser analisada como: *sabedoria, pesquisa, prudência, adiamento, vigilância, observação interior* (em uma ótica positiva) ou *precipitação, ignorância, fracasso, imaturidade* (sob um ângulo negativo), entre tantas palavras análogas ao seu conteúdo simbólico; porém, o autor ou o instrutor poderá se valer de inúmeras ideias para explicar tais conceituações. Alguns postulam sobre a busca espiritual de um asceta ou do mago Merlin, outros, sobre a história do deus grego Cronos ou do romano Saturno e, ainda, encontramos aqueles que o relacionam com a letra hebraica ט (*teth*) ou י (*iod*), dependendo da escola cabalística a que pertença. Cada um tem algo a acrescentar sobre a mesma informação: *o princípio gerador do arcano maior de número 9*.

Conjecturas à parte, as explicações sempre convergirão para o mesmo ponto. Contudo, o estudante, por ouvir ou ler uma explicação "diferente" daquela que aprendeu, passa por determinar como "uma opinião", uma dicotomia. Para esclarecer ainda mais como não há distinção no trato da taromancia, sempre peço aos diversos estudantes, que aprenderam a ler um determinado tarô, o seguinte: *Faça um resumo do arcano Mago (carta 1) ao Sacerdote (carta 5)*. Não importa se eles aprenderam ou se utilizam do tarô de Marselha, Crowley, Mitológico, Egípcio, Rider ou qualquer outro, pois, invariavelmente, as respostas serão absolutamente similares e, às vezes, alguém até acrescenta algo inovador e coerente com a estrutura simbólica. Para esses casos sempre brinco com uma frase de uma taróloga muito estimada, Pietra Di Chiaro Luna, que, ao se deparar com algo simples e inédito, sempre diz: *Por que nunca pensei nisso antes?* — que endosso plenamente: *Por que nunca pensei nisso antes?*

Bem, respondendo a questão inicial: eu *não tenho opinião, ensino o tarô e não um tipo de tarô!* Deixo claro ao leitor, mais uma vez, que *ensino* as correntes de estudo, possibilidades, comparações e divergências. Não me limito a seguir um pensamento ou uma doutrina, um sonho místico ou uma quimera oculta, pois creio que minha função é ensinar e ampliar conceitos para as cartas do tarô, não defender ou apontar um único caminho. Transmito, sim, o amplo manancial de informações que existe nos arcanos e deixo para o aprendiz a escolha de estudar o universo que bem desejar, uma vez que a decisão é toda dele, não minha.

PARA QUE SERVE O TARÔ?

Qual a função do tarô? — é outra questão bastante frequente; mas nessa podemos ser sucintos e diretos. O tarô tem várias utilidades: autoconhecimento, orientação, adivinhação, meditação, magia, mas sempre sobre a ampla ótica semântica do verbo ESTAR (o período de tempo em que se vive determinada situação). O tarô é um alfabeto simbólico (pictórico ou imagético) e como qualquer sistema de comunicação está aberto às múltiplas possibilidades de criação. O AUTOCONHECIMENTO, tão propalado como parte integrante do tarô, somente poderá ser atingido por quem o estuda, norteando novas diretrizes, aceitando as alterações da vida ou, ainda, reconhecendo os limites pessoais unicamente aprendendo a estrutura do tarô — raramente um consulente adquiriria essa façanha apenas em um atendimento. A ORIENTAÇÃO espiritual, por sua vez, é abertamente uma consulta ao oráculo (ADIVINHAÇÃO), sendo, sem sombra de dúvidas, a parte mais conhecida do tarô: ler os caminhos da vida afetiva, financeira, social, norteando o livre-arbítrio ou estabelecendo limites — aqui, sim, haveria alguma ajuda para melhorar a vida do consulente. A MEDITAÇÃO com os símbolos do tarô serve ao equilíbrio interior e, igualmente, para buscar um novo propósito de vida, entender uma passagem da vida, ajustar-se espiritualmente às transformações imputadas pelo destino. Muitas vezes, neste caso, emprega-se o uso da cabala, fazendo associações entre os arcanos e os diversos preceitos da Árvore da Vida, mas também encontramos trabalhos com o simples uso dos símbolos natos marselheses. De alguma forma, a união desses elementos tem produzido diversos tipos de terapia com o tarô, que alguns denominam TAROTERAPIA; podemos citar desde a análise do nome e a interpretação onírica até o uso de aconselhamento familiar com o sistema *constelação*[6]. Sim, o tarô é aberto a tudo, é uma lingua-

---

[6] Recentemente tive contato com um trabalho fantástico dos tarólogos espanhóis Daniel Rodés e Encarna Sánchez, que se basearam na psicoterapia do alemão Bert Heelinger (1925-), cuja obra visa à cura de trauma, desequilíbrio ou qualquer situação psíquica que ⇨

gem universal, mas seu principal foco ainda continuará sendo adivinhação — todos desejam saber como traçar o caminho da felicidade por intermédio das mensagens dos arcanos.

Os oráculos (ou mancias), de maneira geral, tendem a esclarecer algo; contudo, cada um tem um limite de atuação. Vejamos os mais conhecidos: a astrologia, a numerologia e a quiromancia analisam melhor o amplo significado do **SER** (atividade nata do indivíduo), a tendência de uma situação em longo prazo, o potencial a ser explorado. Independente do que se fará ou se decidirá, elas estarão atuando, ou seja, avaliam o caminho, mas não determinam o desfecho. Também sou astrólogo e já observei casos em que o mapa natal progredido determinava um momento de mudança positiva e o cliente não fez nada, preferiu permanecer como estava! Por sua vez, o tarô, os búzios, as cartas ciganas e as runas analisam melhor a concepção do verbo **ESTAR** (atividade periódica do indivíduo), o desenvolvimento a partir das ações pessoais ou em que proporção o destino está auxiliando. Essa temática oracular também revela se o que estamos desejando/fazendo está certo ou errado (para o que pretendemos e não sob uma visão moral ou jurídica). O primeiro grupo oracular analisa perfeitamente as tendências a médio e longo prazo, já este segundo responde muito bem a questões em andamento e é melhor que o interesse seja em curto prazo.

Alerto aos neoesotéricos que cabala, alquimia, hermetismo e gnose não são oráculos, tampouco responderão o que poderá acontecer em uma determinada situação. Eles têm funções aplicadas à magia, à meditação ou são reguladores da espiritualidade; ademais, são filosofias e crenças, que alguns seguem e outros, não. Geralmente, fazem parte de alguma ordem esotérica, fraternidade ou seita. Tornou-se comum associar tais pensamentos ao tarô, porém, têm valores específicos para a sua fraternidade criadora e em nada me-

esteja em desarmonia com o amor familiar. O conceito principal é reorganizar a célula familiar. Na astrologia tal trabalho já é usado há algum tempo, sendo conhecido como astrologia sistêmica.

lhora ou interfere na resposta do oráculo ou explicará melhor o arcano. É comum ouvir: *Para aprender o tarô devemos estudar a cabala!* Atualmente, encontramos dezenas de esboços sobre tal perspectiva (muitos são divergentes, como já observamos no capítulo ORDEM NO CAOS SIMBÓLICO, no primeiro volume), nos quais os autores buscam em outra fonte cultural algo análogo ao tarô (transculturação), que justifique a grande confusão para se entender algo que é tão simples em sua própria simbologia. Poderá haver alguma tangência no corpo filosófico, mas nunca para o entendimento de uma ou de outra. Fique claro que o tarô pode se relacionar com qualquer conceito ocultista, inclusive com a cabala, mas a taromancia independe disso. Entenda que a união desses segmentos não tornará melhor nem pior uma consulta. **TARÔ É TARÔ** e cabala é cabala.

Também é comum ouvir: *Para aprender o tarô é necessário estudar a numerologia, a astrologia ou a mitologia!* É melhor evitar estudá-las em um primeiro momento, pois os próprios arcanos e a estrutura clássica do tarô já possuem rico simbolismo. Ao estudar tais ciências podemos ampliar conceitos, conhecer um novo mundo ou uma nova forma de análise oracular, mas dificilmente nos ajudará a melhorar a consulta de tarô. Contudo, associar tais conceitos ao tarô poderá deformar o atributo inicial por incluir outra semântica às imagens arquetípicas. Novamente ocorrerá o seguinte: busca-se em outra fonte algo análogo ao tarô (transculturação)! O tarô é autônomo, não há necessidade de estudar uma *diferente* ciência oculta para aprender o significado, e poderá ser um erro fatal explicar um símbolo por outro símbolo. O ideal é decodificá-lo e analisá-lo em uma linguagem contemporânea, evitando metáfora e metafísica. Para analisar corretamente o tarô, sugiro o estudo da simbologia e da estrutura dos tarôs clássicos e, depois, da simbologia dos contemporâneos. Após ter dominado todo esse conteúdo, você estará preparado (se desejar) para estudar cabala ou astrologia de forma ímpar, absorvendo esse novo saber.

A CONEXÃO FINAL

Um passo imprescindível para a compreensão inequívoca de uma carta é observar sua localização e sua inter-relação no corpo do tarô. Somente dessa forma será possível determinar se o arcano se reporta ao começo, ao meio ou ao fim de uma situação, e também se haverá perdas ou ganhos. Observamos anteriormente que qualquer um dos inúmeros tipos de tarôs segue uma cadeia ou um padrão simbólico; também, que no âmbito da própria estrutura estarão as respostas adivinhatórias — então, primeiramente, devemos entender o que é o tarô sob uma visão holística. Claro que também é necessário analisar os arcanos sob o arcabouço dos tarôs clássicos (padrão marselhês) para entender o que os autores dos tarôs modernos, transculturais ou surrealistas propuseram na simbologia e na possível significação[7]. Resumindo: o tarô é constituído de 78 **ARCANOS**, cujo conjunto imagético está dividido em dois grandes grupos:

- **22 ARCANOS MAIORES** ou PRINCIPAIS, um conjunto de símbolos estruturados com ATRIBUTOS EVOLUTIVOS e sintomáticos, caracterizando-se pela complexidade ornamental. Os arcanos maiores se reportam à mente abstrata, ao mundo subjetivo, aos poderes da criação, diretos e árbitros, que a consciência manipula para seu próprio universo. ELES SE RELACIONAM COM A FORMAÇÃO DA VIDA — IDEIA. É como se tivéssemos, por exemplo, o mapa da cidade à mão buscando algum endereço; como se pensássemos em comprar um carro ou, ainda, desejássemos nos casar.

- **56 ARCANOS MENORES** ou AUXILIARES, um conjunto de símbolos estruturados com ATRIBUTOS SINALIZADORES e secio-

[7] Dúvidas na construção simbólica? Então, releia o Capítulo 2 (páginas 73 a 134) do livro.

nados em quatro níveis, caracterizando-se pela simplicidade. Os arcanos menores se lançam à mente racional, ao mundo do objeto, aos poderes da concretização. ELES SE RELACIONAM COM A MANIFESTAÇÃO DA VIDA — FORMA. É como se andássemos nas ruas que observamos no mapa da cidade; como se dirigíssemos o carro que compramos ou estivéssemos formando a desejada família.

Os conjuntos (principal e auxiliar) contêm estruturas distintas e metodologia de estudo bem diferente, sendo a construção oculta baseada no princípio do macrocosmo (arcanos maiores) e microcosmo (arcanos menores) — ambos representam o diagrama da vida humana em todas as nuanças e sutilezas boas e más. Por isso, poderíamos entender que o *maior* é a energia de uma situação e o *menor* é a manifestação dessa mesma energia. Podemos utilizar somente os 22 principais em uma consulta, mas haverá sempre a tendência aproximada dos fatos, nunca a revelação ou certeza absoluta. Por outro lado, é melhor evitar o uso exclusivo dos 56 auxiliares, pois sua mensagem não será muito precisa e, por vezes, equivocada. Entretanto, ao utilizarmos os dois (maior e menor) aos pares e juntos teremos uma orientação precisa do oráculo (observaremos essa técnica no último volume desta trilogia). O tarô é como um relógio: todas as peças são importantes e devem estar uníssimas. Se no primeiro volume aprendemos que **tarô é tarô** e que existe uma importante interação em seu conjunto simbólico, relembremos, então, a última etapa da compreensão estrutural. Há diversos arcabouços internos que já foram elucidados[8], mas abordaremos rapidamente os principais conceitos para o complemento deste segundo volume. Considero esse estudo o mais importante de todos, pois remeterá o iniciado ao real significado do tarô e a explicação servirá sempre como uma espécie de pano de fundo para entender a trajetória do arcano. Vejamos:

---

[8] Releia o Capítulo 3 (páginas 135 a 190) no livro *Tarô, simbologia e ocultismo.*

22 ARCANOS PRINCIPAIS

- CAMINHO DA VONTADE (arcano de 1 a 5). Simboliza o desejo/ação positivo ou negativo, não importa, sendo o livre-arbítrio a tônica principal. Nessa trajetória se encontra exclusivamente o anseio pessoal, jamais a força do destino ou do carma; podemos, inclusive, permanecer "desejando algo" por longos períodos, pois nada externo garante o avanço.

- CAMINHO DO LIVRE-ARBÍTRIO (arcano 6). As cartas iniciais se manifestam nessa via, escolhendo a melhor forma de realização. Essa trajetória é o ápice do livre-arbítrio, que uma vez resolvido será irreversível; portanto, toda opção acarreta um resultado positivo ou negativo, surgindo, então, duas possibilidades: *prazer* ou *dor*.

- CAMINHO DO PRAZER (arcano de 7 a 11). Nesse conjunto, os possíveis percalços são reconhecidos, nada impedirá os objetivos e as prováveis mudanças serão contornadas. O destino, mais uma vez, não interfere, tampouco auxilia; contudo, se conquistamos os direitos, estes são acompanhados de inúmeros deveres. Caso não haja responsabilidade, o resultado segue pelo próximo caminho: *dor*.

- CAMINHO DA DOR (arcano de 12 a 16). Há somente duas formas de se chegar aqui: pela escolha errada (caminho do livre-arbítrio) ou pela falta de responsabilidade na trajetória anterior (caminho do prazer). Nesse difícil fluxo se encontram as ideias equivocadas sobre o poder do livre-arbítrio, no qual o destino ou o carma interfere de modo veemente na ilusão, no ego e na vaidade. Contudo, a irrealização conduzirá a novos patamares no próximo caminho: *esperança*.

- CAMINHO DA ESPERANÇA (arcano 17). Nessa simples trajetória, percebemos que destino e livre-arbítrio se unem em harmonia, criando novas perspectivas para o futuro. Há certa compreensão da vida ou dos próprios erros, tornando os resultados mais seguros. Agora, nos projetamos com graça para o próximo passo: *evolução*.

- CAMINHO DA EVOLUÇÃO (arcano 18 a 21 e o sem número). Esse último conjunto de arcanos maiores indica que temos o auxílio do destino para uma solução benéfica do livre-arbítrio. A experiência de vida (perdas e ganhos) é assimilada e os resultados são perfeitos. Esse passo retorna ao *caminho da vontade* cuja conexão é efetuada pelo arcano Louco, ávido por novas descobertas. A vida é um eterno aprendizado.

56 ARCANOS AUXILIARES

- DEGRAUS DA VIDA (arcanos menores — NAIPES). Cada um dos seis caminhos analisados irá se revelar em um dos quatro degraus: ter (ouros), ser (espadas), estar (copas), ficar (paus). Eles simbolizam a *manifestação* do plano material (Terra), do mental (Ar), do sentimental (Água) ou do transcendental (Fogo), respectivamente aos naipes; pois, em toda ação haverá uma direção bem definida na área desejada.

- APRENDIZAGEM (arcanos menores — CORTE). Cada um dos quatro degraus se subdividirá em quatro aprendizagens que representam estágios irreversíveis da *formação* de um plano (naipe) em determinada situação (arcano maior) — aspiração (pajem), vontade (cavaleiro), objetivo (rainha), realização (rei).

- PROGRESSÃO (arcanos menores — NUMERADOS). Cada aprendizagem se projeta com uma progressão de dez passos distintos; a numeração seguirá um avanço lógico e, igualmente, será irreversível, representando a *realização* (ou não) da situação (arcano maior) — início (1), reflexão (2), difusão (3), garantia (4), instabilidade (5), opção (6), avanço (7), reformulação (8), recompensa (9), evolução (10).

ELOS E FLUXOS

A seguir teremos um panorama dos 78 arcanos que servirá de base para os capítulos seguintes; também, com este tópico findaremos toda teoria estrutural iniciada no *primeiro volume*. Insisto na labuta de uma visão comum a todo tipo de tarô para que estudemos em uníssono essa arte, avançando nas pesquisas e não fragmentando sua análise. Já argumentei diversas vezes que existe um elo estrutural entre o grupo de cartas e que suas imagens, embora *artisticamente* diferentes, tendem ao mesmo padrão simbólico ou condição arquetípica. Entretanto, é importante entender a inter-relação das cartas e sua aplicação ao oráculo e ao autoconhecimento. Por tal razão será apresentado um breve resumo do **conteúdo simbólico** antes de uma análise mais detalhada nos próximos capítulos. Nesse sumário serão observados o **ornamento** imagético (tarologia) e seu **atributo** (taromancia), seguido de um **sintoma** oracular (vibração). Para melhor elucidação é bom recordar dois aspectos importantes na estrutura dos sintomas — o arcano sucessor[9] será sempre a tendência natural de toda situação (independente do resultado) e também pode ser usado como aconselhamento; por sua vez, salvo pequenas exceções, o arcano ressoante[10] é um retrocesso e deve ser evitado (por melhor que possa parecer). Devemos entender que o objetivo do destino é progredir para o arcano sucessor, mas a intenção do ser humano é permanecer no arcano emissor ou se projetar no arcano ressoante.

---

9 Carta posterior ao arcano emissor. Por exemplo: *arcanos maiores* — Mago (1, emissor) → Sacerdotisa (2, sucessor); *arcanos menores* — Rei de Ouros (emissor) → Ás de Ouros (sucessor).

10 Carta relacionada à soma ou sequência paralela do arcano emissor. Por exemplo: — *arcanos maiores*. Mago (1, emissor) → Roda da Fortuna (1 = 1 + 0, ressoante); *arcanos menores* — Rei de Ouros (emissor) → Rei de Espadas (ressoante).

Quando entendemos essa equação, abrimos os braços para a evolução espiritual e o autoconhecimento, aceitando as respostas (boas ou más) do oráculo; portanto, a maioria dos arcanos depende de alguma atitude pessoal para a evolução natural do sintoma (a taromancia será mais bem abordada/explanada no próximo volume). Tenho me esforçado ao máximo em verter a linguagem esotérica para uma expressão mais coloquial, tecendo comentários sobre as experiências cotidianas para a máxima compreensão do valor simbólico de cada arcano ou do próprio tarô.

CAMINHO DA VONTADE

MAGO (1). *Ornamento*: homem jovem em pé, braços abertos, mão levantada, mesa, quatro elementos (moeda ou dados, faca ou espada, copo ou taça, bastão ou chaleira). *Atributo*: vontade, desejo, possibilidade. *Sintoma*: arcano sucessor — Sacerdotisa (2), reflexão dos objetivos; arcano ressoante — Roda da Fortuna (10), mudança do próprio destino.

SACERDOTISA (2). *Ornamento*: mulher adulta sentada em um trono, com vestimenta sacerdotal, segurando um livro ou chave. *Atributo*: devoção, passividade, fidelidade. *Sintoma*: arcano sucessor — Imperatriz (3), contemplação da vontade; arcano ressoante — Força (11), controle dos segredos.

IMPERATRIZ (3). *Ornamento*: mulher adulta sentada em um trono, com roupas reais, segurando um cetro e um escudo. *Atributo*: preservação, dedução, geração. *Sintoma*: arcano sucessor — Imperador (4), inabalável criação; arcano ressoante — Pendurado (12), manutenção dos objetivos.

IMPERADOR (4). *Ornamento*: homem adulto sentado em um trono, com roupas reais, segurando um cetro, escudo aos pés. *Atributo*: controle, poder, concretização. *Sintoma*: arcano sucessor — Sacerdote (5), organização do poder; arcano ressoante — Morte (13), dinamismo da autoridade.

SACERDOTE (5). *Ornamento*: homem adulto com barba, sentado em um trono, com veste sacerdotal, segurando um báculo, duas pessoas ajoelhadas à sua frente. *Atributo*: ordem, disciplina, moralidade. *Sintoma*: arcano sucessor — Enamorado (6), propagação da vontade; arcano ressoante — Temperança (14), moto-contínuo da organização.

CAMINHO DO LIVRE-ARBÍTRIO

ENAMORADO (6). *Ornamento*: um homem jovem entre duas mulheres, todos em pé, roupas comuns, um cupido à frente do sol e acima das pessoas. *Atributo*: seleção, chance, livre-arbítrio. *Sintoma*: arcano sucessor — Carro (7), determinação da vontade; arcano ressoante — Diabo (15), o desejo absoluto.

CAMINHO DO PRAZER

CARRO (7). *Ornamento*: homem jovem com vestes reais em uma biga puxada por dois cavalos, segurando um cetro. *Atributo*: progresso, independência, vitória. *Sintoma*: arcano sucessor — Justiça (8), cautela nos objetivos; arcano ressoante — Torre (16), dissolução do controle.

JUSTIÇA (8). *Ornamento*: mulher adulta sentada com vestimenta sóbria, segurando uma espada e uma balança. *Atributo*: reavaliação, definição, ponderação. *Sintoma*: arcano sucessor — Eremita (9), análise das possibilidades; arcano ressoante — Estrela (17), conduta imparcial.

EREMITA (9). *Ornamento*: homem idoso com barba, em pé, vestindo roupas simples, segurando um cajado e uma lanterna. *Atributo*: obstáculo, sabedoria, prudência. *Sintoma*: arcano sucessor — Roda da Fortuna (10), alteração natural dos objetivos; arcano ressoante — Lua (18), busca da verdade da alma.

RODA DA FORTUNA (10). *Ornamento*: uma grande roda em movimento, com um ser subindo, um ser descendo, uma esfinge em seu topo. *Atributo*: transição, instabilidade, interferência. *Sintoma*: arcano sucessor — Força (11), retorno da estabilidade; arcano ressoante — Mago (1), substituição dos objetivos.

FORÇA (11). *Ornamento*: mulher adulta, vestida com elegância, segurando a mandíbula de um leão. *Atributo*: domínio, realização, magnetismo. *Sintoma*: arcano sucessor — Pendurado (12), limite para o poder pessoal; arcano ressoante — Sacerdotisa (2), tentativa de manutenção da vontade.

CAMINHO DA DOR

PENDURADO (12). *Ornamento*: homem jovem, com roupas muito simples, dependurado pelos pés, mãos para trás do corpo. *Atributo*: nulidade, impotência, utopia. *Sintoma*: arcano sucessor — Morte (13), mudança de paradigma; arcano ressoante — Imperatriz (3), manutenção do desejo.

MORTE (13). *Ornamento*: esqueleto em pé segurando uma foice, no chão se encontram cabeças, mãos e pés cortados. *Atributo*: modificação, alteração, dinamismo. *Sintoma*: arcano sucessor — Temperança (14), retorno à paz interior; arcano ressoante — Imperador (4), estabilização pessoal.

TEMPERANÇA (14). *Ornamento*: um anjo de duas asas tocando o solo, vertendo água de um jarro a outro. *Atributo*: conciliação, inércia, renovação. *Sintoma*: arcano sucessor — Diabo (15), luta pelos ideais; arcano ressoante — Sacerdote (5), ordem social.

DIABO (15). *Ornamento*: um diabo com dois seres amarrado ao trono. *Atributo*: instinto, desejo, poder. *Sintoma*: arcano sucessor — Torre (16), metamorfose da vontade; arcano ressoante — Enamorado (6), nutrição da vaidade.

TORRE (16). *Ornamento*: um raio destruindo o cume de uma torre, duas pessoas caindo. *Atributo*: ruptura, solvência, transformação. *Sintoma*: arcano sucessor — Estrela (17), libertação da opressão; arcano ressoante — Carro (7), continuidade da vida.

CAMINHO DA ESPERANÇA

ESTRELA (17). *Ornamento*: mulher adulta, em harmonia com a natureza, vertendo dois jarros de água sob um céu estrelado, é noite. *Atributo*: esperança, harmonia, satisfação. *Sintoma*: arcano sucessor — Lua (18), busca da verdade interior; arcano ressoante — Justiça (8), imparcialidade nos objetivos.

CAMINHO DA EVOLUÇÃO

LUA (18). *Ornamento*: uma lagoa escura, um lagostim, dois animais face a face à beira do lago, duas edificações ao fundo, lua cheia ou crescente e raios solares. *Atributo*: autoconhecimento, dualidade, prosperidade. *Sintoma*: arcano sucessor — Sol (19), consciência da vida; arcano ressoante — Eremita (9), reconhecimento dos limites.

SOL (19). *Ornamento*: um casal de jovens em pé, com roupas leves e se abraçando, muro baixo ao fundo e um enorme sol brilhante, é dia. *Atributo*: sucesso, esplendor, realização. *Sintoma*: arcano sucessor — Julgamento (20), surgimento de um novo cami-nho; arcano ressoante — Mago (1), novas oportunidades.

JULGAMENTO (20). *Ornamento*: homens e mulheres nus em meio a lápides, um arcanjo toca uma trombeta em meio a nuvens e raios solares. *Atributo*: transcendência, renovação, destino. *Sintoma*: arcano sucessor — Mundo (21), fechamento cíclico da vida; arcano ressoante — Sacerdotisa (2), suspensão da realidade.

MUNDO (21). *Ornamento*: mulher adulta seminua, em pé, segu-rando um bastão, situada no centro de uma guirlanda, quatro elementos em forma querúbica (leão, touro, anjo, águia). *Atributo*: conclusão, síntese, expansão. *Sintoma*: arcano sucessor — Louco (s/n), evolução da vida; arcano ressoante — Imperatriz (3), desenvolvimento das metas.

LOUCO (sem numeração). *Ornamento*: homem adulto, roupas espalhafatosas, andando rápido, segurando um cajado e uma mochila, um animal atrás dele. *Atributo*: revolução, ousadia, nada. *Sintoma*: arcano sucessor — Mago (1), nova proposta de vida. Não há ressoante.

PRIMEIRO DEGRAU: TER (MATERIAL)

PAJEM DE OUROS. *Ornamento*: adolescente em pé, roupas co-muns, segurando uma moeda. *Atributo*: especulação, capacidade, projeto. *Sintoma*: arcano sucessor — Cavaleiro de Ouros, praticidade nos investimentos; arcano ressoante — Pajem de Espadas, intrigas nos projetos.

CAVALEIRO DE OUROS. *Ornamento*: homem jovem em um ca-valo, vestindo roupa elegante, segurando uma moeda. *Atributo*: habi-lidade, direção, perseverança. *Sintoma*: arcano sucessor — Rainha de Ouros, preservação dos ideais; arcano ressoante — Cavaleiro de Es-padas, ímpeto nos projetos.

RAINHA DE OUROS. *Ornamento*: mulher adulta com roupas reais, sentada em um trono, segurando uma moeda. *Atributo*: conser-vação, equilíbrio, bem-estar. *Sintoma*: arcano sucessor — Rei de Ou-ros, progresso nos objetivos; arcano ressoante — Rainha de Espadas, obstinação da vontade.

REI DE OUROS. *Ornamento*: homem adulto com roupas reais, sentado em um trono, segurando uma moeda. *Atributo*: domínio, pros-peridade, êxito. *Sintoma*: arcano sucessor — Ás de Ouros, realização da vontade; arcano ressoante — Rei de Espadas, vitória absoluta.

ÁS DE OUROS. *Ornamento*: uma moeda ou imagem de esplen-dor. *Atributo*: realização, segurança, sorte. *Sintoma*: arcano sucessor — Dois de Ouros, impasse nos projetos; arcano ressoante — Ás de Espadas, ação da vontade.

DOIS DE OUROS. *Ornamento*: duas moedas ou imagem de intercâmbio. *Atributo*: confronto, obstáculo, adiamento. *Sintoma*: arcano sucessor — Três de Ouros, solução dos problemas; arcano ressoante — Dois de Espadas, discórdia absoluta.

TRÊS DE OUROS. *Ornamento*: três moedas ou imagem de empreendimento. *Atributo*: expansão, associação, satisfação. *Sintoma*: arcano sucessor — Quatro de Ouros, retenção do poder; arcano ressoante — Três de Espadas, decepção dos projetos.

QUATRO DE OUROS. *Ornamento*: quatro moedas ou imagem de limitação. *Atributo*: posse, estagnação, avareza. *Sintoma*: arcano sucessor — Cinco de Ouros, prejuízo pessoal; arcano ressoante — Quatro de Espadas, inércia da vida.

CINCO DE OUROS. *Ornamento*: cinco moedas ou imagem de pobreza. *Atributo*: desestabilização, afastamento, prejuízo. *Sintoma*: arcano sucessor — Seis de Ouros, escolha de um novo caminho; arcano ressoante — Cinco de Espadas, desperdício da vontade.

SEIS DE OUROS. *Ornamento*: seis moedas ou imagem de oferta. *Atributo*: decisão, limitação, hesitação. *Sintoma*: arcano sucessor — Sete de Ouros, expansão dos ideais; arcano ressoante — Seis de Espadas, negligência com a vida.

SETE DE OUROS. *Ornamento*: sete moedas ou imagem de descobertas. *Atributo*: equilíbrio, ganho, progresso. *Sintoma*: arcano sucessor — Oito de Ouros, oportunidade ímpar; arcano ressoante — Sete de Espadas, possibilidade de ganho.

OITO DE OUROS. *Ornamento*: oito moedas ou imagem de aprendizagem. *Atributo*: início, perícia, oportunidade. *Sintoma*: arcano sucessor — Nove de Ouros, recompensa dos esforços; arcano ressoante — Oito de Espadas, perigo nos projetos.

NOVE DE OUROS. *Ornamento*: nove moedas ou imagem de satisfação. *Atributo*: segurança, estabilidade, recompensa. *Sintoma*: arcano sucessor — Dez de Ouros, êxito na vontade; arcano ressoante — Nove de Espadas, sofrimento para a realização.

DEZ DE OUROS. *Ornamento*: dez moedas ou imagem de riqueza. *Atributo*: satisfação, glória, poder. *Sintoma*: arcano sucessor — não há; arcano ressoante — Dez de Espadas, finalização do desejo.

SEGUNDO DEGRAU: SER (MENTAL)

PAJEM DE ESPADAS. *Ornamento*: adolescente, vestindo roupas simples, em pé, segurando uma espada. *Atributo*: curiosidade, vaidade, intriga. *Sintoma*: arcano sucessor — Cavaleiro de Espadas, sagacidade dos objetivos; arcano ressoante — Pajem de Copas, confiança em si mesmo.

CAVALEIRO DE ESPADAS. *Ornamento*: homem jovem com roupas elegantes, montado em um cavalo, segurando uma espada. *Atributo*: perspicácia, ímpeto, conquista. *Sintoma*: arcano sucessor — Rainha de Espadas, obstinação do desejo; arcano ressoante — Cavaleiro de Copas, sedução da vontade.

RAINHA DE ESPADAS. *Ornamento*: mulher adulta com roupas reais, sentada em um trono, segurando uma espada. *Atributo*: intolerância, vingança, solidão. *Sintoma*: arcano sucessor — Rei de Espadas, poder incontestável; arcano ressoante — Rainha de Copas, enigma dos desejos.

REI DE ESPADAS. *Ornamento*: homem adulto com roupas reais, sentado em um trono, segurando uma espada. *Atributo*: domínio, austeridade, liderança. *Sintoma*: arcano sucessor — Ás de Espadas, vontade absoluta; arcano ressoante — Rei de Copas, progresso da vida.

ÁS DE ESPADAS. *Ornamento*: uma espada ou imagem de ação. *Atributo*: ação, persuasão, sorte. *Sintoma*: arcano sucessor — Dois de Espadas, confronto de ideias; arcano ressoante — Ás de Copas, abundância da vontade.

DOIS DE ESPADAS. *Ornamento*: duas espadas ou imagem de rivalidade. *Atributo*: interrupção, rivalidade, empate. *Sintoma*: arcano sucessor — Três de Espadas, derrota da vaidade; arcano ressoante — Dois de Copas, harmonia dos objetivos.

TRÊS DE ESPADAS. *Ornamento*: três espadas ou imagem de dor. *Atributo*: desengano, desilusão, fracasso. *Sintoma*: arcano sucessor — Quatro de Espadas, suspensão dos planos; arcano ressoante — Três de Copas, resolução dos obstáculos.

QUATRO DE ESPADAS. *Ornamento*: quatro de espadas ou imagem de interrupção. *Atributo*: adiamento, silêncio, inércia. *Sintoma*: arcano sucessor — Cinco de Espadas, insensatez momentânea; arcano ressoante — Quatro de Copas, insatisfação pessoal.

CINCO DE ESPADAS. *Ornamento*: cinco de espadas ou imagem de fracasso. *Atributo*: perdas, descrédito, desperdício. *Sintoma*: arcano sucessor — Seis de Espadas, vazio interior; arcano ressoante — Cinco de Copas, frustração pessoal.

SEIS DE ESPADAS. *Ornamento*: seis espadas ou imagem de viajante. *Atributo*: ociosidade, desleixo, hesitação. *Sintoma*: arcano sucessor — Sete de Espadas, cautela nos objetivos; arcano ressoante — Seis de Copas, recordação do passado.

SETE DE ESPADAS. *Ornamento*: sete espadas ou imagem de acautelamento. *Atributo*: probabilidade, discrição, cautela. *Sintoma*: arcano sucessor — Oito de Espadas, conflito de ideais; arcano ressoante — Sete de Copas, devaneio dos desejos.

OITO DE ESPADAS. *Ornamento*: oito espadas ou imagem de desilusão. *Atributo*: perda, traição, conflito. *Sintoma*: arcano sucessor — Nove de Espadas, desespero pela derrota; arcano ressoante — Oito de Copas, fracasso total.

NOVE DE ESPADAS. *Ornamento*: nove espadas ou imagem de angústia. *Atributo*: agonia, penúria, insucesso. *Sintoma*: arcano sucessor — Dez de Espadas, fim da dor; arcano ressoante — Nove de Copas, solução feliz.

DEZ DE ESPADAS. *Ornamento*: dez espadas ou imagem de morte. *Atributo*: rompimento, decisão, renovação. *Sintoma*: arcano sucessor — não há; arcano ressoante — Dez de Copas, plenitude dos desejos.

TERCEIRO DEGRAU: ESTAR (SENTIMENTAL)

PAJEM DE COPAS. *Ornamento*: adolescente em pé, vestindo roupas simples, segurando uma taça. *Atributo*: harmonia, confiança, paz. *Sintoma*: arcano sucessor — Cavaleiro de Copas, propostas sedutoras; arcano ressoante — Pajem de Paus, sinceridade nas palavras.

CAVALEIRO DE COPAS. *Ornamento*: homem jovem com roupas elegantes, montado em um cavalo, segurando uma espada. *Atributo*: sedução, ilusão, possibilidade. *Sintoma*: arcano sucessor — Rainha de Copas, enigma das propostas; arcano ressoante — Cavaleiro de Paus, ousadia nos objetivos.

RAINHA DE COPAS. *Ornamento*: mulher adulta com roupas reais, sentada em um trono e segurando uma taça (fechada/coberta). *Atributo*: mistério, dissimulação, inação. *Sintoma*: arcano sucessor — Rei de Copas, progresso dos planos; arcano ressoante — Rainha de Paus, conduta virtuosa.

REI DE COPAS. *Ornamento*: homem adulto, roupas reais, sentado em um trono e segurando uma taça. *Atributo*: felicidade, vaidade, idealismo. *Sintoma*: arcano sucessor — Ás de Copas, desejo realizado; arcano ressoante — Rei de Paus, produção da vida.

ÁS DE COPAS. *Ornamento*: uma taça ou imagem de abundância. *Atributo*: júbilo, arrebatamento, sorte. *Sintoma*: arcano sucessor — Dois de Copas, encontro desejado; arcano ressoante — Ás de Paus, fertilidade da vida.

DOIS DE COPAS. *Ornamento*: duas taças ou imagem de romance. *Atributo*: união, amor, reciprocidade. *Sintoma*: arcano sucessor — Três de Copas, resolução dos projetos; arcano ressoante — Dois de Paus, surpresa inesperada.

TRÊS DE COPAS. *Ornamento*: três taças ou imagem de alegria. *Atributo*: prazer, alívio, paz. *Sintoma*: arcano sucessor — Quatro de Copas, expectativa do futuro; arcano ressoante — Três de Paus, união de forças.

QUATRO DE COPAS. *Ornamento*: quatro taças ou imagem de declínio. *Atributo*: aborrecimento, desânimo, insatisfação. *Sintoma*: arcano sucessor — Cinco de Copas, frustração dos sentimentos; arcano ressoante — Quatro de Paus, harmonia no conflito.

CINCO DE COPAS. *Ornamento*: cinco taças ou imagem de tristeza. *Atributo*: remorso, angústia, frustração. *Sintoma*: arcano sucessor — Seis de Copas, lamentação da vida; arcano ressoante — Cinco de Paus, retomada do livre-arbítrio.

SEIS DE COPAS. *Ornamento*: seis taças ou imagem de recordação. *Atributo*: saudade, melancolia, recordação. *Sintoma*: arcano sucessor — Sete de Copas, devaneio dos objetivos; arcano ressoante — Seis de Paus, reclassificação das ideias.

SETE DE COPAS. *Ornamento*: sete taças ou imagem de cobiça. *Atributo*: utopia, obsessão, vaidade. *Sintoma*: arcano sucessor — Oito de Copas, fracasso dos objetivos; arcano ressoante — Sete de Paus, perseverança e conquista.

OITO DE COPAS. *Ornamento*: oito taças ou imagem de perdas. *Atributo*: prejuízo, escândalo, desilusão. *Sintoma*: arcano sucessor — Nove de Copas, solução amigável; arcano ressoante — Oito de Paus, término dos objetivos.

NOVE DE COPAS. *Ornamento*: nove taças ou imagem de felicidade. *Atributo*: acordo, realização, regozijo. *Sintoma*: arcano sucessor — Dez de Copas, vida feliz; arcano ressoante — Nove de Paus, adiamento necessário.

DEZ DE COPAS. *Ornamento*: dez taças ou imagem de realização plena. *Atributo*: plenitude, felicidade, vitória. *Sintoma*: arcano sucessor — não há; arcano ressoante — Dez de Paus, evolução para uma nova vida.

QUARTO DEGRAU: FICAR (TRANSCENDENTAL)

PAJEM DE PAUS. *Ornamento*: adolescente vestindo roupas sim-ples, em pé, segurando um bastão de madeira. *Atributo*: honestidade, dedicação, fidúcia. *Sintoma*: arcano sucessor — Cavaleiro de Paus, futuro promissor; arcano ressoante — Pajem de Ouros, bom planejamento.

CAVALEIRO DE PAUS. *Ornamento*: homem jovem com roupas elegantes, montado em um cavalo, segurando um bastão de madeira. *Atributo*: arrojo, sagacidade, modificação. *Sintoma*: arcano sucessor — Rainha de Paus, habilidade nos planos; arcano ressoante — Cavaleiro de Ouros, persistência na dedicação ao ideal.

RAINHA DE PAUS. *Ornamento*: mulher adulta com roupas reais, sentada em um trono, segurando um bastão de madeira. *Atributo*: virtude, poder, honra. *Sintoma*: arcano sucessor — Rei de Paus, fertilidade da vida; arcano ressoante — Rainha de Ouros, preservação dos ideias.

REI DE PAUS. *Ornamento*: homem adulto com roupas reais, sen-tado em um trono, segurando um bastão de madeira. *Atributo*: pro-dutividade, progresso, equilíbrio. *Sintoma*: arcano sucessor — Ás de Paus, realização dos projetos; arcano ressoante — Rei de Ouros, abundância do poder.

ÁS DE PAUS. *Ornamento*: um bastão de madeira ou imagem de frutificação. *Atributo*: fertilidade, oportunidade, sorte. *Sintoma*: arcano sucessor — Dois de Paus, reflexão dos projetos; arcano ressoante — Ás de Ouros, sucesso dos desejos.

DOIS DE PAUS. *Ornamento*: dois bastões de madeira ou imagem de dualidade. *Atributo*: confronto, meditação, prorrogação. *Sintoma*: arcano sucessor — Três de Paus, descobertas de caminhos; arcano ressoante — Dois de Ouros, impasse superável.

TRÊS DE PAUS. *Ornamento*: três bastões de madeira ou imagem de intercâmbio. *Atributo*: intercâmbio, união, solução. *Sintoma*: arcano sucessor — Quatro de Paus, reunião de paz; arcano ressoante — Três de Ouros, habilidade na solução.

QUATRO DE PAUS. *Ornamento*: quatro bastões ou imagem de harmonia. *Atributo*: aliança, favorecimento, superação. *Sintoma*: arcano sucessor — Cinco de Paus, recuperação dos projetos; arcano ressoante — Quatro de Ouros, retenção do desejo

CINCO DE PAUS. *Ornamento*: cinco bastões ou imagem de organização. *Atributo*: esforço, labuta, reconstrução. *Sintoma*: arcano sucessor — Seis de Paus, benefício do investimento; arcano ressoante — Cinco de Ouros, perdas parciais.

SEIS DE PAUS. *Ornamento*: seis bastões ou imagem de ganho. *Atributo*: garantia, recurso, benefício. *Sintoma*: arcano sucessor — Sete de Paus, triunfo dos esforços; arcano ressoante — Seis de Ouros, decisão promissora.

SETE DE PAUS. *Ornamento*: sete bastões ou imagem de vantagem. *Atributo*: superação, vantagem, estratégia. *Sintoma*: arcano sucessor — Oito de Paus, nova oportunidade; arcano ressoante — Sete de Ouros, expansão dos projetos.

OITO DE PAUS. *Ornamento*: oito bastões ou imagem de término. *Atributo*: finalização, perfeição, progresso. *Sintoma*: arcano sucessor — Nove de Paus, pausa necessária; arcano ressoante — Oito de Ouros, novo aprendizado.

NOVE DE PAUS. *Ornamento*: nove bastões ou imagem de obstáculo. *Atributo*: adiamento, disputa, obstáculo. *Sintoma*: arcano sucessor — Dez de Paus, recomeço de uma nova era; arcano ressoante — Nove de Ouros, recompensa dos esforços.

DEZ DE PAUS. *Ornamento*: dez bastões ou imagem de nova vida. *Atributo*: independência, recomeço, evolução. *Sintoma*: arcano sucessor — não há; arcano ressoante — Dez de Ouros - êxito total.

ATENÇÃO: *qual a razão de os arcanos menores de número 10 (ouros, espadas, copas, paus) não serem reduzidos a 1 (Ás), ou vice-versa, como ocorre nos arcanos maiores?* Vale sempre lembrar que os arcanos maiores simbolizam ideias, e os arcanos menores representam manifestações dessas mesmas ideias. Os arcanos principais serão sempre um moto-contínuo circular e os arcanos auxiliares, uma projeção unidirecional. Se reduzíssemos o arcano menor de número 10 (realização), ele retornaria sua energia para o Ás (1, início); contudo o *Ás* necessita da energia criadora do *Rei* e, este, dos demais arcanos antecessores. Se ocorresse essa dinâmica, a situação seria totalmente ilógica no campo real. No processo espiritual, o arcano menor somente é manifestado quando o arcano maior faz a projeção (esse é um dos princípios do método europeu que aprenderemos no volume final desta trilogia). Tenha sempre em mente: *a estrutura dos arcanos maiores é circular (espiral ascendente) e a dos arcanos menores, linear entre si (paralelo dos quatro elementos).*

VIBRAÇÃO ORACULAR

Uma vez analisado o conteúdo simbólico do arcano, desde seu ornamento imagético até sua direção sintomática, finalmente podemos atribuir uma *vibração oracular* ao propósito espiritual de cada carta. Será que a conquista revelada no arcano Imperador é a mesma do arcano Sol? Analisaríamos de maneira similar a transformação da Morte e da Torre? E o que dizer da passividade da Temperança ou da Sacerdotisa? Em que todos esses arcanos se distinguiriam? Tais respostas envolvem sutilezas importantes em uma consulta, pois o consulente entenderá melhor o caminho traçado e o tarotista sempre terá uma direção oracular. Afinal, *realização* não é sinônimo de *felicidade*, tampouco *obstáculo* seria abonação de *fracasso*. Ora, poderíamos afirmar que o livre-arbítrio sempre resulta em poder e sucesso? Cada caso é um caso. Essas questões foram algumas das centenas de questionamentos que ponderava enquanto pesquisava ou descobria novos arcabouços no tarô. Após a estruturação dos sintomas, no início da década de 1990, passei a entender profundamente o conteúdo adivinhatório de cada carta e algo surgiu espontaneamente: **a força mensurável do arcano**, uma espécie de vibração oracular que fornecia uma direção precisa. A partir dessa descoberta nunca mais tive dúvidas sobre o potencial de cada arcano, tampouco me equivoquei em uma leitura, quer fosse pelo atributo ou pelo sintoma. O conhecimento de todo arcabouço permite redirecionar imediatamente inúmeros equívocos, não deixando o tarotista cair na armadilha da própria imaginação. Neste tópico estudaremos os conceitos que identificam rapidamente a vibração oracular ou adivinhatória, uma espécie de força direcional e irreversível que cada carta tem. Observe que um mesmo arcano poderá conter várias definições e, entender esse mecanismo, é um grande avanço no estudo da tarologia e da taromancia. Vejamos alguns exemplos.

1. Como concluem seus objetivos?
    - *Imperador* — realizador, unidimensional, conclusivo.
    - *Carro* — realizador, dinâmico, aberto.
    - *Eremita* — realizador, unidimensional, lento.

Ancient Tarot of Lombardy
Lo Scarabeo, Itália.

Em uma consulta oracular, esses arcanos indicariam indubitavelmente que os desejos seriam alcançados. No entanto, o Imperador realizaria de um modo preciso e incontestável, não levando em conta qualquer fator externo (conclusivo); o Carro findaria com uma ação rápida e estruturada, pois tudo está bem equacionado (dinâmico), mas o Eremita agiria de maneira vagarosa e cautelosa, pois o poder pessoal é restringido pelo tempo (lento). A realização ocorreria por que o arcano 4 e o arcano 9 tendem a permanecer com os objetivos inalterados, em força contínua e independente do tempo (unidimensionais); em contrapartida, o arcano 7 não encontra obstáculo algum em sua trajetória e tudo seria acelerado (aberto).

2. De que modo se desenvolveria a situação?
   - *Sacerdotisa* — lento, unidimensional, centrípeto.
   - *Quatro de Ouros* — lento, unidimensional, centrípeto.
   - *Pajem de Espadas* — dinâmico, unidimensional, centrípeto.
   - *Rainha de Espadas* — dinâmico, unidimensional, centrípeto.

Tarot Universal Dali
Naipes Comas, Espanha.

Esses arcanos contêm duas vibrações oraculares em comum: os desejos são incontestáveis permanecendo na mesma intensidade (unidimensionais), as ideias são fixas e tudo se processa por forte ancoragem em si (centrípetos). A Sacerdotisa e o Quatro de Ouros são resistentes a mudanças repentinas, desejam permanecer do mesmo modo por muito tempo (lentos). O Pajem de Espadas e a Rainha de Espadas são intensos e rápidos nas atitudes e tentarão a todo custo realizar os ideais (dinâmicos). Todos contêm forte energia fixa (unidimensional e centrípeto), mas jamais conseguirão atingir os objetivos por mais que se esforcem, pois não pertencem ao grupo de realizadores, conclusivos ou abertos. Nesses casos seria interessante aplicar os conceitos dos sintomas, elaborando aconselhamentos para reverem os objetivos, mudando paradigmas, uma vez que por tais caminhos é impossível encontrar a suposta felicidade. Observe que o arcano Sacerdotisa contém atributos de passividade em seus atos, revelando que não cederá a qualquer outra forma que não seja o que pensa ou sente, fixando-se em sua fidelidade pessoal. O arcano Quatro de Ouros permanecerá avaro e possessivo para sempre, retendo todos os ganhos, limitando a alegria e fomentando a preocupação com as perdas futuras. O arcano Pajem de Espadas se torna excessivamente vaidoso, sem estrutura mental ou verbal, muito curioso e evasivo com tudo, sendo o oportunismo a tônica eterna. Finalmente, o arcano Rainha de Espadas contém perspicácia e intolerância profunda, não permitindo que ninguém interfira em seus planos obsessivos ou vingativos, tornando-se amarga e solitária em sua luta pelo poder pessoal.

ARCANO REALIZADOR

Simboliza o momento em que tudo se encontra a favor do livre-arbítrio, do poder pessoal e nada se oporá, pois os desejos, ideais e acordos estão bem estruturados, sendo possível atingir as metas e alcançar os objetivos, independente de serem corretos; o sucesso é garantido e todos os entraves são desfeitos, vantagens e sorte acenam a todo instante.

- Imperatriz — Prosperidade.
- Imperador — Propriedade.
- Sacerdote — Ordem.
- Carro — Progresso.
- Eremita — Desenvolvimento.
- Força — Empreendimento.
- Diabo — Materialidade.
- Ás de Ouros — Realização.
- Três de Ouros — Crescimento.
- Sete de Ouros — Expansão.
- Oito de Ouros — Oportunidade.
- Nove de Ouros — Recompensa.
- Dez de Ouros — Êxito.
- Ás de Espadas — Ação.

- Estrela — Benefício.
- Sol — Recompensa.
- Mundo — Perfeição.
- Rainha de Ouros — Generosidade.
- Rei de Ouros — Sucesso.
- Rei de Espadas — Vitória.
- Rei de Copas — Progresso.
- Rainha de Paus — Equilíbrio.
- Rei de Paus — Produtividade.
- Ás de Copas — Felicidade.
- Dois de Copas — União.
- Três de Copas — Resolução.
- Nove de Copas — Solução.
- Dez de Copas — Plenitude.
- Ás de Paus — Fertilidade.
- Seis de Paus — Benefício.
- Sete de Paus — Vantagem.

ARCANO RETRÓGRADO

Representa o momento em que encontramos grandes obstáculos, muita divergência de opiniões, nem tudo está a favor, tampouco existe coerência nas ações e atitudes; nesse grupo é quase impossível atingir as metas, uma vez que a vaidade ou o medo se encontra maior que a razão. A resistência ao novo é ininterrupta; não há felicidade mesmo que se consiga o objetivo (o que é muito difícil); tristeza, lamento ou dor serão uma constante.

- Pendurado — Utopia.
- Torre — Desintegração.
- Dois de Espadas — Discórdia.
- Três de Espadas — Decepção.
- Oito de Espadas — Perigo.
- Nove de Espadas — Sofrimento.
- Seis de Copas — Nostalgia.
- Sete de Copas — Degeneração.
- Oito de Copas — Fracasso.

ARCANO TRANSICIONAL

Identifica o momento em que nada poderá ser concluído de imediato, pois a situação depende de ações pessoais, de terceiros ou do próprio destino; contudo, não nega realização se tiver força de vontade para avançar; esse grupo também apresentará nova visão da vida ao longo da decisão ou dos obstáculos; excesso de criatividade ou da busca da perfeição acarreta dispersão ou atraso, mas nada impede o sucesso a não ser o próprio indivíduo ou o tempo.

- Mago — Aspiração.
- Enamorado — Opção.
- Roda da Fortuna — Mudança.
- Ceifador — Renovação.
- Temperança — Suspensão.
- Lua — Inadequação.
- Dois de Ouros — Luta.
- Cinco de Ouros — Afastamento.
- Seis de Ouros — Escolha.
- Quatro de Espadas — Paralisação.
- Cinco de Espadas — Desperdício.
- Seis de Espadas — Descuido.
- Sete de Espadas — Possibilidade.
- Cinco de Copas — Desequilíbrio.
- Dois de Paus — Adiamento.
- Quatro de Paus — Harmonia.
- Nove de Paus — Pausa.

ARCANO EVOLUCIONAL

Simboliza o momento em que uma nova fase de vida surgirá (desejando ou não), trazendo inúmeros caminhos positivos, novos rumos dos ideais ou para o planejamento; geralmente indica mudanças (positivas ou negativas), mas sempre sinaliza paz e prosperidade em longo prazo; as forças evolutivas são tão fortes que mesmo fazendo nada, tudo acontece, existe um avanço ou progresso natural da vida.

- Justiça — Limites.
- Roda da Fortuna — Destino.
- Ceifador — Renovação.
- Torre — Transmutação.
- Lua — Autoconhecimento.
- Julgamento — Futuro.
- Mundo — Ciclo.
- Louco — Evolução.
- Cavaleiro de Paus — Mudança.
- Oito de Ouros — Aprendizado.
- Dez de Ouros — Prosperidade.
- Oito de Espadas — Interferência.
- Dez de Espadas — Finalização.
- Oito de Copas — Dissolução.
- Dez de Copas — Ampliação.
- Oito de Paus — Transformação.
- Dez de Paus — Renovação.

ARCANO LENTO

Resume o momento em que o tempo é letárgico e o espaço de ação é muito limitado, nada favorece a realização imediata, tampouco em médio prazo, tudo é pausado e moroso, ocorrendo desde aspectos burocráticos até a dependência ou a interferência de terceiros; os obstáculos são necessários para o aprendizado espiritual e reformulação do paradigma; a estagnação dificulta a realização a curto prazo e também impede o crescimento.

- Sacerdotisa — Silêncio.
- Sacerdote — Manutenção.
- Eremita — Obstáculos.
- Pendurado — Inércia.
- Temperança — Ponderação.
- Rainha de Copas — Dissimulação
- Dois de Ouros — Impasse.
- Quatro de Ouros — Estagnação.
- Quatro de Espadas — Suspensão.
- Cinco de Espadas — Adversidade.
- Sete de Espadas — Esforço.
- Nove de Espadas — Opressão.
- Quatro de Copas — Estagnação.
- Cinco de Copas — Platonismo.
- Seis de Copas — Passado.
- Sete de Copas — Vaidade.
- Dois de Paus — Reflexão.
- Quatro de Paus — Aperfeiçoamento.
- Nove de Paus — Hesitação.

ARCANO DINÂMICO

Identifica o momento em que o poder de ação, o desejo e o ideal são ilimitados e atemporais; esse grupo contém combate e determinação bem precisos, deseja estabelecer o sucesso e o progresso em todos os planos; nesses arcanos tudo pode e tudo é possível, mas nada é conclusivo ou estático; as ofertas ou mudanças do destino são uma constante, tudo se aproxima com novos patamares e, dependendo do arcano, alguns não desejados.

- Mago — Habilidade.
- Imperatriz — Dedução.
- Ás de Ouros — Segurança.
- Três de Ouros — Autoconfiança.

- Carro — Impulsividade.
- Morte — Dinamismo.
- Diabo — Instinto.
- Torre — Ruptura.
- Julgamento — Revelação.
- Mundo — Síntese.
- Louco — Revolução.
- Pajem de Espadas — Agilidade.
- Cavaleiro de Espadas — Bravura.
- Rainha de Espadas — Perspicácia.
- Cavaleiro de Paus — Avanço.
- Sete de Ouros — Ganhos.
- Ás de Espadas — Conquista.
- Três de Espadas — Remoção.
- Dez de Espadas — Conclusão.
- Ás de Copas — Empatia.
- Dois de Copas — Encontros.
- Três de Copas — Trocas.
- Ás de Paus — Energia.
- Cinco de Paus — Recuperação.
- Sete de Paus — Coragem.
- Oito de Paus — Solvência.

ARCANO UNIDIMENSIONAL

Representa o momento em que tudo permanece na mesma intensidade ou dimensão psicoemocional: desejos, ideais, situações, tudo com as metas bem distintas e inalteradas; a força dessas cartas tende a ser unilateral, acarretando opinião fixa, rigidez mental ou falta de reciprocidade; tudo evoca demarcação da própria felicidade ou do sofrimento (conforme o arcano), fortalecimento do autocontrole e da autoconfiança, mesmo que equivocado.

- Sacerdotisa — Fidelidade.
- Imperador — Estabilidade.
- Sacerdote — Dogmas.
- Eremita — Perseverança.
- Pendurado — Impotência.
- Temperança — Acomodação.
- Estrela — Idealização.
- Pajem de Ouros — Desejo.
- Cavaleiro de Ouros — Trabalho.
- Rainha de Ouros — Preservação.
- Pajem de Espadas — Curiosidade.
- Rei de Espadas — Autoridade.
- Pajem de Copas — Confiança.
- Cavaleiro de Copas — Sedução.
- Rainha de Copas — Renitência.
- Pajem de Paus — Honestidade.
- Quatro de Ouros — Retenção.
- Dois de Espadas — Oposição.
- Quatro de Copas — Expectativa.
- Cinco de Copas — Insegurança.
- Seis de Copas — Lamentação.
- Sete de Copas — Devaneio.

- Cavaleiro de Espadas — Intrepidez.
- Rainha de Espadas — Obsessão.
- Cinco de Paus — Disputa.
- Rei de Ouros — Domínio.

ARCANO ABERTO

Simboliza o momento de êxito e de realização, não há obstáculos e tudo está livre para a ação imediata dos desejos e dos ideais; a vida favorece com caminhos abertos, cabendo ao indivíduo operar com seu livre-arbítrio; todas as cartas sinalizam o progresso em longo prazo além do estimado; a força contínua de sucesso conduzirá sempre ao controle da vida.

- Imperatriz — Desenvolvimento.
- Enamorado — Oportunidade.
- Carro — Diretriz.
- Roda da Fortuna — Novidade.
- Estrela — Perspectiva.
- Sol — Triunfo.
- Julgamento — Evolução.
- Pajem de Ouros — Investimento.
- Cavaleiro de Ouros — Sedimentação.
- Rei de Ouros — Administração.
- Cavaleiro de Espadas — Heroísmo.
- Rei de Espadas — Dominação.
- Pajem de Copas — Relacionamento.
- Rei de Copas — Doação.
- Ás de Paus — Capacitação.
- Seis de Paus — Avanço.
- Pajem de Paus — Dedicação.
- Cavaleiro de Paus — Ousadia.
- Rainha de Paus — Sorte.
- Rei de Paus — Recompensa.
- Ás de Ouros — Poder.
- Três de Ouros — Aquisição.
- Sete de Ouros — Méritos.
- Nove de Ouros — Retribuição.
- Dez de Ouros — Opulência.
- Ás de Espadas — Dinamismo.
- Ás de Copas — Abundância.
- Dois de Copas — Receptividade.
- Três de Copas — Intercâmbio.
- Dez de Copas — Aberturas.
- Três de Paus — Intercâmbio.

ARCANO CENTRÍPETO

Identifica o momento em que não há reciprocidade dos desejos ou dos ideais (egoísmo, vaidade, preconceito, orgulho), tudo está centrado em si com uma força indivisível e inflexível (podendo ser boa ou não, dependendo da situação); nada se move na direção externa, tampouco deixa entrar outro pensamento; o ponto de vista pessoal é a única verdade, nada muda; dificuldade em solucionar os desejos ou seguir em paz pelo que almeja.

- Sacerdotisa — Integridade.
- Sacerdote — Inflexibilidade.
- Pendurado — Imobilidade.
- Diabo — Ambição.
- Lua — Introspecção.
- Cavaleiro de Ouros — Persistência.
- Pajem de Espadas — Inconsistência.
- Rainha de Espadas — Esterilidade.
- Cavaleiro de Copas — Volubilidade.
- Rainha de Copas — Dissimulação.
- Quatro de Ouros — Avareza.
- Cinco de Ouros — Pessimismo.
- Dois de Espadas — Rivalidade.
- Três de Espadas — Conflito.
- Quatro de Espadas — Reclusão.
- Sete de Espadas — Diplomacia.
- Nove de Espadas — Infelicidade.
- Quatro de Copas — Aversão.
- Cinco de Copas — Frustração.
- Sete de copas — Fantasia.
- Nove de Paus — Hesitação.

ARCANO CONCLUSIVO

Simboliza o momento em que a vontade dos desejos e dos ideais é marcada para vencer, a ação e a atitude são direcionadas com força e impulso incontestável; nada se fixa a frente, tudo será transposto com determinação; esse grupo tende a vencer ou a realizar com maestria, independente dos percalços; o êxito e o progresso se encontram ao alcance do próprio desejo; avançar e jamais recuar é a meta.

- Imperador — Poder.
- Justiça — Ajustamento.
- Força — Domínio.
- Estrela — Esperança.
- Sol — Realização.
- Mundo — Resultado.
- Três de Ouros — Confiança.
- Sete de Ouros — Superação.
- Dez de Ouros — Resistência.
- Ás de Espadas — Persuasão.
- Dez de Espadas — Finalização.
- Ás de Copas — Desejo.

- Rainha de Ouros — Esforço.
- Rei de Ouros — Sucessão.
- Cavaleiro de Espadas — Perícia.
- Rei de Espadas — Liderança.
- Rei de Copas — Fé.
- Rainha de Paus — Dedicação.
- Rei de Paus — Fertilidade.
- Ás de Ouros — Obtenção.
- Três de Copas — Prazer.
- Nove de Copas — Honra.
- Dez de Copas — Glória.
- Ás de Paus — Entusiasmo.
- Três de Paus — Inovação.
- Oito de Paus — Fechamento.
- Dez de Paus — Continuidade.

ARCANO CÁRMICO

Simboliza o momento no qual as ações e as realizações estão sendo governadas por uma força maior do âmbito espiritual; sugere que tanto as perdas quanto os ganhos estão longe de ser pautados somente pelo livre-arbítrio; esse grupo representa advertência para evitar equívocos ou a urgência na correção de caminhos tortuosos. Temos cinco estágios.

1. **Ouvimos um alerta para evitar problemas**, pois o carma está ao nosso favor e não deseja que erremos; contudo, o resultado depende do próprio indivíduo, por isso devemos agir com cautela; aqui, nada impede a realização feliz, somente a própria vaidade. CUIDADO COM AS ATITUDES é o conselho.

   - Justiça — Causa e efeito.
   - Dois de Ouros — Impasse.
   - Seis de Ouros — Dúvidas.
   - Seis de Espadas — Inação.
   - Sete de Espadas — Cautela.

2. **Tudo é proveniente do meio ambiente** e livre do carma pessoal; as alterações inesperadas são originadas por terceiros, mas não se trata de nossa culpa, tampouco de alguma correção do destino; esse grupo indica que as situações perdidas serão trocadas

por outras melhores, por isso é melhor seguir adiante. REMISSÃO é o conselho.

- Roda da Fortuna — Alterações.
- Dois de Espadas — Obstáculo.
- Três de Espadas — Afastamento.
- Seis de Copas — Passado.

3. **A situação se encontra suspensa por força maior**; nada é negado nesse grupo, mas nada será resolvido imediatamente; indica tempo de maturação imposto pelo destino, mas necessário para surgir um novo plano de vida; na verdade, há uma proteção cármica, pois o que se deseja realizar seria prejudicial, e essa é uma das razões pela qual nada ocorre. PACIÊNCIA é o conselho.

- Temperança — Reflexão.
- Quatro de Espadas — Suspensão.
- Nove de paus — Adiamento.

4. **Os erros foram causados pelo livre-arbítrio**, com séria interferência do mundo cármico-espiritual para a correção imediata; quanto mais desejar manter o que possui, mais perdas haverá; o indivíduo deve perdoar a si ou aos outros e seguir em frente, mudando o paradigma. TRANSCENDÊNCIA é o conselho.

- Torre — Dissolução.
- Oito de Espadas — Perda.
- Nove de Espadas — Malogro.
- Oito de Copas — Escândalo.

5. **Caminhos abertos para a evolução**, encontramos a proteção do mundo cármico para que tudo aconteça de modo favorável; to-

das as benesses são oriundas dos planos superiores e espirituais, de forças irreversíveis ou transcendentes para um futuro renovado; a sorte acena e todos ajudam. ACEITAÇÃO é o conselho.

- Julgamento — Evolução.
- Oito de Ouros — Recomeço.
- Oito de Paus — Término.

RESUMO

ARCANOS MAIORES — CAMINHO DA VONTADE

- Mago — transicional, dinâmico.
- Sacerdotisa — lento, unidimensional, centrípeto.
- Imperatriz — realizador, dinâmico, aberto.
- Imperador — realizador, unidimensional, conclusivo.
- Sacerdote — realizador, lento, unidimensional, centrípeto.

ARCANOS MAIORES — CAMINHO DO LIVRE-ARBÍTRIO

- Enamorado — transicional, aberto.

ARCANOS MAIORES — CAMINHO DO PRAZER

- Carro — realizador, dinâmico, aberto.
- Justiça — evolucional, conclusivo, cármico.
- Eremita — realizador, unidimensional, lento.
- Roda da Fortuna — transicional, evolucional, aberto, cármico.
- Força — realizador, conclusivo.

ARCANOS MAIORES — CAMINHO DA DOR

- Pendurado — retrógrado, unidimensional, lento.
- Morte — transicional, evolucional, dinâmico.
- Temperança — transicional, unidimensional, cármico.

- Diabo — realizador, dinâmico, centrípeto.
- Torre — retrógrado, evolucional, dinâmico, cármico.

ARCANOS MAIORES — CAMINHO DA ESPERANÇA

- Estrela — realizador, unidimensional, aberto, conclusivo.

ARCANOS MAIORES — CAMINHO DA EVOLUÇÃO

- Lua — transicional, evolucional, centrípeto.
- Sol — realizador, aberto, conclusivo.
- Julgamento — evolucional, dinâmico, aberto e cármico.
- Mundo — realizador, evolucional, dinâmico, conclusivo.
- Louco — evolucional, dinâmico.

ARCANOS MENORES — Primeiro degrau: TER (material)

- Pajem de Ouros — unidimensional, aberto.
- Cavaleiro de Ouros — unidimensional, aberto, centrípeto.
- Rainha de Ouros — realizador, conclusivo.
- Rei de Ouros — realizador, unidimensional, aberto, conclusivo.
- Ás de Ouros — realizador, dinâmico, aberto, conclusivo.
- Dois de Ouros — transicional, lento, cármico.
- Três de Ouros — realizador, dinâmico, aberto, conclusivo.
- Quatro de Ouros — lento, unidimensional, centrípeto.
- Cinco de Ouros — transicional, centrípeto.
- Seis de Ouros — transicional, cármico.
- Sete de Ouros — realizador, dinâmico, aberto, conclusivo.
- Oito de Ouros — realizador, evolucional, cármico.
- Nove de Ouros — realizador, aberto.
- Dez de Ouros — realizador, evolucional, aberto, conclusivo.

ARCANOS MENORES — SEGUNDO DEGRAU: SER (MENTAL)

- Pajem de Espadas — dinâmico, unidimensional, centrípeto.

- Cavaleiro de Espadas — dinâmico, unidimensional, aberto, conclusivo.
- Rainha de Espadas — dinâmico, unidimensional, centrípeto.
- Rei de Espadas — realizador, unidimensional, aberto, conclusivo.
- Ás de Espadas — realizador, dinâmico, aberto, conclusivo.
- Dois de Espadas — retrógrado, unidimensional, centrípeto, cármico.
- Três de Espadas — retrógrado, dinâmico, centrípeto, cármico
- Quatro de Espadas — transicional, lento, centrípeto, cármico.
- Cinco de Espadas — transicional, lento.
- Seis de Espadas — transicional, cármico.
- Sete de Espadas — transicional, lento, centrípeto.
- Oito de Espadas — retrógrado, evolucional, cármico.
- Nove de Espadas — retrógrado, lento, centrípeto, cármico.
- Dez de Espadas — evolucional, dinâmico, conclusivo.

ARCANOS MENORES — TERCEIRO DEGRAU: ESTAR (SENTIMENTAL)

- Pajem de Copas — unidimensional, aberto.
- Cavaleiro de Copas — unidimensional, centrípeto.
- Rainha de Copas — lento, unidimensional, centrípeto.
- Rei de Copas — realizador, aberto.
- Ás de Copas — realizador, dinâmico, aberto, conclusivo.
- Dois de Copas — realizador, dinâmico, aberto.
- Três de Copas — realizador, dinâmico, aberto, conclusivo.
- Quatro de Copas — lento, unidimensional, centrípeto.
- Cinco de Copas — transicional, lento, unidimensional, centrípeto.
- Seis de Copas — retrógrado, lento, unidimensional, cármico.
- Sete de Copas — retrógrado, lento, unidimensional, centrípeto.
- Oito de Copas — retrógrado, evolucional, cármico.

- Nove de Copas — realizador, conclusivo.
- Dez de Copas — realizador, evolucional, aberto, conclusivo.

ARCANOS MENORES — QUARTO DEGRAU: FICAR (TRANSCENDENTAL)

- Pajem de Paus — unidimensional, aberto.
- Cavaleiro de Paus — evolucional, dinâmico, aberto.
- Rainha Paus — realizador, aberto, conclusivo.
- Rei de Paus — realizador, aberto, conclusivo.
- Ás de Paus — realizador, dinâmico, aberto, conclusivo.
- Dois de Paus — transicional, lento.
- Três de Paus — aberto, conclusivo.
- Quatro de Paus — transicional, lento.
- Cinco de Paus — dinâmico, unidimensional.
- Seis de Paus — realizador, aberto.
- Sete de Paus — realizador, dinâmico.
- Oito de Paus — evolucional, dinâmico, conclusivo, cármico.
- Nove de Paus — transicional, lento, centrípeto, cármico.
- Dez de Paus — evolucional, conclusivo.

PARTE 2

ARCANOS MAIORES

A RIQUEZA COM QUE OS BARALHOS ESTÃO SENDO ILUSTRADOS NAS últimas décadas é impressionante, não tardará para termos cartas do tarô com desenho tridimensional ou até holográfico! Creio ser a tendência natural do avanço tecnológico, não acha? Que tal manufaturarem cartas-arcanos em uma folha de *oled*[11], que teria som e imagem? Quem sabe não surgiria algo similar aos quadros dos corredores de Hogwarts (escola de Harry Porter)? Sonhar é bom, mas enquanto esse futuro não chega, temos de entender as imagens dos arcanos do tarô (em papel mesmo) e da forma mais humana possível: estudando os símbolos, um a um. Contudo, não adianta comprar livros e armazená-los na estante ou copiar dezenas de páginas na web, esquecendo-as em alguma pasta do *pen-drive*. **Quer realmente aprender a JOGAR tarô?** Deixe de lado as revistas da banca de jornal sobre o assunto, os microcursos em DVD com origem duvidosa ou aquele grupo de discussão on-line, no qual todos querem ensinar *o que não sabem* e terminam em uma discussão absurdamente inútil; ora, se você nem conhece o básico, qual a razão em desejar conhecer as dicas que perambulam pela internet? **Leia livros e pratique muito**, participe de alguma palestra ou faça algum curso presencial, encontrando alguém com referência no merca-

---

[11] Diodo orgânico emissor de luz ou fotoemissor (*organic light-emitting diode*, em inglês) é uma tecnologia criada pela Kodak em 1980 para funcionar como tela de monitor ou televisão, promete ser muito mais fina, leve e barata que as atuais telas de LCD ou LED. Há projetos, inclusive, para substituir os jornais em papel.

do esotérico (existem ótimos profissionais no Brasil, posso garantir) — somente com todos esses elementos é possível dar os primeiros passos de maneira segura, sem perder seu precioso tempo.

Sei que o caminho é árduo e, como qualquer outro conhecimento humano, tudo é difícil quando se inicia. Ah, mas disseram ou você tem lido que somente é necessário usar a intuição *OU* que precisa ser médium para jogar as cartas, não é verdade? Vamos ser honestos: quem tem esses dons não precisa de livros, tampouco de gurus e mestres! Ora, para que gastar tempo e dinheiro se o próprio mundo espiritual dará as diretrizes? O que se percebe claramente é que o estudo do tarô estimula, ao longo do tempo, a capacitação mediúnica e a sensibilidade espiritual! Por outro lado, ler as cartas *somente* com intuição pode incorrer em sérios equívocos; afinal, nem sempre se está apto (equilíbrio espiritual e emocional) para discernir a mensagem espiritual do próprio estado psíquico. O melhor caminho ainda é estudar, entender os conteúdos simbólicos e depois, após ter assimilado os significados, deixar a percepção e a sensibilidade fluírem. **Note e anote**: mediunidade e intuição todos nós temos em maior ou menor grau, sendo natural que elas possam se associar à leitura das cartas em algum momento de seus estudos e práticas; contudo, não são condições exigíveis ou pré-requisitos para aprender a leitura de cartas.

Meus livros de tarô e os de terapia holística são escritos para todo e qualquer ser humano, independente do credo, grau mediúnico e, inclusive, escolaridade ou nível social; pois, qualquer um pode (e deve) desenvolver suas próprias faculdades místico-espirituais sem necessitar de um mestre ao lado. O tarô pode ser estudado por céticos, ateus, agnósticos ou quem quer que seja, pois não podemos negar o conhecimento a nenhum ser humano. Todo e qualquer estudante (pobre ou rico) merece conseguir jogar o tarô, mesmo não participando de movimentos esotéricos, tampouco tendo qualquer vidência ou intuição. O universo espiritual se manifestará por intermédio das cartas e não, necessariamente, por "vozes angelicais" — a *escolha* das cartas (o ato em si) é o verdadeiro portal espiritual, cuja leitura poderá ser puramente técnica. Afinal, ninguém pode mudar a imagem de uma carta após sua escolha, pode? Não, nunca. Louco é Louco, Torre é Torre. Há centenas de palavras para o Louco, existindo outras centenas para a Torre! Não posso estabelecer atributos do Louco para a Torre e vice-versa. Claro que não, e nem preciso explicar ou pensar nisso. Se também encontrarmos algum foco explicativo (tarologia) na mitologia, na cabala ou na própria simbologia, não importa, pois todo e qualquer livro revelará a mesma direção simbólica para o conceito final (leitura, taromancia). **Note e anote:** o fato de encontrarmos o Louco relacionado por distintas letras hebraicas — aleph (א), shim (ש), thau (ת) — ou, ainda, ilustrado como a figura mítica de Baco, de Arlequim ou de qualquer outro ser análogo, em nada, absolutamente em nada, modifica o sentido oracular. Em uma consulta adivinhatória, Louco é Louco. Não importa por qual caminho se aprende a tarologia ou quantas divergências possam ter sobre "o que é tradição", pois, no fim, tudo desemboca em um só lugar: a **taromancia**, que é única para todos!

Ah, mas também disseram a você que jogar com o tarô de Crowley é diferente, que o de Waite se lê de outra maneira, que o tarô de Marselha é antiquado e que o melhor é... Bem, paremos por aqui. *Tarô é tarô*, e todas essas questões já foram mais do que aclaradas no primeiro volume desta coleção com sua estrutura e história (releia se ainda tiver alguma dúvida). Posso assegurar que, à exceção de algumas cartas dos arcanos menores (explanadas no próximo capítulo), todo o restante tem leitura idêntica em qualquer tipo de tarô que se use, seja ele transcultural ou surrealista. Por isso, insisto em esclarecer que o foco desta obra é direcionado ao oráculo, à divinação, à orientação espiritual para melhor qualidade de vida, ao entendimento de *qualquer tipo de tarô* e todas as possíveis manifestações para uso prático nas tiragens e leituras. Autoconhecimento, filosofia de vida, evolução espiritual? Tudo isso também é possível com o tarô, mas não apenas lendo ou jogando e sim reconhecendo um arcano a cada situação ou fase de vida. Iniciemos, então, o estudo estrutural dos **22 ARCANOS MAIORES** que, embora utilizemos as imagens do **tarô clássico Nei Naiff,** [12] poderia ser ilustrado com qualquer outro tipo de tarô. Com base no tópico INTRODUÇÃO A SIMBOLOGIA (páginas 45 a 69, volume 1) os arcanos serão explicados do seguinte modo:

TAROLOGIA (estrutura simbólica)

- ORNAMENTO COMUM — símbolos facilmente identificados nos tarôs clássicos e em muitos transculturais, raramente nos surrealistas.
- SIGNO — apreciação do nome da carta sob a ótica da semântica, também, as terminologias mais usuais em língua estrangeira (inglês, francês, alemão, italiano, espanhol).
- SIMBOLISMO CLÁSSICO — desconstrução e apresentação individual dos símbolos clássicos (padrão marselhês), que deram origem aos tarôs transculturais e surrealistas. Esse tópico torna possível saber que um mesmo símbolo poderá ter análise distinta, dependendo de sua ornamentação.
- ANALOGIA — reconstrução e reorganização do estudo elaborado no tópico anterior, resumo da força do arcano que serve de base ou entendimento para os atributos da taromancia; também é apresentada uma importante reflexão para o sentido oracular da carta.
- SINTOMA — conceito sobre a força de um arcano, explicando a dimensão máxima de sua projeção oracular; a partir dessa consideração é possível entender os aconselhamentos de cada carta, a orientação comportamental ou as possíveis previsões e resultados naturais.

---

[12] Cartas ilustradas por Thaís Linhares, acompanham o livro *Curso completo de tarô*, editora Nova Era.

TAROMANCIA (oráculo e orientação)

- NÚCLEO — conceito oracular do arcano, servindo de alerta dos limites de atuação espiritual (resumo do tópico ANALOGIA). Relação de *verbos* que devem ser pesquisados em bons dicionários (*Essência*); esse tópico também indica um sentido básico para a carta (*Definição*) e um aconselhamento natural (*Advertência*) que serve como força adicional a qualquer plano analisado do atributo básico. Então: *plano material* + *advertência*; *plano mental* + *advertência* etc.
- ATRIBUTO BÁSICO — palavras ou frases importantes que direcionam o sentido oracular da carta em uma tiragem e leitura, que analisaremos no último volume da trilogia; nesse tópico haverá a divisão dos planos (material, mental, sentimental, espiritual), sendo um importante alerta ao tarotista, esclarecendo as diferentes leituras de um mesmo arcano, dependendo da questão/pergunta.

    - Material = trabalho, dinheiro, casamento, bens móveis e imóveis etc.
    - Mental = pensamento, planos, relacionamento; fala, expressão etc.
    - Sentimental = sentimento, emoção, desejo, alma, interior etc.
    - Espiritual = filosofia, transcendência, espiritualidade etc.

- ATRIBUTO DIVERSO — análise suplementar para as múltiplas tiragens/aberturas com as normas do método básico (somente os arcanos maiores), mas igualmente lançada com as regras do método europeu, do americano ou do italiano, que usam o tarô completo. A função prática do oráculo nos diversos métodos e tiragens será analisada no próximo e último volume — *Tarô, oráculo e métodos*.

- NEGATIVO/INVERTIDO. Algumas literaturas e tarotistas adotam a visão cartesiana para o arcano, apontando apenas a "inversão literal" da ilustração como significado. Por exemplo, Arthur Waite e Paul Marteau, por se basearem nas cartilhas de Etteilla, dizem que o Carro significa fracasso e perdas; no entanto, a Torre revela que o aspecto invertido é ainda pior que o normal: prisão e infelicidade. Por outro lado, ficou claro no final do século XX que o tarô não é "somente a ilustração", mas um ornamento que vai muito além do mundo visual, ou seja, é uma imagem arquetípica, um conceito de valor imaterial e totalmente transcendental. Portanto, em todos os meus estudos e consultas tenho preferido empregar o sentido contrário ao atributo básico do arcano, tornando uniforme e coerente todo o conteúdo imagético.
- NOTE E ANOTE — dicas valiosas sobre a estrutura, a combinação de cartas, diferenças oraculares ou a inter-relação entre os arcanos.

Os comentários do tópico *Analogia* são comuns aos livros de tarô, cujas definições ninguém inventou ao bel-prazer, nada é aleatório, tampouco uma arte puramente intuitiva — são todos oriundos do simbolismo tradicional, sem a mínima relação com mitologia ou cabala. Essa é uma das razões pelas quais considero ser importante manter as imagens do tarô o mais próximo possível da fonte original (*simbolismo clássico*), em cujas alegorias e ornamentos serão possíveis extrair mais interpretações, evitando, assim, a fragmentação e, consequentemente, a linguagem oracular. Tenho me esforçado para transpor a linguagem esotérica em um conceito mais contemporâneo, tecendo comentários sobre a experiência cotidiana para uma possível compreensão imediata de cada arcano. Minha contribuição para o estudo e para a aplicação taromântica se encontra na *divisão* de quatro planos, bem como a consideração inédita de *atributos* e *sintomas*.

MAGO

ARCANO 1

TAROLOGIA

Ornamento comum

- Um jovem em pé.
- Chapéu com forma de lemniscata.
- Mão esquerda para cima e a direita, para baixo.
- Uma mesa ou um altar à frente.
- Artefatos representando os quatro elementos místicos.

Signo

Mago — identifica alguém com poderes de criação, seja espiritual ou prestidigitadora. De qualquer modo, tanto para o mago espiritual quanto para o ilusionista, atuam como fatores imperativos a inteligência, a capacidade, a criatividade e o poder de persuasão. Variação em língua portuguesa: Prestidigitador. Denominação em outros idiomas: *Magician* (inglês), *Bateleur* (francês), *Magier* (alemão), *Bagatto* (italiano), *Mago* (espanhol).

Simbolismo clássico

Um jovem em pé (*símbolo de vigor, audácia e aspirações*) lidando habilmente com as mãos, que se encontram em movimento (*alegoria de atitudes pessoais, atividade*), está diante de uma mesa (*símbolo do microcosmo, altar, poder pessoal*). A mão esquerda segura um bastão (*emblema do poder mágico, desejo, magnetismo, elemento Fogo*) que se dirige aos céus, absorvendo a energia criativa universal; já a mão direita segura uma moeda (*símbolo do poder material, realização, elemento Terra*) que se encontra em direção à mesa, emanando a energia formadora individual. Essa ilustração indica que a figura do mago (*destreza*) extrai a energia do mundo superior (*macrocosmo*) para concretizar no mundo inferior (*microcosmo*); também, lembra parte do aforisma hermético: *o que está em cima é igual ao que se encontra embaixo*. Ele não observa o que está fazendo, mas olha atentamente em outra direção, mostrando muita habilidade e rapidez; afinal, o intento é uma realização rápida e não se pode perder tempo com situações passadas. As roupas escondem a real proporção de seu corpo físico: será forte ou fraco? Não importa, pois usará apenas o poder mental e uma linguagem expressiva para realizar a magia necessária. No entanto, observamos seus pés (*símbolo de ação e direção*), que estão aparentes e inertes, revelando o poder de se movimentar rapidamente (se assim o desejar). Em sua cabeça há um chapéu (*símbolo de inteligência, criatividade*), mas sugere a forma de uma lemniscata (*emblema do infinito e de todas as possibilidades do universo*) — será que sua mente está preparada para o futuro ou apenas acomoda um plano objetivo presente? Ora, para criar sua obra, sua vida, seu projeto, o Mago utiliza todas as possibilidades do mundo — aqui simbolizado pelos quatro elementos místicos: *bastão* (Fogo), *taça* (Água), *adaga* (Ar) e *moeda* (Terra), que se manifestarão em sua forma mais perfeita no último arcano numerado (Mundo), transformando-se, respectivamente, na alegoria do *leão*, da *águia*, do *anjo* e do *touro*.

Analogia

Todo simbolismo denota muitas possibilidades, múltiplas ideias, intenso livre-arbítrio, autoconfiança, perícia, destreza, inventividade e trabalho, mas pouquíssima conclusão devido ao alto grau de ansiedade, imaginação e perspectiva futura. Traduz um momento fragilíssimo, efêmero, sem garantias, no qual absolutamente tudo dependerá do planejamento imediato, da habilidade em gerenciar os sentimentos e pensamentos. Evoca a aspiração, o desejo de ter algo, um vislumbre no futuro, uma vontade imensa de realizar, pois tudo está nas próprias mãos. Simboliza a primeira ideia, a primeira visão, o primeiro pensamento, o início de alguma necessidade ou de um sentimento; mas, mesmo assim, é apenas uma expectativa, nunca será o desfecho final. Todas as análises sugerem que nada é conclusivo, tudo depende de um projeto em curto/médio prazo. O simbolismo é muito claro: *ou analisa e delineia o que se deseja ou possivelmente adotará outros objetivos*; no entanto, mesmo criando oportunidade diferente, os caminhos estão abertos. Vale lembrar que existe o risco de vagar pelo reino criativo sem aproveitar as benesses que a vida está proporcionando: o livre-arbítrio. Podemos extrair uma reflexão: *em toda vontade deve haver um planejamento, senão poderá ser desperdiçada.*

Sintoma

Força simbólica: transicional, dinâmico. O MAGO (arcano emissor) tem como *sintoma principal* a SACERDOTISA (arcano sucessor), cuja tendência é a reflexão de seus objetivos, a passividade de suas atitudes, a parada momentânea e necessária para a elucubração, alguma limitação nas diretrizes pessoais (1 → 2). É exatamente como acontece conosco quando temos uma grande ideia: ficamos entusiasmados, tudo é possível e depois pensamos melhor em como poderíamos realizá-la, planejamos as possibilidades reais e futuras. O *sintoma secundário* se processa na RODA DA FORTUNA (arcano ressoante), ou seja, revela que o Mago gerencia as próprias mudanças, movimenta o próprio futuro, é dono absoluto da própria vida, com intenso livre-arbítrio. De qualquer modo, essa tendência reflete uma alteração nos planos, pois inúmeras outras oportunidades poderão ser evidenciadas nessa demarcação simbólica (1 → 10). Quando, por exemplo, após intenso desejo e pequenos entraves, perdemos a vontade pela falta da conclusão imediata e procuramos outro evento para substituir o anterior. Ainda, nessa última sequência, pode ocorrer tempo e conversa sem utilidade, pensar e refazer continuamente sem nunca chegar ao objetivo final; porquanto, desejo e ação não querem dizer sustentação e continuidade.

TAROMANCIA

Núcleo

- *Essência*: criar, iniciar, aspirar, expectar.
- *Definição*: inspiração e criatividade se unem para a concepção de um objetivo; todos os caminhos estão abertos e a força de vontade será a energia motriz; procura imediata de independência; desejo de uma nova vida é a tônica da circunstância.
- *Advertência*: é preciso analisar as propostas apresentadas, observar os sentimentos pessoais em relação ao futuro; não dispersar ou buscar a perfeição, crer em si, continuar, seguir ir em frente com os objetivos apresentados, tudo é possível.

Atributo básico

- *Material*: habilidade e destreza em toda situação; iniciativa, interesse, perícia na aquisição; pesquisa para realizar algo rapidamente, especulação, investigação; boa vitalidade, tendências favoráveis a todos os aspectos físicos e materiais.
- *Mental*: criatividade, nova ideia ou início de algum ideal; flexibilidade e astúcia com projetos recentes; novo paradigma, meta ou talento a ser desenvolvido; comunicação efusiva, boa expressão, eloquência ao falar e ao expressar os planos.

- *Sentimental*: expectativa e aspiração para melhorar a vida afetiva; vontade efêmera, espontaneidade excessiva ou desejo frágil, entretanto, dependendo da reciprocidade, pode evoluir positivamente; busca de alegrias e novidades.
- *Espiritual*: início de novas filosofias ou investigação da espiritualidade; tendência de maior consciência do universo cósmico ou religioso; mediunidade, realização de rituais ou de orações para encontrar o autoconhecimento.

Atributo diverso

- *Negativo/invertido*: desânimo, inércia e falta de perspectiva; vontade fraca diante dos objetivos, insegurança ou incapacidade de analisar os fatos; falsidade, palavras vãs que permeiam a situação; orientação falha, possível discussão sem motivo.
- *Obstáculo/oposição*: falta de iniciativa, de criatividade ou de reorganização; não consegue se adaptar ao movimento da vida; não expressa a própria vontade, não age como deseja; cuidado com o desdém, não invalide a opinião alheia.
- *Orientação/conselho*: não se devem aguardar somente as forças do destino agirem, é necessário aproveitar as oportunidades, trilhar por novos caminhos; (re)criar, (re)inventar e dialogar com todos é a melhor maneira de alcançar os objetivos.

Note e anote

1. O Mago atribui sempre o "talvez" e a "possibilidade"; porém, jamais a efetivação, a realização. É a criação mental que ainda depende da força de ação e da execução final, haverá sempre um árduo caminho à frente. Por exemplo: para se formar em uma profissão (dom, desejo) deve estudar muito tempo (provas) para obter um diploma (realização). Lembre-se: é o primeiro passo de uma longa jornada, não o desfecho.

2. Primeiro arcano do caminho SOLAR (volume 1, página 139), o Mago se encontra em pé e livre para se locomover a qualquer tempo, as mãos seguem o mesmo ritmo de liberdade; em contraste, podemos observar que o primeiro arcano do caminho LUNAR (Pendurado) está de ponta-cabeça, amarrado pelo pé e com as mãos escondidas (estariam atadas?), impossibilitando a locomoção. Mago e Pendurado são opostos no SISTEMA CIRCULAR e, embora indiquem o início de seus respectivos ensinamentos espirituais, são na realidade os extremos de uma escala de valores — um detém todas as portas do destino abertas e o outro se depara com os caminhos fechados; um se lança ao universo externo e o outro se arremessa ao mundo interior.

3. Se preferir ler o tarô com o método europeu (par de arcano maior e menor), o arcano auxiliar poderá orientar se o conceito iniciado por essa carta for válido e positivo. Por exemplo. *Mago + Três de Ouros, plano material* = situação nova e bem estruturada, deve-se prosseguir sem alterar nada, possibilidade de realização. *Mago + Sete de Copas, plano material* = situação mal formada, baseada em ilusão; deve-se rever antes de continuar, condição de irrealização. Em ambos encontramos a nova ideia, nos dois casos o cliente estará com a *mesma* perspectiva (desejo, ansiedade, sonho, pensamento) e crendo estar no caminho certo, compete ao tarotista orientar e, ao cliente, refletir.

ATENÇÃO!

Nos 22 arcanos maiores encontrará o tópico "*Note e anote*", sendo muito útil para uma boa análise oracular. São dicas importantes para esclarecer dúvidas recorrentes entre os estudantes ou, ainda, explicar diferenças entre cartas de leitura semelhante.

SACERDOTISA

ARCANO 2

TAROLOGIA

Ornamento comum

- Uma mulher com roupas sóbrias, sentada.
- Coroa sacerdotal na cabeça.
- As mãos sobre o colo.
- Empunha livro ou chave.
- Postura fechada das pernas.

Signo

Sacerdotisa — identifica uma figura feminina detentora de conhecimentos de alguma doutrina mística ou religiosa, apontando a natureza monástica, serviçal e passiva, como freiras, beatas, devotas. Variações em língua portuguesa: Papisa, Grande Sacerdotisa. Denominação em outros idiomas: *High Priestess* (inglês), *Papesse* (francês), *Hohepriesterin* (alemão), *Papessa* (italiano), *Papesa* (espanhol).

Simbolismo clássico

Uma mulher (*símbolo de intuição e fecundação*) veste aparato sacerdotal escuro e pesado (*alegoria de distinção social, bloqueio para o profano*), tal aparência anula a atração física, mostrando apenas os cinco sentidos e a percepção extrassensorial, significando o distanciamento do meio ambiente. Ao contrário da carta antecessora, aqui a figura é ilustrada sentada, denotando passividade e reflexão, está com as pernas fechadas e pés não aparentes, revelando a dificuldade de ter alguma atitude imediata — o simbolismo alude a uma característica fixa e imóvel. O livro (*símbolo do conhecimento tradicional*) em seu colo traduz o segredo dos próprios mistérios; contudo, parece não desejar transmitir nada que não seja o necessário e essencial, pois vemos apenas uma página aberta. Em alguns tarôs antigos, um véu (*adereço de mistério, pureza, castidade*) jaz em seu rosto, fazendo clara alusão ao isolamento com o mundo externo; em outros, observam-se duas colunas, aludindo ao templo de Salomão: Jaquim e Boaz (ordem-caos, luz-trevas, yin-yang, passado-futuro), que representam o portal sagrado para o recinto mágico dos profetas. Ora, somente aprendendo a pequena lição (uma página do livro em seu colo) ou tendo a chave (outro adereço comum nos tarôs clássicos) continuaríamos a jornada rumo ao conhecimento universal. A Sacerdotisa protege o portal da própria alma; entretanto, devido à natureza monástica, somente permite a entrada de quem souber decifrar seu enigma com *fidelidade e integridade* — sem esses dois predicados não será possível atingir o que ela pensa ou articula.

Analogia

O conjunto simbólico e estrutural sugere que há uma grande força emocional retida que não será revelada facilmente, há um desejo passivo e muita elucubração. A análise e a intuição são primordiais para a evolução dos fatos; contudo, deve-se caminhar com extremo conhecimento para o que se deseja. Dinâmica e agilidade não são o forte desse momento, mas deve-se ter em mente que os conceitos estão muito bem elaborados e deverão urgentemente ser colocados em prática, nada está obstruindo o caminho a não ser a própria pessoa. A felicidade é viável, mas a falta de confiança e amor próprio ou o medo de perder poderá adiar por um curto período a alegria de ganhar. A busca incessante de provas de amor, amizade, compromisso ou perfeição acarreta mágoa, ressentimento, falta de vontade e a fadada passividade. As análises traduzem que o pensamento e o conhecimento da Sacerdotisa são perfeitos, porém, são passivos e introversos. Resta apenas uma única saída: agir, falar, buscar; caso contrário, lastima-se a infelicidade do não ter, a ocultação eterna dos sentimentos e das ideias, a perda do poder pessoal, a reflexão excessiva no passado ou a ausência de expressão. Podemos extrair uma reflexão: *o desejo deve ser expresso; caso contrário, é inútil sentir e pensar.*

Sintoma

Força simbólica: lento, unidimensional, centrípeto. A SACERDOTISA (arcano emissor) tem como *sintoma principal* a IMPERATRIZ (arcano sucessor). Essa projeção simbólica identifica ser possível a realização do que foi planejado ou a equação dos sentimentos; ao contrário do antecessor, que ainda necessitava refletir para seguir adiante, aqui encontramos um poder latente para a solução de todos os problemas (agir, incorporando a energia da Imperatriz). Contudo, a Sacerdotisa é por demais passiva e reflexiva, tendendo sempre à contemplação dos fatos até o último instante (2 → 3), como naqueles momentos em que temos uma ideia ou um desejo bem definido, mas não agimos com receio de perder ou, ainda, ficamos aguardando o melhor momento para agir; mas que naturalmente ocorrerá (mas poderia ser ter sido bem mais rápido!). O *sintoma secundário* é a FORÇA (arcano ressoante), que simboliza domínio, magnetismo, poder pessoal; ou seja, a tendência da Sacerdotisa é a manutenção do controle interno, a alimentação da própria carência, a fixação no projeto; assim, o movimento secundário revela que tentará manter eternamente oculta a própria vontade e nunca atingirá o objetivo final (2 → 11). Essa última trajetória, muito comum na projeção dessa carta, aponta situações que consideramos importantes (um relacionamento, por exemplo) e nos calamos perante os conflitos para não perdermos o controle, mas, com o tempo, tudo se torna cada vez mais angustiante. Embora pareça ser difícil para quem vive a energia da Sacerdotisa, a solução positiva está em agir (transformando-se em sucessor).

TAROMANCIA

Núcleo

- *Essência*: refletir, conhecer, analisar, estudar.
- *Definição*: entrega ao mundo contemplativo e fraternal; reserva e discrição; paciência e silêncio como forma de autoproteção; passividade diante de situações importantes, medo de errar; impossibilidade de compartilhar o que pensa ou sente.
- *Advertência*: o fundamental é agir imediatamente, parar de buscar a perfeição ou ter receio de falar o que pensa ou sente; tudo é possível contanto que se esforce, solicite conselhos a amigos ou familiares; confie em si, avante!

Atributo básico

- *Material*: burocracia ou dependência de terceiros para a realização; contrato ou negociação ainda em análise; falta de conclusão do objetivo, passividade ou inação diante de algo importante; muito trabalho com pouca consequência imediata.
- *Mental*: reflexão excessiva, pesquisa, investigação; sabedoria, memorização, bom senso; segredos efêmeros, ocultação do planejamento; falta de expressão verbal sobre os próprios propósitos, sem articulação da vontade; fala serena, suave.
- *Sentimental*: virtude, fidelidade, dedicação; supressão do desejo, inibição, ressentimento oculto e passageiro; receio de se entregar ao amor, carência afetiva, mágoa; para solteiros pode indicar amor platônico ou não correspondido.

- *Espiritual*: serenidade, devoção, crença e pureza de alma; filantropia e piedade do mundo; boa intuição e aceitação da fé, autoavaliação espiritual ou da vida; momento peculiar no qual se tenta conhecer a própria alma para evoluir.

Atributo diverso

- *Negativo/invertido*: precipitação por insegurança, julgamento incorreto, agir sem pensar; todas as forças construtivas estão invalidadas; desacordo contratual ou promessa rompida; discurso demasiadamente longo quando deveria ter discrição.
- *Obstáculo/oposição*: falta de reflexão ou aceitação dos limites pessoais; não concebe outras formas de planejamento; incapaz de compartilhar ou servir, devendo buscar objetividade e discernimento diante da situação apresentada.
- *Orientação/conselho*: analisar com cuidado os fatos, ainda não é o momento de se expressar ou falar o que pensa; não há perigos, mas a situação carece de melhor reflexão e observação do meio circundante; meditar pode se uma boa saída.

Note e anote

1. Basicamente, nos tarôs clássicos, podemos elaborar um *contraste* entre a Sacerdotisa e o Mago — ela, guardiã do templo, está em um recinto com um livro e enraizada em seu trono; ele, senhor do campo, está livre e solto, gesticulando os braços com sua varinha mágica, dono do tempo e do espaço como um relógio eterno. Nada os detém, a não ser eles mesmos. Mago e Sacerdotisa colocam ou retiram pedras do próprio caminho, o livre-arbítrio é uma variável constante.

2. O Mago tem a mesma potencialidade da Sacerdotisa, ambos encerram as mesmas vontades e sonhos. A diferença reside em que um é ativo demais (deve se acalmar) e o outro é passivo demais

(deve empreender); um se expressa bastante (poder verbal) e o outro muito pouco (poder mental); porém, seguindo os devidos conselhos da *reflexão e advertência*, podem chegar aos objetivos desejados de maneira primorosa. Tudo é possível nos dois arcanos, mas nada é certo.

3. Sempre ouço um ruído de informação, comumente se equivocam no conceito "segredo, mistério, coisas ocultas" em uma interpretação sobre um caso extraconjugal. Não, nunca use tal conceito. Não existe sentido arquetípico nesse arcano para engodo, fornicação, lascívia, concupiscência. Esqueça os filmes de Decameron e a infame notícia sobre a Papisa Joana, se atenha ao conteúdo imagético do próprio signo, não a sua exceção.

4. Ao empregar o *método europeu*, os arcanos principais 1 e 2 assumem papeis distintos (!) em uma interpretação — o Mago se refere ao consulente masculino e terá leitura normal quando for uma mulher; o inverso para a Sacerdotisa (consulente/feminino, normal/masculino). Nesse caso excepcional, o arcano maior perde os atributos tarománticos e aponta para um importante foco interpretativo para a questão analisada — vale sempre lembrar que o foco desta trilogia é o oráculo, a adivinhação e a orientação, veremos melhor essa condição no terceiro volume (TARÔ, ORÁCULO E MÉTODOS).

IMPERATRIZ

ARCANO 3

TAROLOGIA

Ornamento comum

- Uma mulher sentada em um trono.
- Joelhos separados.
- Coroa real adornando a cabeça.
- Escudo com a ilustração de uma águia.
- Segura um cetro, orbe ou lírio.

Signo

Imperatriz — identifica alguém com a função de gerar herdeiros masculinos ao trono, a continuidade do clã e, consequentemente, a preservação dos bens em poder da própria família; revelando-se, assim, geradora e protetora ao mesmo tempo. Variação em língua portuguesa: Grande Mãe, Ísis. Denominação em outros idiomas: *Empress* (inglês), *Impératrice* (francês), *Herrscherin* (alemão), *Imperatrice* (italiano), *Emperatriz* (espanhol).

Simbolismo clássico

A mulher (*símbolo de procriação e intuição*) é aqui representada com roupas mais leves que as do arcano anterior, revelando o contorno de seu corpo: isso representa maior interação com o meio social. A altivez e a posição real traduz a proporção de seu domínio no qual a ordem prática e a dedução se acham presentes. A coroa (*símbolo de poder outorgado, força material*) está ornada com doze pedras ou pontas que se reportam aos signos zodiacais (o ciclo completo e evolutivo da vida), igualmente transmitindo-lhe o poder sobre o universo social, a vida prática, rotineira e futura. O cetro (*símbolo de autoridade, comando e poder material*) é sua fonte de vontade na qual tudo é realizável a contento; porém, para assegurar a posição desejada, mantém firmemente um escudo (*símbolo de proteção, inteligência bélica e força adicional*) ornamentado com uma águia (*símbolo de espiritualidade, transcendência*). Um ornamento interessante nos tarôs clássicos é a posição do cetro — apoiado no ombro, denotando que não fará uso exclusivo do comando real por compreender a própria condição. Esse conjunto traduz que seu propósito está embasado na compreensão dos limites, na diplomacia e na gentileza, revelando claramente conhecer o poder que possui. Nem mais, nem menos. Salientando essa propriedade temos uma relação direta com o Mago (mão esquerda/bastão, mão direita/moeda) na qual a Imperatriz (mão direita/cetro, mão esquerda/escudo) revela que transformou a ideia criativa em uma ação real e prática ou, ainda, usou todo poder adquirido para construir um sólido futuro. A imagética indica que já não há mais o *bastão mágico* para criar, mas o *cetro* para liderar, saindo de um mundo mental pleno de possibilidades para um universo real repleto de propriedades. Sua posição no trono (com os joelhos levemente separados) indica que está pronta para se levantar e atuar, proteger com firmeza os interesses pessoais e os familiares. Tanto os pés da Sacerdotisa quanto os da Imperatriz estão envoltos em suas vestes e se encontram imóveis, mas se na primeira analisamos o potencial do mundo interior, na segunda, há o mundo exterior; assim, o simbolismo parece enfatizar que uma se cala, a outra se expõe.

Analogia

Se a Sacerdotisa serve ao espírito, a Imperatriz o satisfaz; enquanto a primeira governa o universo mental-espiritual, a segunda impera sobre o mundo mental-material. A capacidade de dar forma à ideia é seu grande atributo, podendo projetar e fecundar qualquer coisa, tudo cresce e prospera, a força intuitiva é perfeita, a inteligência é aguçada, nada escapa ao pensamento e à ação. A aparência resoluta e determinada desse arcano estabelece o poder que concentra em suas mãos, tudo se resume em autoconfiança e autoestima. Embora indique que domina os instintos básicos, na realidade ainda não os conhece em profundidade; no entanto, não se deixa levar por sentimentos mesquinhos, atos decadentes ou degradantes. Todos os caminhos estarão abertos, devendo continuar os investimentos pessoais, pois há uma enorme força evolutiva a favor dos eventos desejados. Um dos principais aspectos desse momento é a natureza da preservação e da irreversibilidade; porém, essa capacidade gera a dissimulação para manter seu projeto de vida ou a estrutura escolhida. Fecundação, criação, procriação, geração e continuidade serão tônicas de qualquer situação. É um dos raros símbolos do tarô em que os sintomas geram absoluta convicção para o sucesso, seja prosperando ou estabilizando. Mesmo no sintoma secundário (3/12) não significa que a situação se tornará infeliz, mas sim, e somente, uma parada desejada, como naqueles momentos em que estamos felizes com o que temos e solicitamos ao divino que nada se modifique e tudo continue como está! Podemos extrair uma reflexão: *uma vida feliz dependerá exclusivamente de nossos planos e ações em comum.*

Sintoma

Força simbólica: realizador, dinâmico e aberto. A IMPERATRIZ (arcano emissor) tem como *sintoma principal* o IMPERADOR (arcano sucessor); nessa projeção simbólica tudo se mantém sob a visão da prosperidade, do controle absoluto, da inabalável conduta pessoal e sempre voltado para o progresso e o futuro (3 → 4). Quando expressamos coerentemente nosso planejamento e nossas ações, participando com o social e o familiar, o resultado é simples: realização, solução, praticidade; não haverá dor, tampouco sofrimento, uma vez que tudo é aberto e objetivo. Exemplo claro dessa condição se processa ao estabelecermos a palavra honesta e verdadeira, pois não há argumentos contra ela. O *sintoma secundário* é o PENDURADO (arcano ressoante), que representa a inércia e a utopia, revelando que a Imperatriz preservará as conquistas, não importando acrescentar ou mudar absolutamente nada, acredita que tudo é perfeito para a sua vida (3 → 12). Ao se estabilizar em algum projeto, a pessoa não se interessa em mudar mais nada, tudo o que possui está perfeito, simplesmente para e contempla; nesse caso, não haverá retrocesso, tampouco modificações significativas. Assemelha-se a nossa relação afetiva: casamos, constituímos família e não admitimos uma separação.

TAROMANCIA

Núcleo

- *Essência*: deduzir, cumprir, produzir, transmitir.
- *Definição*: prosperidade e alegria se pronunciam abertamente; crescimento e realização plena surgem em passos acelerados; o sucesso é garantido mesmo que diante de inúmeros problemas; tudo se resolve com sorte e caminhos abertos.
- *Advertência*: manter a mesma intensidade dos desejos; não mudar plano ou ação alguma, tudo se define naturalmente, pois as situações já estão em andamento para um desfecho positivo; o sucesso chega se observar as promessas e atitudes.

Atributo básico

- *Material*: prosperidade, crescimento e fertilidade em todas as questões tangíveis; e solução para todo tipo de problema, realização em breve, bem-estar; adaptação e harmonia à volta; tudo caminha para a conclusão, muitas alegrias à vista.

- *Mental*: dedução plena e inteligência criativa para qualquer situação; momento de perspicácia e sensatez; planejamento correto e eficaz para o desejado; verbaliza com clareza e verdade tudo o que se encontra na alma, comunicação vibrante.
- *Sentimental*: vontade direcionada para o prazer e a alegria; equilíbrio emocional para assegurar o futuro; afabilidade, confiança e desejo de melhorar tudo o que possui; sensualidade e possível entrega ao verdadeiro amor; satisfação, regozijo.
- *Espiritual*: compreensão dos obstáculos e afirmação da esperança; busca pelo equilíbrio pessoal ou familiar mediante alguma crença ou magia; meditação para um mundo melhor; proteção de hostes superiores de luz, bom auspício.

Atributo diverso

- *Negativo/invertido*: demora na realização por improdutividade ou desinteresse; fracasso iminente ou limitação pessoal; frieza e dissimulação permeiam as relações; vaidade e futilidade que trarão desgosto; infertilidade, indecisão, inércia.
- *Obstáculo/oposição*: falta de atenção que dificulta o desenvolvimento; descuido com os bens ou os planos; desinteresse por uma situação tão desejada; falta de satisfação ou de alegria, tendência à tristeza; sem raciocínio lógico.
- *Orientação/conselho*: não perder tempo com perfeição ou pensamento inútil; não hesitar, não duvidar de nada, seguir em frente rumo ao desejado; todos os caminhos estão abertos, tudo se realizará; aproveitar as chances da vida; avançar.

Note e anote

1. Esse arcano contém o equilíbrio entre os atributos do Mago e da Sacerdotisa; portanto, a *possibilidade* deixa de existir para termos a certeza da *efetivação* de um projeto ou desejo, tudo se desenvolve.

2. A Imperatriz é o ápice do CAMINHO DA VONTADE (volume 1, página 174), essa carta é o ponto de equilíbrio entre Mago-Sacerdotisa e Imperador-Sacerdote, detém o espírito dedutivo e empreendedor, sem desmerecer as condições alheias.

3. No método europeu, a Imperatriz acrescida de uma carta da corte pode identificar uma pessoa. Por exemplo: *Imperatriz + Cavaleiro de Espadas* = uma pessoa (mulher) de mesma idade que o consulente, sagaz e perseverante. Maiores detalhes na página 421 deste volume.

IMPERADOR

ARCANO 4

TAROLOGIA

Ornamento comum

- Um homem sentado em um trono.
- Uma coroa real em sua cabeça.
- Cetro em punho ou orbe.
- Escudo no chão.
- A perna cruzada forma o número 4.

Signo

Imperador — identifica alguém com poderes absolutos nas mãos e, como tal, com todo o direito de executar o que bem entender. O próprio juízo é a lei e sua palavra é a ordem. Que subalterno ousaria dizer que seu imperador é injusto? Sob o ponto de vista de um governante ele estará fazendo o melhor; porém, para os súditos, nem sempre esse *melhor* é observado com bons olhos. Qual a diferença entre um *rei* e um *imperador*? O rei mantém seus domínios por sucessão, aliança matrimonial e acordos políticos; já um imperador emprega a força, a guerra ou o golpe para conquistar uma nação; por consequência, *rainha* e *imperatriz* serão, respectivamente, os títulos da consorte. Por exemplo: Dom Pedro I foi o *1º imperador* do Brasil e o 29º *rei de Portugal*; Maria Leopoldina da Áustria, consorte de Dom Pedro I, foi imperatriz do Brasil e rainha de Portugal. Variação em língua portuguesa: não há. Denominação em outros idiomas: *Emperor* (inglês), *Empereur* (francês), *Herrscher* (alemão), *Imperatore* (italiano), *Emperador* (espanhol).

Simbolismo clássico

Nessa carta vemos a figura de um homem adulto (*símbolo de força ativa e autoridade*) sentado em um trono (*alegoria de poder sob um grupo social ou nação*), suas pernas estão cruzadas e sugerem o número quatro (*emblema da matéria*). Por sua vez, o número quatro e o trono remetem a outro simbolismo, respectivamente: o quadrado e o cubo, as únicas formas geométricas idealizadas pelo homem na Antiguidade, sendo as outras comuns na natureza (círculo, triângulo). Portanto, todos são estritamente marcos terrestres, que por si mesmos já representam o poder material e estático desse arcano. Cetro, coroa e trono (analisados no arcano antecessor) são emblemas da realização máxima que um ser humano pode almejar em sua condição social — o poder de autoridade em controlar todas as direções da vida. No entanto, para manter a qualquer custo a posição adquirida, será imprescindível reter todos os bens e galgar novas conquistas no futuro; por isso é representado empunhando o cetro com a mão direita (ritmo futuro) e com o corpo totalmente voltado para o mesmo sentido (reveja volume 1, página 95, tópico Quadro ou espelho?). O escudo com águia (ponto de espiritualização) se encontra aos seus pés, simbolizando que transcendência não é seu forte, mas que poderá utilizá-la quando for preciso, apenas no momento em que for necessário. No arcano 3 observamos na mão esquerda o cetro e na direita, o escudo; já no arcano 4 o cetro está na mão direita e o escudo do lado esquerdo do trono, mas sendo tocado pelo pé direito — *lembre-se*: estamos estudando o **padrão marselhês** do qual se originou a linguagem adivinhatória do tarô. A atitude equilibrada observada no arcano antecessor, na relação cetro/escudo, está sem força nesse arcano; pois as mesmas alegorias estão em sentido oposto, caracterizando o patriarcado: a mão empunha o cetro em direção aos súditos, não precisa se proteger com o escudo, uma vez que ele é o legislador. *Manda quem pode, obedece quem tem juízo*, já diz um ditado popular. Tanto o símbolo do cetro (Imperatriz e Imperador) quanto da varinha mágica (Mago) simbolizam o poder e o controle em determinada área (material ou espiritual). Se no Imperador residem o pensamento e a formação, na Imperatriz jazem o sentimento e a criação; mas será no Mago o processo de iniciação e ideia.

Analogia

Esse arcano sugere o poder objetivo, a estabilização ou estagnação de qualquer processo, representa a autoridade incontestável dos desejos — *Faça o que eu digo, mas não faça o que eu faço!* Sem sombra de dúvidas, esse símbolo reage sob os eflúvios da conquista e, independente de ser moral ou indecorosa, o objetivo será atingido; nessa condição arquetípica não se julga o que é verdadeiro ou falso, honrado ou despudorado, apenas se faz o que deve ser feito. É a vontade irrefragável do ser humano; pois, em hipótese alguma, compreendem-se os limites pessoais impostos pela sociedade. Compra, vende, casa, descasa, faz e desfaz ao bel-prazer, todas essas atitudes geram autoritarismo, controle e posse; ninguém ouse dizer que a situação está equivocada, somente a própria consciência determina o que é certo ou errado. Contudo, o lema do Imperador é prover, continuar sendo o mantenedor; por isso, não podemos ver qualquer sentido negativo nessa carta em seu plano genérico, mesmo com a ótica ditatorial e opressora que comumente permeia esse conjunto simbólico. Acima de tudo é paternalista e preocupado com o futuro, não encontrando tempo para conversas amenas nem desculpas para o fracasso.

O objetivo é um só: nunca faltar nada de material, seja um suporte financeiro ou alguém ao seu lado para preencher sua vida. Talvez um dos momentos mais fortes de domínio/poder seja representado por esse arcano: a vontade é realizada a qualquer custo, mas o resultado pode não ser feliz, porquanto a visão é unilateral e carece de compreensão das pessoas ou situações que o cercam. Podemos extrair uma reflexão: *toda vontade pode ser realizada, mas mantê-la dependerá de habilidade.*

Sintoma

Força simbólica: realizador, unidimensional, conclusivo. O IMPERADOR (arcano emissor) tem como *sintoma principal* o arcano SACERDOTE (arcano sucessor), que representa o dogma, a manipulação, a moralidade e, principalmente, a organização morfológica social; nesse parâmetro, todo poder absoluto caminha para a manutenção planejada, fomentando eternamente o controle sobre o que possui (4 → 5). Quem quer perder o poder sobre algo ou alguém? Quem ambiciona dissolver um casamento que considera para si o ideal? Que ministro, senador ou presidente deseja entregar a função? Quem almeja rebaixar o próprio salário? Que tal um sonoro: ninguém! O *sintoma secundário* ocorre na direção da MORTE (arcano ressoante), que simboliza o poder de autotransformação, renovação dos ideais, dinamismo de ação; perda de uma parte, mas nunca do todo. Assim, o Imperador também pode desenvolver mudanças quando for necessário, reformular conceitos para a continuidade de seu poder e controle absoluto (4 → 13). Perder, jamais! Observe que quando estamos à beira da ruptura de algum domínio fazemos de tudo para não fracassar, mudamos os hábitos e as atitudes quase que imediatamente; então, mostramos uma nova face e tentamos nos adaptar ao momento para não perder as rédeas. Afinal, mais vale um pássaro na mão do que dois voando, diz o ditado popular.

TAROMANCIA

Núcleo

- *Essência*: concentrar, poder, realizar, vencer.
- *Definição*: manutenção ou realização dos ideais; controle sobre a própria vida e o livre-arbítrio; afirmação do desejo e da influência sobre os demais; competência nas metas e conquistas; situação bem definida e consolidada em médio prazo.
- *Advertência*: ter paciência e ouvir as opiniões alheias; observar e aprender com os erros dos outros; ser condescendente, afável e menos tenso em todas as situações para conseguir a felicidade almejada; cuidado com a arrogância e o julgamento.

Atributo básico

- *Material*: manutenção e continuidade da situação; estabilidade ou controle momentâneo; poder e realização em curto prazo; força da autoridade pessoal domina tudo a volta; capacidade para solucionar problemas.
- *Mental*: ideias objetivas e práticas; racional, moralista e intolerante; convicção, inflexibilidade em planos futuros; estagnação nas ações presentes; a comunicação é ríspida e sem tato, mas direta e clara; fala o essencial, poucas palavras.
- *Sentimental*: possessivo e opressor; não admite que neguem o seu desejo e atenção; embora apegado, não dá carinho e atenção nos relacionamentos; aparente insensibilidade; não conhece a felicidade pelo medo de perder o que possui.
- *Espiritual*: não há crença religiosa rígida, acredita em si mesmo e naquilo que faz; estágio pragmático e individualista; ausência de compreensão em um mundo melhor; não se trata de ateísmo, mas de um isolamento momentâneo.

Atributo diverso

- *Negativo/invertido*: limitação e fraqueza impedem o sucesso; indecisão e passividade que resultam em estagnação em longo prazo; incapacidade de fechar qualquer tipo de acordo; despotismo e arbitrariedade prejudicam as realizações.
- *Obstáculo/oposição*: falta de poder e controle sobre os fatos; descontrole sobre as opiniões ou o meio ambiente, bagunça ou desordem, falta de observação prática da situação; isolamento desnecessário, autocontrole exagerado e inútil.
- *Orientação/conselho*: não fraquejar naquilo que é mais importante, não se deixar levar por ideias alheias; o mais importante é manter a autoridade e impor a vontade pessoal; continuar com os objetivos para atingir o sucesso.

Note e anote

1. O arcano 1 aspira à vida, o arcano 2 analisa a vida, o arcano 3 movimenta a vida e o arcano 4 *forma* a vida; as cartas do tarô são pequenos trechos de uma historieta, nenhum arcano deve ser analisado como começo/meio/fim, somente uma parte do todo. Por exemplo: o Mago especula um negócio, a Sacerdotisa estuda a documentação, a Imperatriz assina o contrato e o Imperador abre a empresa. Assim, podemos concluir que os dois primeiros arcanos apenas representam estágios muito frágeis e os dois seguintes, maior solidificação de uma situação.

2. No método europeu, o Imperador acrescido de uma carta da corte pode identificar uma pessoa. Por exemplo: *Imperador + Rei de Paus* = um homem velho que o consulente, paternal e honesto. Maiores detalhes na página 421 deste volume.

3. Esse arcano não determina riqueza material, mas estabilidade do que possui, ou seja, poder ou manutenção sobre o próprio *status* (bom ou não).

SACERDOTE

ARCANO 5

TAROLOGIA

Ornamento comum

- Um homem com vestes sacerdotais.
- Uma mitra em sua cabeça.
- Báculo sacerdotal na mão esquerda.
- Sinal de bênçãos com a mão direita.
- Duas pessoas de costas.
- Colunas, templo.

Signo

Sacerdote — indica alguém com conhecimento das leis espirituais e a quem todos devem respeitar ou acatar os aconselhamentos; a marca principal desse mentor é o caráter e a conduta perfeita, cujo lema é a propagação de uma ideia superior preconcebida e indiscutível: o dogma e a doutrina religiosa. Variações em língua portuguesa: Papa, Pontífice, Hierofante. Denominação em outros idiomas: *Hierophant* (inglês), *Pape* (francês), *Hoherpriester* (alemão), *Papa* (Italiano), *Papa* (espanhol).

Simbolismo clássico

Um homem adulto com vestes sacerdotais (*símbolo de doutrina espiritual e dogmas sociais*) está aparentemente instruindo ou apregoando a moral a dois discípulos, que se encontram de costas e ajoelhados (*símbolo da submissão e da obediência*). Note que as duas figuras se tornam insignificantes diante do sacerdote, que parece ser o senhor absoluto daquele momento; por outro lado, até os imperadores se ajoelhavam diante dele, sem hesitarem. Na mão esquerda, o sacerdote segura firmemente um báculo (*símbolo de autoridade espiritual e poder instituído*), e com a mão direita expressa um sinal de bênção (*anuência espiritual*) — esse ornamento indica pleno domínio social sobre as pessoas e os fatos envolvidos. As colunas são as mesmas já vistas no arcano 2; entretanto, agora nos encontramos no interior do templo, representando uma conduta direcionada, a vontade do aprendizado. Esse arcano faz clara alusão ao poder espiritual ou moral sobre o mundo material ou social; encontramos a síntese de todos os arcanos anteriores, a perfeita qualidade de saber lidar com tudo e com todos. É interessante notar que esse arcano não se reporta à *justiça divina, aos movimentos cármicos ou ao mundo espiritual de forma direta*, mas unicamente à *justiça idealizada e outorgada pelos homens e para os homens, à regência dos dogmas sociais, da condição moral e religiosa para socializar o meio ambiente.*

Analogia

O arcano 5 simboliza o dogma, a virtude, a honra, a educação, mas tudo sobre o parâmetro social (do grupo ou da família), jamais sob a ótica pessoal. Tudo aqui se encontra sob as leis escritas, sejam jurídicas ou religiosas, sob as leis naturais ou em uma conduta aceita socialmente; o comportamento regrado (no meio social ou na cultura em que o consulente vive) é imprescindível para o sucesso. Por isso, o

Sacerdote sugere a necessidade de agir na legalidade, dentro da ordem e dos valores instituídos pela comunidade. Como naquele famoso caso de nossos amigos ou parentes interferindo em nossos planos pessoais, nos dizendo o que devemos fazer para sermos felizes quando, na realidade, nem eles souberam escolher a própria felicidade. Contudo, terminamos por aceitar as regras do jogo social, somos manipulados pela força moralista e nos rendemos. Essa carta também indica a organização da vida caótica, a reclassificação de situações desordenadas (dívida, desemprego, doença). Rege todo tipo de contrato, seja escrito ou verbal, casamento, noivado, namoro; associação e sociedade bem estruturada; venda ou compra com valor justo; cursos, reciclagem, estudos avançados, reconhecimento profissional. Não se discute, nesse arcano, sua condição de poder e realização, ele os tem por uma condição natural, seja pelo direito divino, social ou pessoal; contudo, o problema se encontra na inflexibilidade dos hábitos ou de acompanhar os novos tempos. O resultado comum é o surgimento natural do preconceito, da visão limitada, rigidez mental, tendendo à manipulação ou à tentativa de conversão para o que se deseja, culminando com o retardamento dos objetivos. Para encontrar a paz verdadeira necessita apenas relaxar e entender as necessidades do particular e não do geral. Podemos extrair uma reflexão: *tudo é pleno de possibilidades, mas o respeito é imprescindível para a felicidade.*

Sintoma

Força simbólica: realizador, lento, unidimensional, centrípeto. O SACERDOTE (arcano emissor) tem como *sintoma principal* o ENAMORADO (arcano sucessor), que simboliza o contato com o plano social, a propagação de uma vontade ou realidade, os diversos encontros e escolhas diárias nas quais somente um caminho pode ser tomado. Portanto, o Sacerdote apresenta objetivos bem precisos: difusão de dogma, de doutrina, do estímulo harmonioso e moral entre todos; pois a função principal dessa carta é a continuidade dos valores sociais (5 → 6). É o mesmo caso de quando tentamos ensinar nossa experiência com extrema autoconfiança ou quando arrebatamos os outros a praticarem aquilo que desejamos, mas sempre mediando os valores de ambos os lados com o intuito de nos entenderem. O *sintoma secundário* é a Temperança (arcano ressoante), que representa o moto-contínuo, a conciliação, a harmonia, a perseverança, a estabilidade controlada; assim o Sacerdote, nesse possível sintoma, estabelece a moral e a austeridade em uma condição eterna e inexorável; não há chance de diálogo, terminando em arrogância espiritual ou social e, talvez, na melhor das hipóteses, tente ser o baluarte da moralidade (5 → 14). Exatamente quando tentamos convencer aos semelhantes de que a postura tomada é a verdadeira (sob nossa ótica), cuja atitude não pode ser questionada pela razão de almejarmos o melhor (de nosso jeito); nesse caso, é perda de tempo que discutam conosco, pois não abriremos mão de nossas convicções.

TAROMANCIA

Núcleo

- *Essência*: ordenar, disciplinar, cumprir, crer.
- *Definição*: organização da vida, tudo se equilibra ou se harmoniza, realização com estruturas bem definidas; forças positivas que se estabelecem nas associações, nos contratos ou nas uniões; o sucesso existe somente na legalidade da causa.
- *Advertência*: ser flexível, tentar ouvir o próximo, trocar ideias e aceitar novas possibilidades de solução além das objetivadas; e o conselho mais sério de todos: sempre agir com honra e virtude.

Atributo básico

- *Material*: reconciliação ou reorganização dos problemas, mas tudo deve ser feito por vias legais ou morais; contrato, associação ou união com objetivos em comum; responsabilidade e integridade nas ações; acerto de débitos, reclassificação; cura.

- *Mental*: ideia preconcebida, rigidez de opinião, convicção, inflexibilidade, dogma, moralidade, parcialidade, irredutibilidade, falta de criatividade; comunicação e expressão moderadas, diplomacia, voz serena, prudência nas palavras.
- *Sentimental*: fidelidade, afeição, benevolência, bondade, amizade, carinho, servidão, condescendência, compaixão; o amor existe como meio de preservação do que há de mais precioso. Para solteiros: amizade; para casados: lealdade.
- *Espiritual*: religiosidade ou crença absoluta em um segmento espiritual; perdão, clemência ou benevolência nas relações sociais; tenta-se compreender o outro sob o princípio da fé; proteção angelical, caminhos espirituais que se abrem.

Atributo diverso

- *Negativo/invertido*: prejuízo ou perda por causa do orgulho; dívidas que geram empobrecimento; retardamento, renúncia, fragilidade; infidelidade, separação; demissão, desunião, discussão; caos moral ou jurídico; obscuridade, fé cega.
- *Obstáculo/oposição*: falta de organização, desacordo jurídico, promessa que não será cumprida, ausência de perspectiva ou de ajuda social ou espiritual; incapacidade de realizar o que se deseja ou atingir as metas.
- *Orientação/conselho*: não permitir que terceiros digam o que se deve fazer, tenha opinião; aja na legalidade ou dentro dos princípios morais nos quais está inserido; seja fiel e honesto, honre a palavra abonada, caso contrário, tudo se perde.

Note e anote

1. Ao contrário do arcano 4 que poderá executar qualquer plano

(certo ou errado) com o arcano 5 deve prevalecer a lei, a ordem e os bons costumes. Ambos realizam qualquer coisa e controlam tudo — o Imperador sob a força da autoridade e o Sacerdote sob a égide da moralidade. Também são inflexíveis, austeros e manipuladores; porém, ambos seguem a verdade pessoal ou aquilo que acreditam no fundo de sua alma: um pelos próprios valores; o outro, pelos valores coletivos.

2. No método europeu, o Sacerdote acrescido de uma carta da corte pode identificar uma pessoa. Por exemplo: *Sacerdote + Pajem de Copas* = um homem mais jovem que o consulente, gentil e prestativo. Maiores detalhes na página 421 deste volume.

ENAMORADO

ARCANO 6

TAROLOGIA

Ornamento comum

- Um jovem em pé entre duas mulheres.
- Cupido com arco e flecha.
- Sol atrás de Cupido.

Signo

Enamorado — revela a condição de envolvimento afetivo incondicional, difícil de explicar racionalmente, pois quando o amor por algo nos invade, tudo se transforma, encontramos beleza em todos os lugares, esquecemos as mazelas e queremos trocar todo desconforto mental pelas doces palavras do coração. Variações em língua portuguesa: Amantes, Cupido. Denominação em outros idiomas: *Lovers* (inglês), *Amoureux* (francês), *Liebenden* (alemão), *Amanti* (italiano), *Enamorados* (espanhol).

Simbolismo clássico

Cupido[13] (*deidade da paixão e do amor em todas as manifestações*) está retesando um arco para atirar a flecha embebida pelo veneno do desejo — observe que é a *única* figura mitológica explicita em todo tarô clássico: filho da deusa do amor, sua peraltice fazia com que as pessoas se apaixonassem também por pedras, árvores ou animais, além do amor entre os humanos. Saiba que o ato de se apaixonar por uma roupa na vitrine de uma loja, por exemplo, poderia ser obra dele. O princípio do livre-arbítrio (decisão única, pessoal e intransferível) se encontra no desejo ardente de uma ideia ou sentimento. Note também que a imagem do Cupido (desejo, ardor) ofusca a luz solar (*símbolo de revelação, verdade e consciência*). O ornamento (cupido flechando) indica que o livre-arbítrio está praticamente terminado e as decisões se tornam urgentes; no entanto, a verdade não é percebida, apenas a intensa vontade de ser feliz (representação do ser mitológico em frente ao Sol). Um personagem jovem e masculino está em pé (*símbolo de destreza e vitalidade*) e se encontra entre duas mulheres ilustradas da mesma forma (*símbolo de intuição e reflexão*), nos tarôs clássicos uma das figuras femininas parece ter mais idade que a outra. Poderia ser a representação do passado e do futuro? Da experiência e da imaturidade? Nenhum dos personagens veste roupas reais (*símbolo de status e poder*), tampouco possuem coroa ou cetro (*símbolo de poder e autoridade*), isso denota que não possuem decisão sólida nem a capacidade de realização imediata. Eles não se tocam reciprocamente (*ornamento de desarmonia, falta de acordo*), no entanto, parecem estar em uma triangulação de possibilidades, encontro social ou opções. Difícil saber quem terá que decidir ou falar algo — o homem ou as mulheres —; afinal, todos estão envolvidos. Esse é um momento importante, pois uma vez tomada alguma decisão ou escolhido algum caminho, não haverá retorno. A vida é repleta

---

13 Cupido, filho de Vênus e Marte, na mitologia romana; também conhecido como Eros, filho de Afrodite e Ares, na mitologia grega.

de encruzilhadas ou de pontes que se rompem quando passamos. Mas pelo que se deve optar? Pelos dogmas sociais ou por nós mesmos? Onde se encontra a razão quando o desejo invade o coração? As decisões devem ser pautadas na razão ou na intuição, mas evitando o coração tão carregado de desejo e sonhos fantásticos.

Analogia

Esse arcano sugere as inúmeras escolhas diárias entre duas situações, duas possibilidades e uma única conclusão — *toda escolha pressupõe uma renúncia*. Não se podem ter dois empregos no mesmo horário, dois casamentos legalizados no Ocidente, estar em dois lugares ao mesmo tempo. Ora, acordamos escolhendo o que vestir e comer, com quem falar, aonde ir, que ônibus tomar, o que comprar, com quem ficar. Sim, antes de tudo, esse arcano revela muitas oportunidades, inúmeras escolhas, opções e ofertas, das quais resultam as famosas e estigmatizadas palavras entre tarólogos-estudantes: *indecisão e dúvidas, qual caminho tomar?* Porém, a tônica dessa carta sempre será a busca da perfeição, do amor, da união, da harmonia e, principalmente, das decisões mais urgentes para a projeção da vida e a continuidade dos objetivos. É interessante ressaltar que não existe um caminho correto, certo ou verdadeiro ao se apresentar essa carta; pois, em matéria de desejo, cada qual tem seus parâmetros, valores e ponderações. Aquilo que é certo ou aceitável para uma determinada pessoa ou cultura pode ser errado ou inadmissível para outra. O Enamorado traduz a manifestação máxima do livre-arbítrio e da liberdade pessoal. Afinal, você sabe o que é livre-arbítrio e a responsabilidade que isso representa? Pesquise, pondere sobre esta palavra e entenda que esse arcano é sempre um ponto de vista e nunca uma determinação do destino. Você tem noção do que é o destino? Bem, até o momento, temos o total livre-arbítrio e a sina nem chegou perto, mas ela começará a dar o ar da graça a partir do arcano 8 e, mesmo assim, de forma muito sutil. Podemos extrair uma reflexão: *a liberdade tem um preço: a escolha do caminho correto!*

Sintoma

Força simbólica: transicional, aberto. O ENAMORADO (arcano emissor) tem como *sintoma principal* o CARRO (arcano sucessor), que representa a determinação, o progresso, a certeza absoluta do projeto a concluir; portanto, o arcano 6 revela uma faceta oculta — já sabe o que fazer e onde quer chegar, somente o mundo social o impede de concluir. O Enamorado perde tempo em argumentações e ponderações para explicar o óbvio: *a decisão final está formada!* Ele busca alguém para confirmar o que se encontra em seu íntimo, faz especulações para abonar o que deseja fazer (6 → 7). Quantas vezes já decidimos mentalmente, mas não argumentamos realmente? Temos a decisão, mas não dizemos a ninguém? Sabemos que nossa atitude não será de fácil aceitação ou tememos que o resultado não seja positivo; então, partirmos para reflexões desnecessárias, ansiedade, nervosismo, apenas protelando e nos angustiando por algo inevitável: a escolha já está pronta! O *sintoma secundário* é o DIABO (arcano ressoante), que representa o desejo absoluto, a busca do prazer máximo, a ambição de ser feliz a qualquer preço e tudo integrado à força de um instinto perene; assim, o Enamorado irá se apropriar da fonte de poder para manter tudo ao mesmo tempo, lutará para ser feliz, seja pelo prazer ou pela dor, pois o que importa é o livre-arbítrio (6 → 15). Quando se quer alguma coisa do fundo da alma, quem se importa com que a outra parte sente ou deseja? O axioma do namoro é: *fique comigo para sempre já que posso amar por nós dois.* Afinal, quando se é tomado pelo desejo fulminante do possível encontro com a felicidade, não há mãe que consiga demover o filho. Há? Não, não há. Nesse arcano reside um valioso mistério: pode-se escolher qualquer coisa e tudo dará certo! O problema é que ainda não se sentiu o que é o melhor: *o que eu quero ou o que os outros querem!* Podem-se fazer inúmeras ponderações entre uma situação e outra, inclusive até se revelar, aquela já escolhida mentalmente, ser a melhor; contudo, ainda falta a maturidade emocional. De qualquer forma, a aposta foi feita, agora é esperar pelos resultados.

TAROMANCIA

Núcleo

- *Essência*: escolher, reunir, desejar, harmonizar.
- *Definição*: todos os caminhos estão abertos, a sorte acena com a prosperidade; há múltiplas chances, mas deve-se escolher apenas uma; nesse momento o destino não interfere na decisão; usar o arbítrio pensando no futuro e não no presente.
- *Advertência*: eliminar a ansiedade e o nervosismo, cuidado em somente desejar a perfeição; é impossível ter tudo ao mesmo tempo, tenha um olhar mais frio para a realidade, sendo mais objetivo e prático nas atitudes; *não especule com o tarô*.

Atributo básico

- *Material*: oportunidade, benefício, oferta e caminho aberto; aumento de capital ou trabalho; sociedade, acordo ou compromisso positivo; várias possibilidades de sucesso e desenvolvimento nas quais somente o consulente pode escolher.
- *Mental*: escolhas, opções, dúvidas, hesitação, indecisão ou reflexão desnecessária; ideias e projetos que estão sendo influenciados negativamente; possível desatenção com a realidade; expressão gentil e afetuosa, fala moderada e diplomática.
- *Sentimental*: afeto e amor que tendem ao romantismo; magnetismo e forte libido; desejo de ser amado e feliz. Para os solteiros: desejo em experimentar a paixão em profundidade; para os casados: forte sensualidade, harmonia e amor.
- *Espiritual*: canalização natural com seres de luz, mediunidade e forte intuição; possibilidade de vidência ou presságio por intermédio de sonhos (oniromancia); sacrifício em prol de quem se ama; busca de novas crenças ou filosofias.

Atributo diverso

- *Negativo/invertido*: desacordo e separação, insatisfação e possível briga; fracasso em provas/concursos ou encontros; deslealdade e possível separação; perdas originadas pela própria vaidade e egocentrismo; imprudência, irresponsabilidade.
- *Obstáculo/oposição*: falta de harmonia, de reciprocidade ou acordos; tendência a discussões e inimizades; dificuldade em realizar o que deseja ou de encontrar uma saída aos problemas; falta de atenção, sem magnetismo ou força de atuação.
- *Orientação/conselho*: buscar a paz, a união e a conciliação; entender as bases alheias, ser gentil e aceitar a opinião dos outros; não discutir, tampouco adiar qualquer decisão ou acordo; momento de ser prático e objetivo nas ações.

Note e anote

1. Se no Sacerdote encontramos dois personagens ajoelhados com roupas simples aos pés de um mentor espiritual (denotando orientação), no Enamorado existem três personagens em plano igual, com vestimentas sociais similares (indicando reunião). A grande questão: será que o personagem central é quem deveria escolher? Ora, já que não se tocam reciprocamente, qual a razão de não pensarmos na possibilidade de a mulher mais jovem estar solicitando alguma decisão? Ou, ainda, não seria a mulher mais velha que clamaria por sua posse? Poderia ser uma reunião familiar? Mas um fato ornamental é indiscutível: o Cupido solicita por alguma decisão, seja de quem for!

2. Encontramos um dos raros arcanos do tarô que não formula um resultado específico, pois estamos no mais puro livre-arbítrio, tudo dependerá de uma decisão consciente e deliberada para que o projeto possa aparecer. Ele indica que a situação, tanto do re-

querente quanto do analisado, está sob a decisão pessoal, na qual nada implica a força do destino; por isso, ainda não há um desfecho bom ou mal. Geralmente, em tiragens de perguntas objetivas, como Peladan ou Cruz Celta, por exemplo, ele indica que o consulente está especulando com o oráculo ou a com própria vida (e deve ser alertado por isso).

3. Essa carta revela a expressão dos arcanos anteriores (1, 2, 3, 4, 5), todos os desejos, objetivos e diretrizes são direcionados para a realidade, busca-se escolher qual o melhor resultado para agradar a terceiros, o "eu" verdadeiro ainda não é conhecido.

CARRO

ARCANO 7

TAROLOGIA

Ornamento comum

- Um rei com armadura, cetro e coroa.
- Uma biga com dossel.
- Dois cavalos.

Signo

Carro — tradicionalmente, carruagem ou biga, identifica algo que tem movimento condicionado a outros fatores, ao homem e ao animal, sua utilidade é o transporte de objetos ou pessoas, a negócios ou a lazer. Para entender esse signo e símbolo, devemos nos reportar à seguinte condição: desde os primórdios da invenção da roda até o século XIX, tal veículo era o transporte mais rápido em todos os continentes, no qual se podia viajar, lutar, conquistar; também pertencia às classes dominantes, levando riquezas e nobres. Esse é um dos símbolos mais difíceis de ser transposto para atualidade, mesmo que desenhássemos um carro de corrida, um avião, uma nave espacial, nenhum deles expressaria todo o conteúdo imagético que uma biga/carruagem continha durante o surgimento do tarô no período renascentista! Simbolicamente seria análogo ao conjunto de carro, caminhão, ônibus, trem, avião civil e militar (juntos, como um único veículo!). Alexandre, o Grande, dominou o mundo em cima de uma biga, e com Napoleão não foi muito diferente, em uma carruagem. Variações em língua portuguesa: Carruagem, Biga, Carro, Herói. Denominação em outros idiomas: *Chariot* (inglês), *Chariot* (francês), *Wagen* (alemão), *Carro* (italiano), *Carro* (espanhol).

Simbolismo clássico

O homem (*símbolo de destreza e energia*) está dirigindo uma biga (*símbolo de velocidade, locomoção*), indicando que possui domínio sobre a vida social ou sobre suas decisões. Veste uma roupa nobre, cinge uma coroa e segura orgulhosamente um cetro — símbolos já analisados em arcanos anteriores; porém, um ornamento é acrescido: ombreiras em forma de meia-lua, revelando o poder mágico e espiritual, igualmente símbolo da proteção e do controle emocional — sem dúvida alguma, nos tarôs clássicos, trata-se de um rei ou de um imperador, jamais de um súdito. O dossel da biga faz um paralelo aos quatro elementos do arcano 1 simbolizando, aqui, o perfeito equilíbrio da vontade em todos os planos da vida. Por sua vez, o cetro também faz alusão ao arcano 4, pois ambos os personagens o empunham com a mão direita, identificando o controle sobre o futuro. E, se no arcano 4 a figura real está em um trono fixo, na carta 7 ela está em um veículo móvel. Os dois cavalos (*símbolo de força, vitória, controle*) correm em alta velocidade — aqui seria útil apontar que os animais são adestrados e se encontram atrelados à carruagem/biga cujo movimento direcionado depende tanto dos cavalos quanto do rei. Outro detalhe importantíssimo nessa imagem arquetípica é o fato de não haver rédeas nas mãos do condutor, tampouco antolhos nos cavalos: isso denota o controle mental, pleno domínio dos fatos, poder atávico ou simbiótico da situação. A base irregular do terreno identifica ser um caminho novo, mas também árduo, que se avança com destreza, certeza e desenvoltura. Em realidade, o próprio veículo é o nome da carta (Carro), ou seja, a energia cinética (ação) se sobrepõe ao conteúdo pessoal (poder), embora se necessite deste para se movimentar. Em resumo: o destino já foi traçado, não há como parar (o carro está sem rédeas), o rumo é certo e a estrada ficará aberta para que outros possam segui-lo, a liderança faz parte de seu destino.

Analogia

Esse arcano sugere o momento em que uma situação se encontra bem estruturada, anunciando a vitória, o progresso e a independência, também sugerindo novas metas ou oportunidade única na vida. Todos os caminhos estão abertos para serem explorados, simbolizando um estágio rápido para outros patamares com possível progresso, caso se tenha responsabilidade; assim, se revela um de seus segredos: a continuidade do desejo. Podemos encontrar nesse símbolo a certeza de uma realização, pois todos os fatores que envolvem a situação se encontram condicionados para um excelente desfecho. Esse símbolo traduz rapidez e velocidade na solução desejada, o estado mental é de extrema criatividade e inteligência, mas gerando ansiedade por resultados imediatos. Durante minhas aulas sempre cito o seguinte exemplo — quando dirigimos um carro na cidade (arcano 7) e nos deparamos com o sinal vermelho de um semáforo (arcano 8), freamos, paramos o veículo e, ainda com o motor ligado (nossa vontade), esperamos o sinal verde para avançarmos (arcano 7) ao destino final (nosso desejo). Porém, ao dirigir o carro (arcano 7) e não observar o sinal vermelho (arcano 8), um grande prejuízo pode ocorrer, como uma multa ou acidente por imprudência (arcano 16). Os sintomas e atributos do arcano 7 revelam a potencialidade para realizar a vontade pessoal, nada detém o movimento do progresso (nosso avanço), tudo está fortemente estabelecido pela ação; porém, essa conduta poderá levar à derrota se não forem observados os direitos e deveres. Podemos extrair uma reflexão: *ter responsabilidade é importante; caso contrário, a vitória será inútil.*

Sintoma

Força simbólica: realizador, dinâmico, aberto. O Carro (arcano emissor) tem como *sintoma principal* a Justiça (arcano sucessor), que representa a cautela, a imparcialidade, a causa e o efeito; nessa sucessão arquetípica se observa que o planejamento e a conquista do arcano emissor devem ser bem administrados, pois em um determinado momento a responsabilidade será exigida pelo coletivo social ou familiar (7 → 8). Ora, todos nós desejamos um bom relacionamento afetivo, por exemplo, mas não podemos manter uma vida de solteiro, certo? Por outro lado, não conseguimos mudar radicalmente a rotina do dia para a noite, então, o que nos resta é a ponderação mediante a ansiedade. Esse sintoma representa uma advertência para a impulsividade ou extrema expectativa em uma situação; o ganho é certo, porém, antes do resultado haverá pequenos obstáculos a serem resolvidos com calma. O *sintoma secundário* é a Torre (arcano ressoante), que simboliza a perda do controle sobre a situação, a mudança repentina de direção; a ansiedade e o egocentrismo foram além do razoável, ocasionando uma ruptura da vitória e dos benefícios da vida por excesso de autoconfiança. No entanto, a energia do Carro é sempre ganhar: perde-se aqui, recupera-se ali e vice-versa (7 → 16). Podemos exemplificar com uma pessoa que tem excesso de confiança e extrema autoestima, pois mesmo perdendo o que mais lutou para conquistar, consegue superar e tentar novamente. Em ambos os sintomas a conquista revelada nesse arcano não indica felicidade em longo prazo, somente o prazer e a alegria de ganhar no presente momento; seus atributos são deveras dinâmicos para perdurarem por muito tempo na mesma intensidade emocional.

TAROMANCIA

Núcleo

- *Essência*: direcionar, desenvolver, querer, progredir.
- *Definição*: os esforços serão recompensados, vitória e progresso em diversas direções; força de vontade e energia que são absolutamente canalizadas para o desenvolvimento; caminhos desbravados exclusivamente pelo consulente, sorte.
- *Advertência*: agir com cautela, seguir moderadamente usando a reflexão passo a passo, não desistir diante de obstáculos; apesar de se encontrar no caminho certo, solicite conselho aos amigos, observe a experiência alheia; siga a ordem e as leis.

Atributo básico

- *Material*: aquisição, realização, progresso, vitória ou desenvolvimento surgem rapidamente; bons contratos ou mudança desejada; popularidade ou poder para superar qualquer obstáculo; boas notícias e muita sorte nas atividades em geral.
- *Mental*: determinação, diretriz e inteligência como ponto forte do momento; criatividade, capacidade de organização ou ideia arrojada que deve ser mantida; fluência verbal e boa comunicação, firmeza na voz e na colocação dos projetos.
- *Sentimental*: impulsividade, entusiasmo, magnetismo, coragem, alegria. Para solteiros: as emoções são intensas e profundas, mas estão controladas; para casados: independência afetiva com sinceridade e entrega total ao parceiro.
- *Espiritual*: mediunidade, poder mágico, projeção astral, controle mental; todos os objetivos estão impregnados de magnetismo astral positivo; há uma força incomum que deve ser direcionada por meio de alguma doutrina ou religião.

Atributo diverso

- *Negativo/invertido*: inércia e atraso; dificuldades para solucionar algum obstáculo; ruptura ou suspensão de projetos; fracasso iminente, devendo se preparar para sérios prejuízos; derrota e submissão a terceiros, tendência a perder, armadilha.
- *Obstáculo/oposição*: falta de motivação e planejamento adequado, sem força de vontade para equilibrar ou harmonizar o ambiente; falta de força de vontade e ação para atingir as metas, desejo fraco mediante fatos positivos; conflitos recorrentes.
- *Orientação/conselho*: querer é poder, já dizia um antigo guru; mas de que vale o querer se não há atitude? Deve-se imediatamente seguir adiante com os planos e desejos! O progresso existe, mas é preciso ter diretriz e observar continuamente a meta. O mais importante é seguir em frente.

Note e anote

1. Os arcanos 1, 3 e 7 se assemelham em atributos: inteligência, capacidade, produção, desenvolvimento, planejamento, abundância; porém, o Mago é regido pela expectativa; a Imperatriz, pela dedução e, o Carro, pela determinação. Todos têm poderes para realizar o desejo; contudo, o Mago aspira, a Imperatriz planeja e o Carro direciona. Há uma evolução de valores nos ideais, podemos mensurar do mais frágil ao mais sólido no plano da vontade.

2. Do arcano 1 ao 5 toda vontade é expressa na egolatria, todo desejo é possível de realização, toda força é alimentada pelo anseio pessoal. Se no arcano 6 os objetivos dessa vontade são confrontados com o social, no arcano 7 são escolhidos e consumados com sagacidade e eficácia, totalmente livre de dúvidas ou tendências;

assim, inicia-se um ideal de vida alimentado pelos arcanos anteriores.

3. Da mesma forma que o Mago é o *início* de uma vontade subjetiva (caminho da vontade), o Carro é o *início* de uma realização objetiva (caminho do prazer). Tanto o personagem da carta 1 como o da carta 7 estão em pé; todavia, um está parado e, o outro, em movimento mecânico; um levanta a varinha mágica do desejo, o outro, aponta o cetro do poder.

JUSTIÇA

ARCANO 8

TAROLOGIA

Ornamento comum

- Uma mulher sentada em um trono.
- Uma balança na mão esquerda.
- Uma espada na mão direita.

Signo

Justiça[14] — evoca situações bem familiares à nossa rotina: justiça pessoal, social, divina. Esse signo define o valor do próprio arcano, tais como, responsabilidade, limite, cautela, atenção. Interessante observar que perante toda forma de justiça não há direitos garantidos se não houver rígidas normas de conduta e dever pessoal bem equacionados. A justiça terrena se diz cega, a social

[14] Nos baralhos ilustrados com o padrão Rider-Waite (1910), esse arcano é marcado com o número 11; contudo, a análise oracular (taromancia) permanecerá idêntica. Para maiores detalhes, releia a página 233, volume 1, *Tarô, simbolismo e ocultismo*.

se faz pela honra e a divina pelos atos cármicos; nesse arcano, a justiça é, antes de tudo, um ajustamento, a lei de causa e efeito, à qual também podemos atribuir um antigo provérbio "*olho por olho, dente por dente*". Variações em língua portuguesa: Ajustamento, Balança. Denominação em outros idiomas: *Justice* (inglês), *Justice* (francês), *Gerechtigkeit* (alemão), *Giustizia* (italiano), *Justicia* (espanhol).

Simbolismo clássico

A mulher, também símbolo de reflexão e passividade, está sentada e ereta, denotando muita paciência e precaução. A mão esquerda segura uma balança (*símbolo de justiça e equilíbrio da ordem social*) e, a mão direita, uma espada com a lâmina para cima (*símbolo de decisão, palavra, poder e morte*) — esse ornamento representa a ponderação antes de uma resolução, o julgamento dos fatos. Ao contrário do arcano 2, no qual a figura feminina com o livro no colo se traduz em inação/interiorização, no arcano 8, o elemento feminino com a espada e balança em punho, revela ação/exteriorização. Os adereços contribuem para que o símbolo do feminino se transforme de yin para yang, de passivo para ativo, mudando por completo a interpretação. A alegoria da justiça está ornamentada sentada em um trono, indicando que tem o poder de administração e gerenciamento; o corpo voltado para frente e os olhos bem abertos sinalizam total atenção para qualquer atitude errada; sua pose indica frieza, imparcialidade e advertência. Uma observação mais acurada deve ser feita no ornamento dos tarôs clássicos com relação à balança: o simbolismo dos *pratos vazios* — qualquer peso, no caso, um ato, uma atitude além do expectado, poderia alterar esse equilíbrio; seria, então, a mediação entre duas realidades, dois comportamentos, duas atitudes. A harmonia será sempre o objetivo final dessa carta, pois esse conjunto alegórico representa mais uma advertência do que uma previsão fatídica.

Analogia

Esse arcano sugere ponderação e reavaliação, é um momento de extrema cautela para as atitudes, deve reorganizar a vida e ter muita atenção com a conduta pessoal; também indica processos cíclicos, mudanças e, principalmente, uma nova ordem moral e social que deverá ser aplicada (pelo próprio consulente). A Justiça não nega qualquer realização, pode-se comprar, vender, casar, viajar, mudar ou o que desejar; contudo, adverte para o conteúdo dos projetos, dos ideais, das promessas, pois existirão normas e condutas a serem assumidas — lembra a famosa frase materna: "*Cuidado com o que irá fazer!*". Esse símbolo é sumariamente um lembrete (sério!) sobre os deveres assumidos anteriormente em uma determinada situação (trabalho, casamento, namoro, sociedade, negócios), na qual o ego, o poder e a ansiedade não cabem. O cuidado é extremo, pois discutir ou fazer-se valer dos direitos pessoais é o pior caminho, a intolerância é desastrosa na área em que essa carta estiver em um lançamento. Frie-za, razão e planejamento ainda serão o melhor caminho para buscar um ponto de equilíbrio nas situações. Em sua imagética ou em ambos os sintomas percebemos que os limites de atuação dessa carta são bastante delicados tanto no acautelamento quanto nos princípios da verdade; andar sob os eflúvios desses aspectos é a única forma de não perder as conquistas realizadas. Resumindo: *lei de causa e efeito* — você sabe o que é isso? Não? Então, pesquise urgentemente. Podemos extrair uma reflexão: *observar os deveres é a única forma de passar ileso pela vida.*

Sintoma

Força simbólica: evolucional, conclusivo, cármico. A JUSTIÇA (arcano emissor) tem como *sintoma principal* o arcano EREMITA (arcano sucessor). Nesse limite simbólico, a tônica é prudência, cautela, ponderação, superação de obstáculos; portanto, devemos deixar o tempo passar, analisar todas as possibilidades, uma vez que nada é rápido e tudo dependente de uma ordem social, jamais pessoal (8 → 9). Quando todos reivindicam os direitos, onde estarão os deveres? É comum no momento em que nos sentimos traídos ou desajustados com as propostas estabelecidas procurarmos uma saída que mais nos agrade; mas, será que a parte envolvida também não terá suas razões? É importante saber que nesse arcano (8) todos poderão estar errados, indicando que a serenidade é necessária para a condução dos fatos, que a situação demorará a ser esclarecida. O *sintoma secundário* é a ESTRELA (arcano ressoante), arcano da harmonia, esperança, libertação, verdade; assim, a Justiça se revela imparcial em sua conduta, sem a necessidade de favoritismo. Tudo deve ser resolvido de uma forma superior ao ego e à vaidade, aceitando os obstáculos e tentando solucioná-los sem radicalismo (8 → 17). Não raro encontramos pais que não aceitam ocultar erros dos filhos, pois temem por um futuro de caráter duvidoso; assim, são imparciais em sua conduta, não se sensibilizando, nem ofertando carinho ou atenção devida. Terminam por serem rígidos e intransigentes, acreditando estarem no caminho da perfeição, mas não estão. A correção termina por ser um ideal de vida.

TAROMANCIA

Núcleo

- *Essência*: reavaliar, arbitrar, resolver, equilibrar.

- *Definição*: cautela é a melhor palavra para essa carta, pois a *busca* do equilíbrio é sua tônica, com alterações feitas pelo consulente. O sucesso é possível, mas ele solicita a reavaliação dos planos para que não haja qualquer dissabor no resultado.

- *Advertência*: ter cautela, observar todos os prós e contras, não se precipitar e ponderar todas as opções (algo que o próprio consulente está fazendo); importante momento para reavaliar a conduta, rever os projetos, eliminar os excessos.

Atributo básico

- *Material*: reavaliação e cuidado devem ser a tônica; definição de situações pendentes há muito tempo; aconselha-se estar em alerta nas realizações e buscar o justo e o verdadeiro para todos; possibilidade de mudança por decisão própria.
- *Mental*: racionalidade, organização e rigor como meta principal; pragmatismo, imparcialidade ou busca da verdade que resulta em intransigência; expressão severa e corretiva; oralidade sem emoção, lacônica e sempre questionadora.
- *Sentimental*: distanciamento ou frieza afetiva; retidão que resulta em isolamento; redefinição e avaliação da relação; não deseja se envolver mais que o necessário; sem libido. Para solteiros: forte amizade; para casados: falta de carinho e atenção.
- *Espiritual*: proteção de entidades de luz; busca de harmonia, equilíbrio ou verdade; disciplina da fé ou do avanço em estudos místicos; todas as energias negativas são eliminadas, todos os obstáculos astrais são desfeitos para o avanço da vida.

Atributo diverso

- *Negativo/invertido*: abuso de poder, injustiça, acusações falsas; forte emoção causando brigas e rupturas; tendência ao fracasso, perdas ou prejuízos; inimigos estão com força para bloquear os desejos do consulente, deve-se ter muito cuidado.
- *Obstáculo/oposição*: falta de organização, de metas ou de discernimento do que se deseja atingir; falta de capacidade de autoanálise, medo de opinar e se posicionar diante do próprio desejo; falta de ponderação e cautela diante dos obstáculos.
- *Orientação/conselho*: ser mais racional e adotar uma linha de conduta imparcial; determinar ou revalidar os projetos de for-

ma mais clara; honrar a palavra dada, cumprir os acordos verbais ou contratuais; rever cada passo do objetivo final.

Note e anote

1. A lei e a ordem promulgadas no Papa estão concentradas na Justiça; um sugere e adverte e, o outro, corrige e aplica; ambos indicam certo cuidado quanto à moralidade, à honra da palavra ou qualquer tipo de contrato, tais como casamento, trabalho, sociedade, compra, venda — os resultados positivos serão determinados quanto aos direitos e deveres judicialmente instituídos. Também se assemelham muito no plano mental cuja formação está baseada em retidão e verdade moral; porém, com resultados diferentes: o Papa tende ao sectarismo e, a Justiça, à imparcialidade dos fatos.

2. Temos o primeiro arcano cármico (8, 10, 14, 16, 20): ***lei de causa e efeito***. Essencialmente é o carma que geramos nesta vida por livre-arbítrio, ele é um alerta do destino com relação à conduta e à palavra dada em nossas realizações. Esse arcano não nega qualquer desejo pessoal, contudo, estabelece que os resultados, bons ou maus, dependerão da retidão ou da coerência entre a triangulação desejo/planejamento/ação. O arcano sugere que não brigue, não discuta. Mesmo que se tenha a verdade absoluta é bom lembrar que a lei protege a todos igualmente; assim, diplomacia e ponderação sempre serão o melhor caminho.

3. No método europeu, a Justiça acrescida de uma carta da corte pode identificar uma pessoa. Por exemplo: *Justiça + Rainha de Copas* = uma pessoa (mulher) mais velha que o consulente, dedicada e afetuosa. Maiores detalhes na página 421 deste volume.

EREMITA

ARCANO 9

TAROLOGIA

Ornamento comum

- Homem idoso com manto.
- Lanterna e cajado.

Signo

Eremita — representa aquele que busca o equilíbrio, vencendo todos os obstáculos e provas espirituais; traduz uma forma de afastamento temporário, um isolamento asceta em busca de respostas para a vida; alguém que vive em um lugar deserto ou foge do convívio social. Variação em língua portuguesa: Ermitão. Denominação em outros idiomas: *Hermit* (inglês), *Ermite* (francês), *Einsiedler* (alemão), *Eremita* (italiano), *Ermitaño* (espanhol).

Simbolismo clássico

O homem idoso (*símbolo de experiência de vida e sabedoria*) está figurado nesse arcano por um eremita (*símbolo de busca da iluminação e maturidade espiritual*). Esse ancião segura com a mão direita (*símbolo de atividade e futuro*) uma lanterna (*símbolo do conhecimento adquirido pelo esforço próprio*), que ilumina pequenas áreas, pois não precisa de muita claridade para saber por onde prosseguir. Ele já conhece todos os caminhos da vida, os percalços e os obstáculos. Contudo, se apoia em um cajado (*símbolo de prudência, aptidão ou espiritualidade*) para se localizar e afastar os infortúnios, sendo ornamentado à frente de seu corpo, indicando precaução. Observa-se claramente que está andando com os próprios pés (*símbolo de autossuficiência*), mas lentamente, devido à idade e ao ornamento da lanterna. Seria noite ou estaria em um aposento escuro? Impossível estabelecer, mas é fato que busca ou se dirige a algum lugar com toda prudência (segura um cajado). Os personagens dos arcanos anteriores estavam parados, entronados ou em movimento e sem a necessidade de uma luz artificial (*símbolo de inteligência adquirida*). Atente que não há símbolos de poder (cetro, cora, trono), mas de conhecimento ou espiritualidade (lanterna, cajado, roupa monástica). Os olhos serenos, o rosto marcado pelo tempo, os cabelos e a barba branca, transparecem a síntese da experiência de vida: erros e acertos, descidas e subidas, céu e inferno; entender os processos de dor e de vitória é nossa evolução espiritual e planetária. A carta 9 traz o equilíbrio necessário ao ser humano para a busca de seu autoconhecimento.

Analogia

Esse arcano sugere prudência nas atitudes, cautela nas palavras, pesquisa nos planejamentos, lentidão na realização. Tudo é moroso, porém com realizações futuras bem estruturadas. A grande questão: temos paciência e tempo disponível para aguardar? Seria importante tê-los porque o progresso em longo prazo é garantido; no entanto, se a fórmula procurada é a de curto prazo, então, teremos uma dificuldade extrema para conseguir finalizar. Sua tônica é a sabedoria pessoal, organização de vida, vigilância social, desenvolvimento temporal e revelações dos segredos e do futuro. Os obstáculos são visíveis, mas podem ser transpostos; contudo, a tristeza e o silêncio se instalam pela falta da realização imediata e é nesse ponto que se vale de uma verdadeira esperança e fé nos projetos, apostando e preservando os ideais. Em ambos os sintomas se observa que a força do arcano 9 é atingir sua meta ao longo do tempo, seja de forma natural (10) ou através de sua alma (18); a estruturação, mesmo a longo prazo, é garantida. Encontramos uma relação interessante entre os elementos de sabedoria (bastão, báculo, cajado) que se encontram na mão esquerda dos personagens retratados no arcano 1 (Mago), no 5 (Sacerdote) e no 9 (Eremita): o primeiro absorve a energia espiritual; o segundo, emana para o mundo social e o terceiro a utiliza em benefício próprio. Podemos extrair uma reflexão: *a serenidade é fundamental para uma conclusão feliz.*

Sintoma

Força simbólica: realizador, unidimensional, lento. O EREMITA (arcano emissor) tem como *sintoma principal* a RODA DA FORTUNA (arcano sucessor), que indica o movimento, a mudança, o destino; um dos principais objetivos do Eremita é o controle sobre o futuro, a orientação determinada em um objetivo, a modificação de seu *status* atual em outro diferente (9 → 10). Afinal para que existem os momentos de reclusão? Não é para pensar como melhorar o futuro? Como achar novas soluções? Não é parando e pensando? Um eremita se isola para adquirir sabedoria e iluminação, assim como nós buscamos melhor qualificação do *status* pessoal. Observe que no arcano anterior (8) era preciso ter cautela e ponderação, nesse arcano (9) já se encontram tais atributos, porque se sabe que somente com muita prudência se estabelecem mudanças no futuro. O *sintoma secundário* é a LUA (arcano ressoante), que simboliza a síntese do encontro de si mesmo, do autoconhecimento, sendo um dos arcanos mais fantásticos do tarô quando se trata da *busca* da verdade e da vida plena; assim, essa qualidade possibilita que o Eremita tenha o mergulho no *reconhecimento* da própria alma. Esse sintoma (9 → 18) é o tempo de maturação pelo qual descobrimos o rumo verdadeiro, assemelha-se àqueles momentos em que a demora em conseguir um determinado objetivo nos amargura e, assim, questionamos os resultados, para então, buscarmos melhores soluções para o aprimoramento dos projetos.

TAROMANCIA

Núcleo

- *Essência*: saber, pesquisar, revelar, ensinar.
- *Definição*: busca da sabedoria e da paz interior; obstáculos e prejuízos que serão sanados e reorganizados; adiamentos de ações ou realizações, mas com sucesso sólido em longo prazo; tudo indica solução e benefícios para o consulente.
- *Advertência*: compreender os percalços ou o tempo necessário para se processar o desejo; cuidado com a ansiedade que poderá ser prejudicial; acelerar os fatos e nunca desistir das ideias, ousar mais no desenvolvimento das situações.

Atributo básico

- *Material*: progresso lento ou obstáculo superável; adiamento por burocracia ou intempérie; desenvolvimento em longo prazo; prudência e reserva na ação; negócios e contratos bem elaborados; força de vontade que será recompensada.
- *Mental*: estudos avançados ou busca da sabedoria interior; pesquisa para uma nova vida ou profissão; planejamento e prudência; desconfiança dos erros alheios; expressão cautelosa, fala moderada ou silenciosa e reserva do que deseja.

- *Sentimental*: equilíbrio emocional, afeto verdadeiro e paz interior; interiorização, calma, busca de isolamento para melhorar a conduta pessoal; amizade profunda, cumplicidade, autossuficiência; alívio e autoconfiança após grandes conflitos.
- *Espiritual*: busca de iluminação e de consciência da vida; descoberta de novas aptidões, mediunidade, percepção e conhecimento transcendental; sabedoria, meditação, oração ou rituais como forma de autoconhecimento.

Atributo diverso

- *Negativo/invertido*: imprudência e precipitação nos acordos ou na conduta; precaução excessiva ou perfeição exagerada que resulta em fracasso; imaturidade, discórdia e discussão; ignorância, erros de análise e conselhos inúteis.
- *Obstáculo/oposição*: falta de consciência ou sabedoria dos fatos que envolvem a situação; incerteza quanto ao sucesso, que pode ser garantido; ansiedade e tormenta por falta de visão em longo prazo; imobilidade ou medo do futuro.
- *Orientação/conselho*: estimular o equilíbrio interior e a serenidade; a paciência é o melhor caminho para encontrar as soluções ou entender os pequenos obstáculos que se revelam; não se deixar envolver pela ansiedade ou pelo negativismo.

Note e anote

1. A vontade de "ter" foi iniciada com muita intensidade no arcano 1, mas freada bruscamente pelo arcano 8; aqui não há precipitação nem imobilidade, tudo caminha progressivamente. Tanto a Justiça quanto o Eremita comungam com o tempo linear e não com o tempo interior e emocional; portanto, a serenidade é fundamental para esperar o melhor em longo prazo: a realização do desejo.

2. Tanto o arcano 2 quanto o 5 e o 9 realizam os objetivos; no entanto, o primeiro o faz somente por intermédio da expressão clara e aberta; o segundo, pela legalidade e observação de todos os deveres sociais e, o terceiro, unicamente pela labuta contínua, superando dia a dia os revezes naturais da vida. Todos têm valores espirituais: a Sacerdotisa analisa os valores da vida para o próprio crescimento e tem a honra da palavra (concepção interior), o Sacerdote orienta e direciona tudo em sua volta, mundo social ou familiar, e tem a conduta ilibada (organização exterior), o Eremita busca o equilíbrio entre sua alma e o meio ambiente, entre o que deseja e o que os outros necessitam, acalentando o respeito por todos (ordem interior/exterior). Todos buscam instruir-se: a Sacerdotisa, pela reflexão contínua do que possui ou aprendeu, o Sacerdote, pelo estudo e prática de obras existentes e o Eremita, pela pesquisa, pela investigação ou pelo aperfeiçoamento de tudo o que existe.

RODA DA FORTUNA

ARCANO 10

TAROLOGIA

Ornamento comum

- Esfinge com espada e coroa.
- Roda com eixo, arco e base.
- Uma figura subindo no arco da roda.
- Uma figura descendo no arco da roda.

Signo

Roda da fortuna — há dois conceitos nessa palavra. *Roda* indica movimento, algo que conduz com ritmo e velocidade a alguma direção; no entanto, ela pode acionar um movimento para frente ou para trás, mas nunca de forma simultânea, sempre alternadamente; por isso existe a duplicidade implícita. *Fortuna* refere-se à deusa romana que rege os ritmos do destino, desde o crescimento ao seu término, do sucesso ou fracasso, sorte ou azar; às vezes, é representada por uma cornucópia. Assim, temos uma referência de que nada se mantém no seu apogeu, tampouco na decadência. Tudo é transitório, tudo é passageiro, tudo é cíclico, nada é estável em nossa vida mundana. Variação em língua portuguesa: Destino. Denominação em outros idiomas: *Wheel of Fortune* (inglês), *Roue de la Fortune* (francês), *Glücksrad* (alemão), *Ruota della Fortuna* (italiano), *Rueda de la Fortuna* (espanhol).

Simbolismo clássico

A esfinge é um dos enigmas mais complexos que os antigos sábios nos deixaram, sendo a insígnia absoluta do destino. *Decifra-me ou te devoro*, diz sussurrando constantemente aos nossos ouvidos. A imagem é parecida com uma quimera — parte humana, parte animal, e cada uma tem sua significação: *cabeça,* que recomenda saber, *garras*, que mandam ousar, *flancos*, que determinam o querer, *asas*, que solicitam calar. Ela segura uma espada flamejante (*símbolo da mais alta espiritualidade e superioridade humana*) e usa uma coroa (*símbolo de autoridade material*); assim, sua condição superior determina quem sobe ou quem desce no ritmo da vida. Esse movimento cíclico é representado por um gênio que sobe (forças construtivas) e outro que desce (forças destrutivas) — o bem e o mal operando o equilíbrio universal, a transmutação do yin-jovem para o yang e do yang-jovem para o yin, mas tudo de forma dinâmica e simultânea. Em alguns tarôs clássicos observamos dois cães ou dois macacos se alternando, ambos refletindo o estado primal a ser desenvolvido/evoluído ou a ignorância que temos de nosso futuro. A roda na qual todos se apoiam é o símbolo do tempo, do movimento inexorável da vida e do destino, uma vez que não há como deter esse ritmo lógico do universo à nossa volta — o mundo não para de girar, os dias avançam, os anos passam quer queiramos ou não. A busca da iluminação do arcano 9 encontra aqui seu grande obstáculo: o tempo e o caos. Uma vez que deseja conhecer os mistérios da vida e poder controlar o próprio destino, a esfinge o adverte: *Para ocupar o meu lugar você tem que conhecer a si mesmo e dominar seus instintos, seu âmago. Busque a força interior e será revelado seu poder pessoal.*

Analogia

Esse arcano sugere mudanças naturais e rápidas, mas sem prejuízos traumáticos ou perdas irreparáveis. É importante saber que o agente causador não é o consulente, pois o movimento sempre terá um foco ou uma interferência de ordem externa ou superior, gerando inquietude ou falta de planos/certezas no futuro. Igualmente se deve entender que todo processo de mudança ocasionado por esse arcano *não* será um prenúncio de obstáculos dolorosos, uma vez que tende mais a processos positivos que negativos. Representa o inevitável (destino) diante de nossos planos ou ações (livre-arbítrio); também evoca múltiplas ideias, nas quais o resultado será sempre imprevisível (mas, nunca sombrio). São como as diversas chances (incoerentes, às vezes) que se têm na vida: ora um lance de sorte, ora um lance de azar — não importa, pois aceitaremos as variáveis como um fator natural. Essa carta adverte que o resultado não é exatamente o esperado, podendo haver alterações no produto final; entretanto, (eu) insisto, jamais será negativo, apenas mais uma das inúmeras peças do enigmático destino. Os sintomas desse arcano revelam que a instabilidade resultará em alterações inesperadas; porém, deve-se livrar imediatamente do pessimismo e da aflição gerada nesse momento. Esse arcano (10) se encontra entre o Eremita (9) e a Força (11), alertando que, por mais que tenhamos autossuficiência (9) e autocontrole (11), eles serão testados por situações adversas em determinado momento cuja única saída será a autoconfiança. O destino é fluídico, nunca estático como gostaríamos que fosse. Podemos extrair uma reflexão: *o importante não é ganhar ou perder, mas sim utilizar a sabedoria atávica.*

Sintoma

Força simbólica: transacional, evolucional, aberto, cármico. A RODA DA FORTUNA (arcano emissor) tem como *sintoma principal* a FORÇA (arcano sucessor), que identifica domínio, poder pessoal e magnetismo, revelando que o limite de atuação da Roda é o retorno imediato à estabilidade, não havendo perda de absolutamente nada, somente alterações dos planos, mas com um resultado muito positivo (10 → 11). Como aqueles momentos em que surge uma oportunidade irrecusável, tais como mudar para uma casa maior, um novo relacionamento, uma oferta de trabalho, sem, contudo, perdermos ou nos afligirmos com a estrutura material ou social. O *sintoma secundário* é o MAGO (arcano ressoante), que representa o início, o novo, a probabilidade; revelando que a Roda também pode remeter a um resultado diferente, ou seja, o destino retira algo e o próprio destino fornece outra situação, sempre havendo uma espécie de substituição. De qualquer modo, nunca haverá perdas decorrentes dessas mudanças (10 → 1). Por exemplo, mora-se em uma casa alugada e o proprietário solicita a ruptura do contrato; então, o inquilino se vê obrigado a procurar outra moradia. Vejamos: o que mudou além do endereço? Nada. Que estrutura social ou pessoal foi alterada? Nenhuma. A pessoa continua pagando aluguel e nova rotina será imposta, nada mais. Não se trata de ganhar ou perder, mas sim de um novo ciclo de vida que se abre com novas possibilidades. Assemelha-se àqueles momentos em que acreditamos ter perdido uma situação, mas logo em seguida surge uma nova proposta, não dando nem tempo de pensarmos na anterior.

TAROMANCIA

Núcleo

- *Essência*: transitar, mudar, atuar, experimentar.
- *Definição*: instabilidade ou dificuldade em encontrar uma solução rápida ou eficaz; alterações que apontam para novos cami-

nhos; interferência de terceiros nas realizações pessoais; problemas passageiros ou mudanças que não alteram o *status*.

- *Advertência*: ter calma e buscar a ajuda de amigos; encontrar equilíbrio interno, concentrando-se nos objetivos; foco e determinação são as palavras-chave no momento; cuidado para não supervalorizar pequenas coisas e sem sentido prático.

Atributo básico

- *Material*: instabilidade com pequenos obstáculos superáveis, oscilação da rotina ou novidade que gera ansiedade, reforma; promoção, mudança benéfica, oportunidade ou acontecimento afortunado; sorte ou azar (o arcano menor revela o caminho).
- *Mental*: multiplicidade de ideias, incerteza, indecisão; incoerência com o próprio ritmo de vida, plano desconexo com as atitudes, dispersão, escapismo; expressão agitada, fala acelerada, costuma comentar mais do que devia sobre si ou os outros.
- *Sentimental*: ansiedade, inconstância ou insegurança emocional, nervosismo desnecessário; novo interesse afetivo (solteiro) ou redescoberta da relação (casado), mas sem a autoconfiança necessária (ambos); possível aflição ou agonia.
- *Espiritual*: negatividade causada por terceiros (inveja, mau-olhado, feitiçaria); perda da força anímica; oscilação da fé, dúvidas devocionais. Essa carta alerta para que se busque ajuda, proteção ou um tratamento para fortalecer a energia astral.

Atributo diverso

- *Negativo/invertido*: interrupção ou fracasso se apresenta sem piedade; dificuldade em qualquer tipo de acordo ou de contrato; inação, obstáculo e atraso por grande período de tempo; distanciamento e frieza, razão exagerada que causa conflitos.
- *Obstáculo/oposição*: tudo se encontra nas mãos do destino, não há nada que se possa fazer; o tempo é o senhor da razão (já diz

um ditado popular); o melhor a fazer é aceitar o movimento cíclico que se apresenta; cuidado com a ansiedade.

- *Orientação/conselho*: ser flexível, aceitar as mudanças, deixar o destino fluir, encontrar nas oportunidades uma forma de criar novos caminhos; cuidado com a dispersão e a ansiedade que podem deter o avanço benéfico da vida.

Note e anote

1. Vale salientar a relação entre o ornamento dos arcanos Imperador, Carro, Justiça e Roda da Fortuna, nos quais a figura principal possui um adereço de poder/comando na mão direita (cetro/espada). Vejamos. Enquanto o arcano 4 determina uma ação (cetro/trono), o arcano 7 a executa (cetro/carro), mas será no arcano 8 a validação (espada/trono) e no arcano 10 o resultado final (espada/roda). A partir da carta 10 não encontramos mais elementos de poder material na mão direita dos personagens (nos arcanos maiores dos tarôs clássicos); isso sugere que a partir do arcano Força haverá uma árdua tarefa até chegar ao último arcano, Mundo, detentor de dois bastões mágicos para retomar o controle total sobre o desenvolvimento da própria vida.

2. Encontramos o segundo arcano cármico (8 — **10** — 14, 16, 20): a *lei da mudança*. Esse é o primeiro arcano que se refere a alterações imprevisíveis e reformas de situações. A carta não prenuncia alguma força destrutiva, somente substitutiva, sendo sempre oriunda do meio social, independente da vontade pessoal. Observe esse arcano como *mudanças leves*, jamais profundas ou desastrosas! Será sempre a troca de algo, ganhar ou perder, porém, ambos sem grandes consequências.

3. Jogando com o método europeu será possível determinar rapidamente se o movimento desse arcano é progressivo ou retrógrado.

Por exemplo. *Roda + Nove de Ouros*, plano material = sorte e prosperidade, tudo se frutifica e os obstáculos serão sanados; promoção inesperada, ganhos ou aumentos financeiros. *Roda + Três de Espadas*, plano material = azar e fracasso, há inúmeros obstáculos imprevistos que dificilmente serão resolvidos; perdas e prejuízos acenam nos planos e nas ações. Todas as regras de combinação para uma análise segura estão no terceiro volume (Tarô, oráculos e métodos).

FORÇA

ARCANO 11

TAROLOGIA

Ornamento comum

- Mulher vestida com tecidos leves.
- Chapéu em forma de lemniscata.
- As mãos tocando a boca de um leão sentado.

Signo

Força[15] — evoca uma situação de extremo controle e poder sobre os reveses da vida, também, saúde física, vigor e energia. Essa palavra esboça tudo o que é pleno: apogeu, eficácia, abundância, dominação, autoridade. Quantas vezes comentamos que temos *força* para aguentar isso ou aquilo, ou se diz a famosa frase: *Deus, dai-me forças!* Enfim, ela identifica a amplitude da carta 11: capacida-

[15] Nos baralhos ilustrados com o padrão Rider-Waite (1910), esse arcano é marcado com o número 8; contudo, a análise oracular (taromancia) permanecerá idêntica. Para maiores detalhes, releia a página 233, volume 1, *Tarô, simbolismo e ocultismo*.

de de atuação acima dos limites naturais sejam físicos ou emocionais. Variação em língua portuguesa: Prazer. Denominação em outros idiomas: *Strength* (inglês), *Force* (francês), *Kraft* (alemão), *Forza* (italiano), *Fuerza* (espanhol).

Simbolismo clássico

Uma mulher (*símbolo de suavidade e sutileza*), que contém os mistérios da procriação e perpetuação universal, controla sem esforço as mandíbulas de um leão, rei dos animais (*símbolo de supremacia instintiva, poder e virilidade*), apenas com suas mãos (*símbolo de poder temporal*). Vale pontuar que ela toca sem violência e com delicadeza o ponto mais perigoso do animal, parecendo ter extrema segurança e coragem no que faz. É um ser superior debelando sem crueldade um ser inferior, o domínio sobre os instintos — não se deve destruir o vil, mas sim transmutá-lo, diz um antigo aforismo hermético, no qual lucidez e compaixão devem emergir dessa ação mística. Aqui, a energia feminina sobrepuja a energia masculina, o que simbolicamente representa uma evolução das forças interiores: o sutil controlando o bruto, a inteligência compreendendo o incapaz, a ordem detendo o caos. As vestes são simples, leves e suaves, fazendo um contraste ornamental com as figuras dos arcanos até então emoldurados (1 a 10) — isso simboliza que o *poder* não se faz necessariamente pela ordem material, mas também pela autoconfiança, pela autoestima, pelo amor-próprio (a imagem não é ornamentada por qualquer insígnia que denote poder ou comando: trono, coroa, cetro, cajado, espada). O chapéu encontrado no arcano 11 é o mesmo do arcano 1, cuja forma indica ser a lemniscata (*símbolo do infinito e da eternidade*), sugerindo que a vontade/idealização (Mago) foi manifestada/completada (Força). Igualmente, tal insígnia matemática reflete o que é eterno e cíclico; por fim, podemos supor que acontece um moto-contínuo entre o Mago e a Força (entenda mais estudando a Via Solar, página 139, volume 1). Ao contrário do Eremita que está totalmente voltado para a direita[16], indicando que avança para o futuro, a Força se encontra para a esquerda, revelando que deseja ardentemente controlar o que conquistou ou manter alguma situação que tanto lhe é importante. Ela não deseja mudar nada, pois está muito satisfeita com tudo o que possui ou receosa de perder o que julga ser importante na vida. O arcano 11 descobriu que para enfrentar os riscos mencionados no arcano antecessor necessitava, antes de tudo, conhecer e dominar o próprio instinto, encontrando, assim, a chave da alma: o *autocontrole*. Conhecer o demônio interior e direcioná-lo para ações construtivas é a única forma de atingir os objetivos, o respeito e a dignidade humana.

Analogia

Esse arcano sugere o domínio da vida e dos sentimentos no presente momento (aqui e agora), a conquista dos legítimos direitos, poder de persuasão, magnetismo pessoal em todas as situações, muita coragem, convicção e fervor. Equilíbrio e estabilização se instalam em qualquer problema antigo; contudo, não revela qualquer felicidade, somente agraciamento por dominar e ser respeitado pelo que se almeja. Na realidade, é um período ímpar na vida, pois se tem absoluta certeza de que todos os direitos, certos ou errados, estarão garantidos pelo livre-arbítrio, ninguém (nesse momento) impedirá a realização de algo ou o equilíbrio das dificuldades. Todavia esse poder está sedimentado no controle e na satisfação dos instintos ou dos desejos, mas quem consegue mantê-los para sempre? É difícil para qualquer mortal. A extrema tensão para a manutenção das situações à volta é sempre a tendência desse arcano; no entanto, com a existência da autoconfiança, todas as ações são controladas. Vamos observar que

[16] Caso ainda reste alguma dúvida sobre a direção dos personagens nos modelos marselheses, reveja o tópico *Quadro ou Espelho?*, página 95, volume 1 (*Tarô, simbologia e ocultismo*).

nos dois sintomas não há futuro em longo prazo; mas, a carta em si, revela que podemos tudo agora, aproveitar ao máximo é o segredo; porém, querer continuar no controle absoluto será um grande erro e uma perda irreparável. Contudo, nessa fase, não existem atributos e sintomas de autodestruição tampouco danos irreparáveis, pois com a inteligência absoluta é possível saber o momento de abrir mão do inevitável: a perda de seu poder atual para continuar o controle de outras formas sutis. Podemos extrair uma reflexão: *ir e vir não deveria ser um direito constitucional, mas apenas o bom-senso.*

Sintoma

Força simbólica: realizador, conclusivo. A FORÇA (arcano emissor) tem como *sintoma principal* o PENDURADO (arcano sucessor), que simboliza impossibilidade, utopia, estagnação; isso revela que a Força tem um limite para a livre atuação e não poderá controlar eternamente uma determinada situação (11 → 12). Devemos observar que isso é uma tendência natural da vida, jamais uma escolha, pois todo livre-arbítrio tem uma fronteira ou um tempo estabelecido pela própria evolução dos fatos envolvidos. Vejamos: quem consegue controlar a vida de alguém ou a própria felicidade de forma eterna? Seria maravilhoso, mas não é possível. Quem poderia ditar que fulano se casasse com sicrano ou que o filho fosse exatamente quem desejássemos que fosse? Ninguém. A mensagem mais importante da Força se traduz em aproveitar o momento de poder absoluto e, depois, seguir o fluxo da vida, uma vez que a projeção é a perda do domínio. O *sintoma secundário* é a SACERDOTISA (arcano ressoante), que denota reflexão, passividade, retenção dos desejos, revelando abstenção e inação; pois bem, nessa condição também se projeta o domínio no âmbito pessoal ou de manutenção da situação, mas sob uma ótica passiva na qual o calar é a única forma de evitar as perdas (11 → 2). Por exemplo: para manter uma relação desgastada, apesar de ainda sentir um profundo desejo e amor, o indivíduo segue mudo, evitando qualquer confronto ou cobrança de atitudes; desse modo não haverá chance de o parceiro arrumar um pretexto para sair. Às vezes temos a sensação de que tudo está sob nosso controle, mas é um ledo engano. O tempo passa e tudo se inviabiliza. Novamente se perde o controle sobre alguém ou uma situação em longo prazo.

TAROMANCIA

Núcleo

- *Essência*: controlar, dominar, conter, conseguir.
- *Definição*: momento ímpar da vida, no qual se obtém tudo o que deseja de maneira equilibrada, virtuosa e honrada; vitória da inteligência sob a ignorância; o controle (mas não a solução) de todos os problemas com força moral e natural.
- *Advertência*: aceitar os limites, dar valor ao próximo, ouvir conselhos e trocar ideias, evitar querer dar a última palavra; nesse momento, a reciprocidade é a chave para o sucesso pleno, devendo prevalecer a paciência e a tolerância.

Atributo básico

- *Material*: sucesso e domínio sobre todas as situações, controle e segurança profissional ou financeira; empreendimento total ou vitória absoluta da vontade; equilíbrio e poder em qualquer circunstância; realizações por livre-arbítrio, sorte.
- *Mental*: determinação e convicção, mas com paciência e serenidade; inteligência criativa, planejamento perfeito ou zelo nos projetos; lógica e julgamento sadio; expressão e comunicação bem equilibrada, boa retórica e excelente argumentação.
- *Sentimental*: equilíbrio e segurança emocional como base do amor ou da relação; magnetismo e afetividade em abundância; desejo e libido bem controlados e direcionados ao parceiro; domínio sobre as paixões como forma de autoproteção.

- *Espiritual*: retorno ao equilíbrio e à paz interior; força positiva que envolve a aura e os chacras; proteção de seres superiores e de luz; poder mágico que deve ser usado para o bem ou causas nobres; magnanimidade e ajuda ao próximo.

Atributo diverso

- *Negativo/invertido*: descontrole e impaciência; atitude desregrada ou fraqueza na determinação; fracasso por falta de objetividade, preguiça e malevolência; egocentrismo e insensatez; atitudes antipáticas, perda do poder e da barganha.
- *Obstáculo/oposição*: falta de autocontrole ou de autoestima; tudo o que se tenta fazer não resulta em positividade; deseja ardentemente acertar, mas sempre erra; falta de perspicácia ou de análise mais racional da situação; timidez.
- *Orientação/conselho*: ser forte e dominar a situação com toda coragem, pois tudo é possível; não temer perdas ou inglórias uma vez que todos os caminhos estão abertos; não acreditar na palavra alheia, somente na própria decisão; tenha fé.

Note e anote

1. Esse arcano finaliza o *caminho do prazer* (7, 8, 9, 10 — **11**), os objetivos e as realizações estão livres de qualquer interferência de terceiros. Ele é o limite do livre-arbítrio e da neutralidade do destino (embora o mantenha pór um bom tempo); a partir dessa carta os caminhos estarão bloqueados ou abertos pelo próprio destino (via lunar), não mais unicamente pelo arbítrio (via solar). Contudo, se não souber o momento exato da reciprocidade, poderá iniciar o *caminho da dor* por intermédio do próximo arcano: Pendurado.

2. O arcano 11 representa o eixo de toda a estrutura do tarô, é a cumeeira, a viga mestra, o atributo do controle absoluto sobre si

mesmo e do meio social; porém, não há mais continuidade e nem progresso, somente a administração total daquilo que possui ou esteja conquistando. Observe que embora a mensagem dessa carta seja auspiciosa, que se consiga ou controle tudo, não é um momento fácil ou de serenidade — temos um período repleto de problemas, mas conseguimos equilibrar ou harmonizar os conflitos (ora, a mulher segura um leão!) — leia um pouco mais sobre esse arcano na página 189 do volume 1.

3. Imperador e Força têm algo em comum: domínio, controle, autoridade, poder. Contudo, o arcano 4 tem uma natureza opressora e, o arcano 11, uma atitude suave e argumentativa; enquanto o primeiro tenta suprir a própria carência com a posse direta e bruta, o segundo tende a buscar um diálogo para ganhar a confiança do outro. Nos relacionamentos, um tende ao sufocamento emocional e, o outro, a uma liberdade vigiada.

PENDURADO

ARCANO 12

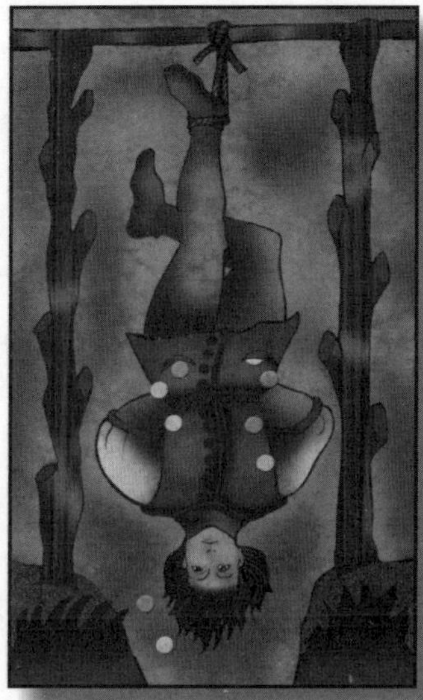

TAROLOGIA

Ornamento comum

- Homem pendurado com vestes de camponês.
- Pé esquerdo amarrado com corda.
- Perna direita dobrada para trás.
- Duas árvores cortadas e sem folhas.

Signo

Pendurado — traduz uma situação em estado de suspensão ou pendente, algo amarrado ou enganchado que não toca o chão; essa palavra identifica rapidamente a imagem do arcano e sua impossibilidade de seguir por um novo caminho ou decidir livremente suas questões. Absolutamente, todas as traduções dentro e fora da Europa ocorreram a partir da língua francesa[17], na qual o título original — *Pendu* — era

---

[17] Historicamente a fonte original dos nomes das cartas jaz na língua italiana, mas

uma expressão idiomática para todos os condenados à morte, seja por intermédio da guilhotina, forca ou afogamento; porém, a referência principal não é ao ato da morte, mas sim o tempo e à agonia que a antecedem: *o suplício da morte*. A nominação dessa carta é a mais discutida entre os tarólogos brasileiros, portugueses e espanhóis, seguida do arcano 16, que veremos mais adiante. Nas outras cartas, embora possam existir nomes desiguais, eles terminam por se assemelhar, como, por exemplo, no arcano 1: *Mago*, *Prestidigitador*; no arcano 2: *Sacerdotisa*, *Papisa*; no arcano 5: *Papa*, *Hierofante*; no arcano 9: *Eremita*, *Velho Sábio*. Dentre todos os arcanos, somente o arcano 12 e o 16 geram repetidas controvérsias; contudo, creio que o *nome* de um símbolo, que se considera um signo linguístico (e sua imagem acústica), seja importantíssimo para o entendimento de seu conjunto. O arcano 12 leva as seguintes denominações no Brasil: *Enforcado, Pendurado, Dependurado, Apostolado, Sacrificado, Supliciado, Condenado;* entre todas as palavras, a única da qual discordo, juntamente com a maioria dos tarólogos/tarotistas, é com o signo "enforcado", porque esse nome revela alguém (já) morto com a corda no pescoço, o que não traduz o ornamento da figura humana na carta — no entanto, esse erro não foi dos tarólogos-escritores, mas dos tradutores lá pelos idos de 1920/1930 quando surgiram os primeiros livros de tarô no Brasil[18]. Denominação em outros idiomas: *Hanged Man* (inglês), *Pendu* (francês), *Gehängie* (alemão), *Appeso* (italiano), *Colgado* (espanhol).

Simbolismo clássico

O homem (*símbolo de atividade e destreza*) veste roupas simples de camponês (*símbolo do vassalo, da subordinação e pouca força material*) e se encontra pendurado pelo pé esquerdo (*símbolo de ações antigas e já realizadas*). Esse ornamento representa inação no presen-

---

foram as publicações francesas que verteram para outras línguas.

[18] Deseja saber mais sobre a história do tarô no Brasil? Acesse na internet: www.neinaiff.com/historia.

te por ser prisioneiro do passado; porém, a perna direita (*símbolo de movimento planejado ao vindouro*) está livre e voltada para trás do corpo, indicando que uma ação futura é rejeitada. Essa configuração lembra o número 4 invertido e se relaciona com a imagem do arcano 4, no qual a figura do imperador está de pernas cruzadas de forma idêntica. Poderíamos fazer uma interpretação: *todo poder de controle e decisão está suprimido*. As mãos (*símbolo de atitude e destreza, poder temporário*) também estão para trás do corpo, indicando não haver iniciativa, ação ou qualquer possibilidade de realização momentânea (se elas estão livres ou amarradas, não sabemos) — esse ornamento inicial já alude à dificuldade de conquista, alegria ou sucesso. Acrescentando mais dificuldades a um quadro tão obscuro e fatídico, encontramos a imagem de uma trave (*símbolo de obstáculos e limitação*) formada por duas árvores (*símbolo de vida e renascimento*) que estão com seus galhos cortados (*símbolo de ruptura e morte*). Os cortes totalizam doze pontos, indicando o ciclo zodiacal; tal representação também poderia referenciar o outono ou o inverno, estações que a natureza se recolhe e não produz nada. Uma análise simbólica é inegável: nesse arcano a vida foi tolhida, não há possibilidades de recuperação imediata, tampouco o retorno súbito da vitalidade. Esse é um dos arcanos mais complexos do tarô, pois todos os símbolos de poder, glória, *status* e liberdade foram suprimidos (trono, cetro, coroa, vestes reais) e mesmo assim sua face reflete serenidade. Surge uma questão: *como pode estar calmo em uma posição tão desconfortável*? Já estaria morto de olhos abertos ou apenas sereno? Somente a confiança na vitória final poderia fornecer um vislumbre tão gracioso em seu rosto; no entanto, quantos mortos tem um semblante tão lindo que chegam a surpreender os vivos? *Difícil afirmar se está vivo ou morto; porém, o fim é inevitável*. Comumente também ouvimos: "Ele está amarrado pelos pés porque o deseja, ele próprio se amarrou, quando quiser poderá sair!" — e surge outra questão: se realmente ainda estiver vivo, será que realmente desejar sair dessa posição? Talvez se fizesse de vítima imolada ou até de mártir. Será que se abnegar

⇨

é morrer para vida? Contudo, por todo simbolismo aparente, a preservação da utopia seria a melhor resposta, uma fé e esperança inúteis traduzem essa condição.

Analogia

Observamos certa complexidade no simbolismo clássico e nos sintomas, sei que (como humanos) gostaríamos que esse arcano fosse tão luminoso quanto alguns o descrevem, mas na prática (mensagem oracular, leitura adivinhatória) ele é o mais difícil de ser orientado. Aliás, todos os arcanos do *caminho da dor* (12 a 16) terão esta premissa: *duas visões simultâneas, a do consulente e a do oráculo, sendo sempre antagônicas!* Quem vive esses arcanos dificilmente entende ou aceita as mensagens das cartas ou seus conselhos, acredita que é possível conquistar o que desejam e dispõem de todas as desculpas do mundo. O Pendurado somente tem poder para se concentrar em seus pensamentos, nada mais. No âmbito mental podemos tudo, imaginamos o melhor, transformamos situações bizarras em contos de fada ou construímos historinhas estúpidas com final feliz. O abismo mental é o único poder que possui, ele se entregou a esse universo sem valor real, somente imaginativo. A carta 12 sugere a nulidade de tudo, o abandono do mundo social que comungava com os ideais aspirados outrora, o fracasso nos trâmites das realizações, o dom de se iludir com a própria esperança, a utopia em todas as ponderações, um modelo de vida impossível de ser concretizado. Todos esses fatores revelam a rigidez de comportamento, o baluarte do próprio pensamento e sentimento, a estagnação e a putrefação completa dos planos, a indecisão eterna na retomada de uma vida inútil. Contudo, ele não sabe de nada disso, pensa e afirma que será feliz e que está no caminho certo para o paraíso! Não, não está. A rigidez (estagnação) desse arcano em aceitar a cruel realidade (que ele está errado) gera tanta agonia, angústia ou abnegação que o indivíduo não se importa mais com a infrutífera e miserável condição — somente lhe restando crer que sairá vitorioso. É uma pena que pense dessa forma (ou que confronte a resposta do oráculo ou a interpretação do tarotista), somente o tempo lhe provará o contrário e, então, será tão tarde que demorará muito tempo para se recompor/reconstruir. A devoção religiosa talvez exista apenas como forma de solução mágica dos problemas materiais, mas nunca como um ponto de espiritualização e transcendência. Ele ora muito, é verdade, pois parece acreditar firmemente que seus sonhos serão realizados, que seu sacrifício será reconhecido. Será? Em seus sintomas e atributos não haverá condição alguma de realização dos objetivos e, embora lute por seu ideal ou pelo que acredita ser, só existirá uma única saída: mudar, alterar, modificar, decompor e transformar! Podemos extrair uma reflexão: *o pior cego é aquele que não quer ver!*, diz o ditado popular.

Sintoma

Força simbólica: retrógrado, unidimensional, centrípeto. O Pendurado (arca-no emissor) tem como *sintoma principal* a Morte (arcano sucessor), que simboliza reavaliação, transformação, mudança, autoavaliação, revelando que o futuro do Pendurado é a completa reconsideração de seus objetivos, uma mudança em todos os paradigmas da vida, a dissolução da utopia e da letargia, a busca de uma realidade mais útil e próspera (12 → 13). Exatamente quando esperamos o reconhecimen-to do ser amado ou do plano profissional, nos iludimos que irão valorizar nosso sacrifício pessoal e, com o passar do tempo, isso nunca ocorre; então, em um determinado momento, observamos a cruel re-alidade e recondicionamos nosso futuro na esperança de ter uma nova vida sedimentada no amor próprio. O *sintoma secundário* é a Imperatriz (arcano ressoante), que representa preservação, crescimento, prosperidade, matriarcado; tornando o Pendurado um eterno sonhador, acreditando que sua utopia irá se realizar um dia, terminando por ficar "feliz" em sua condição de "vítima", pois o principal atributo da Imperatriz é desenvolver, dar continuidade aos planos, porém a simbologia do Pendurado é bastante óbvia em seu atributo de total impossibilidade (12 → 3). Assemelha-se àqueles períodos de nossa vida em que apesar de tudo e de todos estarem dizendo e mostrando os inúmeros obstáculos, insistimos em dizer que ninguém nos compreende e que somente nós sabemos a razão de estarmos fazendo isso ou aquilo; passamos a vida toda acreditando que um dia nossa utopia se realizará (que pena!).

Se até este momento houver alguma dúvida no estudo do que é *um sintoma ou um atributo*, sugiro retornar ao capítulo de INTRODUÇÃO À SIMBOLOGIA do primeiro volume desta trilogia para dirimir a questão. Os sintomas não devem ser observados como uma transformação efetiva do arcano, nem que ele irá assumir a função arquetípica deles. São limites simbólicos de probabilidades, em que a ida para o arcano sucessor seria o desejável para o equilíbrio da situação, um conselho permanente, pois o livre-arbítrio pode bloquear essa tendência natural; no entanto, o movimento para o arcano ressoante poderia ser prejudicial, não desejável por melhor que pudesse parecer a princípio. O Pendurado, por intermédio do sintoma secundário, nunca assumirá a forma gloriosa da festiva e realizadora Imperatriz; contudo, dentro de seu mundo arquetípico, sem nunca sair de seu ponto de vista, tentará ser como o arcano 3, apropriando-se de sua energia de preservação e de prosperidade para, então, aplicar em sua utopia, mantendo os sacrifícios que julga serem importantes! Em relação ao sintoma secundário da Imperatriz, processo semelhante ocorrerá. Ela se apropriará da energia do Pendurado (passividade, estagnação, convicção, utopia) para manter e preservar sua própria condição de felicidade, ou seja, jamais desejará perder aquilo que lhe fornece tanta estabilidade. Assim, se revela a necessidade da compreensão da estrutura global do tarô, do inter-relacionamento dos arcanos, de seu atributo e de seu sintoma. O tarô reflete a condição do verbo *estar* e, como tal, poderemos transitar de um arcano a outro a qualquer instante, mas nunca eliminando os efeitos primários que possuem; contudo, em uma tiragem, os sintomas valerão como conselhos pois refletem a amplitude simbólica, o que está certo ou errado em uma situação e aspiração.

TAROMANCIA

Núcleo

- *Essência*: resignar, renunciar, calar, paralisar.
- *Definição*: improdutividade, suspensão ou obstáculo se estabelecem por longo período; não há a menor chance de realização material, nem de uma felicidade duradoura ou alguma mudança do que se deseje; estagnação, impotência, tédio.
- *Advertência*: cuidado com a utopia, observar a realidade e o meio ambiente; reavaliar o futuro e buscar novas perspectivas; ter amor-próprio e valorizar a própria vida; deve-se mudar o paradigma, fazer autocrítica, perdoar o passado.

Atributo básico

- *Material*: impossibilidade em realizar ou solucionar qualquer assunto; obstáculo intransponível e dificuldade em longo prazo; inércia, estagnação, lassidão; dependência inexorável de terceiros, toda situação é equivocada e sem saída.
- *Mental*: busca da perfeição moral, rigidez de opinião; utopia ou obsessão pelos próprios ideais, imaturidade, indecisão; saudosismo, escravo do passado, possível depressão; sem expressão verbal, comunicação lamentosa, lúgubre ou negativa.
- *Sentimental*: amargura ou sofrimento por um amor não alimentado; dependência afetiva, falta de amor-próprio, ressentimento; agonia, insatisfação, infelicidade, culpa; amor platônico, falta de autoestima. Para solteiros: passado que não se esquece; para casados: amor subordinado e sofrido pelo parceiro.
- *Espiritual*: renúncia aos valores materiais; resignação e abnegação diante daquilo que gostaria de possuir; devoção, meditação, busca espiritual por culpa material e/ou sentimental; fé como solução próspera da vida terrena.

Atributo diverso

- *Negativo/invertido*: êxito e sucesso nos projetos materiais; sacrifício e abnegação que darão certo, pois, milagres acontecem, devendo-se manter a eterna esperança; impaciência, intolerância e incapacidade em atingir a serenidade com as pessoas.
- *Obstáculo/oposição*: falta de paciência, de compreender os mistérios da vida ou os obstáculos impostos pelo destino; ansiedade que levará ao fracasso; impossibilidade de manter os ideais e projetos de vida; falta de fé, esperança ou espiritualidade.
- *Orientação/conselho*: deve-se manter calado e distante de todos os problemas; não se envolver diretamente em nada; buscar a transcendência e compreender os ritmos da vida; meditar, orar, refletir, mas não tomar atitude alguma; ter calma e fé.

Note e anote

1. O Pendurado é o primeiro arcano do *caminho da dor* (**12** — 13, 14, 15, 16) e da *via lunar* (12 a 21 + sem número), sendo sempre oriundo de duas situações: as geradas pelo Enamorado ou pela Força. O arcano 6 se refere aos resultados da escolha errada e o arcano 11 pela continuidade imprópria do domínio sobre terceiros. A meditação e a oração são aspectos extremamente importantes para receber a luz divina, uma intuição para a saída do caos instalado, levando à descoberta de nossos limites e/ou paradigmas pessoais. Somente com a mudança de paradigmas poderão surgir alguma luz e felicidade futura.

2. Há dois arcanos maiores fadados ao fracasso, resultado do insípido sacrifício, caso não mudem imediatamente! A Sacerdotisa tem que agir e se valer de seus direitos e o Pendurado, mudar seus paradigmas rapidamente! O primeiro deve dar um passo adiante e o segundo deve buscar outro caminho. Ambos são similares na angústia e no

dessabor; porém, a Sacerdotisa se refere a uma situação recente e não revelada e, o Pendurado, a uma situação antiga na qual se faz de vítima a todo instante. Um é o estado da mágoa e, o outro, o da amargura.

3. Por vezes ouço certa analogia com o deus nórdico Odin, com o deus egípcio Osíris e até com a crucificação de Jesus de Nazaré. Falam muito de resignação e sacrifício que resultarão em iluminação e glória final, que todo esforço valerá a pena ou que a vitória chegará; assim, boa parte dos tarólogos/tarotistas *ilude* o consulente, dizendo que tudo dará certo. Perceba o equívoco, retorne ao símbolo e aos exemplos citados. Odin literalmente se matou para atingir o mundo espiritual (não o profano, nem por alguém). Osíris foi atraiçoado e esquartejado pelo invejoso irmão. Jesus foi traído, julgado e condenado à morte. Sim, morreram para uma vida e nasceram em outra (não na mesma), tiveram que se libertar do passado para atingirem um novo patamar de vida (transcendência). E para ficar ainda mais claro, esse símbolo (arcano 12) é o exato momento da morte desses mitos (jamais a iluminação ou o regozijo, tampouco a ideologia que antecede a condenação, apenas e unicamente o ato da *agonia* que antecede a morte). Não há saída para esse arcano, a não ser a morte; mesmo em um sacrifício voluntário, o resultado é a morte. Entenda: todos morreram. O arcano seguinte: é a Morte — tudo leva a transformação e a mudanças.

4. Cuidado ao tentar, em um único arcano, revelar o começo-meio-fim de uma situação. Cada carta é apenas uma parte da trajetória; alguns passos são bons, outros nem tanto (veremos essa premissa no último volume desta trilogia). Como sempre digo aos meus alunos e clientes: *prefiro passar por uma bela Torre a viver como um Pendurado.*

MORTE

ARCANO 13

TAROLOGIA

Ornamento comum

- Um esqueleto vivo com foice nas mãos.
- Cabeças, mãos e pés cortados.
- Ramos e folhagens.

Signo

Até o final do século XIX não se grafava nome algum nessa carta, sendo considerado o *arcano sem nome* ou o *inominável*; atualmente, o signo mais comum é *morte*. Essa denominação contemporânea evoca situações que representam o término de alguma coisa, o rompimento de algum processo, a mudança do estado natural, a passagem de um plano para outro, pôr fim a algum limite. A ciência oculta não observa esse nome ou a figura da carta, como um processo único de morte física de alguém ou de alguma coisa, mas principalmente das transmutações, alterações radicais e correntes no decorrer da vida e não da "morte". Geralmente se usa esse termo no esoterismo para indicar alguma iniciação mística ou movimentos cíclicos causados pela própria pessoa. Ele é essencialmente dinâmico no desejo de reconstruir seus planos, ordenar seu poder e conquistar a paz no futuro. Variação em língua portuguesa: Ceifador. Denominação em outros idiomas: *Death* (inglês), *Mort* (francês), *Tod* (alemão), *Morte* (italiano), *Muerte* (espanhol).

Simbolismo clássico

O esqueleto (*símbolo de perpetuação, essência e estrutura interna*) está segurando firmemente uma foice (*símbolo de morte ou colheita para nutrir a vida*), denotando um momento dinâmico e urgente de transformação. O ceifeiro tem como objetivo exterminar a erva-daninha, limpar o terreno de plantas quase sem vida, para que ocorram a regeneração e o renascimento de outra flora mais sadia (no mesmo lugar). Longe de ser o símbolo da morte física, o esqueleto também representa aquilo que dá sustentação ao corpo e aos movimentos da vida; pois sem os ossos seríamos uma massa de carne sem mobilidade alguma. A cabeça coroada (*símbolo de poder material conquistado*), as mãos (*símbolo de poder temporal, atitudes e ações*), os pés (*símbolo de movimento e direção ao futuro*) foram todos cortados, aludindo que toda forma amorfa e antiquada de vida foi eliminada para que novos valores florescessem. Algumas partes humanas estão aos pés do esqueleto nos fazendo lembrar que toda mudança é dolorosa (ainda parecem vivas) e, por vezes, irreversível. Não há mais poder pessoal, tampouco o controle de outrora (coroa ao chão), apenas a própria essência para encontrar um novo paradigma de vida (movimento de corte). O perfil do esqueleto (perpetuação) todo voltado para a direita indica que o mais importante é caminhar para o futuro. O progresso (foice) não contém necessariamente uma base no passado, podem haver unicamente decisões no presente (partes vivas). Apesar de tantas transformações, o próprio símbolo também alude que seu caráter transitório age como reconstrução futura, que novas formas de vida renascerão. Como nos ensina a natureza, a vida é cíclica e a renovação é necessária — esse mistério já foi revelado no arcano 12 (os galhos cortados); portanto, as folhagens que crescem nesse arcano simbolizam um alento para a vida sofrida. O arcano antecessor descobriu a solução nessa carta: romper definitivamente com o passado, com os padrões obsoletos de comportamento, extinguir o velho, cortar o mal pela raiz, renascendo para uma vida repleta de inovações. Pode ser um processo doloroso aplicar tais leis, mas é profundamente benéfico se libertar dos fardos que acumulamos ao longo da vida.

Analogia

Todo fim carrega dentro de si um novo recomeço. A carta revela, antes de tudo, que o consulente é o próprio agente transformador e, que apesar de certa dor, ele mesmo tentará mudar sua vida. Esse arcano sugere os rompimentos de valores antigos e de intensas ilusões, revela o final de um ciclo angustiante e um futuro totalmente diferente e promissor. As descobertas de verdades cruéis da própria vida ocasionam profundas transformações na conduta social; representam um fator dinâmico e evolutivo, surgindo uma revolução de hábitos. Contudo, toda essa dinâmica da recuperação prática é regida pelo sofrimento e pela perda da esperança no futuro, alcançando o mais alto grau de ceticismo e da aridez romântica. Aqui e agora será o principal lema, todas as intenções estarão concentradas no presente ou naquilo que se pode ter rapidamente. A análise de tudo e de todos é feita de maneira insensível, lógica, racional, mas sob o ponto de vista pessoal e ainda egoísta; deseja-se não mais perder tempo (como ocorreu no arcano anterior) — viver o arcano 13 é confrontar a dor, assumir os erros e tentar renovar os ideais e os sentimentos. Através dos sintomas e símbolos, observamos que o consulente (embora com mágoa, ressentimento ou raiva) consegue realizar tudo o que deseja, reconstrói uma vida repleta de possibilidades, revelando ser o senhor absoluto das mudanças. Podemos extrair uma reflexão: *a dor faz parte da vida, o sofrimento é opção de cada um.*

Sintoma

Força simbólica: transacional, evolucional, dinâmico. A Morte (arcano emissor) tem como *sintoma principal* a Temperança (arcano sucessor), que simboliza moderação, reconciliação, renovação; revelando que a Morte conseguirá o desejado: o retorno ao equilíbrio, novos rumos para as diretrizes, equacionamento da vida e o retorno de uma labuta sadia (13 → 14). É como naqueles momentos em nossa vida quando, após realizarmos grandes modificações pela decepção vivida, sentimos descrédito nas pessoas e até em Deus, voltamos a acreditar em tudo, tentando compreender e renovar nossos ideais para uma nova fase. O *sintoma secundário* é o Imperador (arcano ressoante), que possui poder, controle, autoritarismo, ceticismo, condicionando a Morte a dois fatores: primeiro a uma estabilização material e, segundo, a uma continuidade de sua radicalização, tendendo à insensibilidade, à vingança, à falta de sossego, ao julgamento cego e ao ateísmo (13 → 4). Assemelha-se àqueles momentos em que estamos em outro trabalho, outro casamento, outros projetos, mas procuramos nos vingar eterna e ativamente de alguém ou de alguma coisa do passado, pois a rejeição ou a perda anterior ainda residem em nossos pensamentos (pobre mortal!).

TAROMANCIA

Núcleo

- *Essência*: modificar, alterar, terminar, transformar.
- *Definição*: período extremamente difícil com drásticas mudanças gerenciadas pelo próprio consulente; desprendimento para se livrar do passado, embora ainda possa sofrer; esforços para abertura de novos caminhos, transição, renovação.

- *Advertência*: ser mais calmo e condescendente com o meio social; não discutir ou argumentar em demasia o próprio ponto de vista (mas seguir em frente); procurar o senso comum para alcançar aos objetivos; ser amável, mas ter pulso firme.

Atributo básico

- *Material*: mudança desejada, alteração/ação bem planejada; realização difícil, mas proveitosa; retomada do poder pela transformação de hábito; solução de problemas e de obstáculos; abertura de caminhos, recomeço com prenúncio da prosperidade.
- *Mental*: discernimento e lucidez diante de limitações; determinação, análise racional e lógica para vencer; ruptura ou reorganização de planos antigos; expressão ríspida com criticidade exasperada; fala por vezes rude, mas sincera.
- *Sentimental*: desconforto emocional, melancolia ou mágoa de problemas quase insolúveis; rancor, pessimismo ou raiva do passado afetivo; falta de perdão das experiências vividas; afastamento ou dispersão, mas indica reequilíbrio futuro.
- *Espiritual*: busca da verdade espiritual perante sérias dificuldades materiais; medo ou hesitação diante de novidades espirituais (deseja acreditar); por vezes, algum ceticismo ou falta de fé pelas dificuldades enfrentadas no passado.

Atributo diverso

- *Negativo/invertido*: imobilidade ou estagnação; inércia nas atitudes ou sem solução aparente; insucesso e fracasso gerando prejuízos; passividade ou preguiça diante de obstáculos; incapacidade em disfrutar ganhos; medo, receio em se expor.
- *Obstáculo/oposição*: falta de poder para gerenciar mudanças; não consegue resolver problemas cruciais, sem perspectiva aparente, o que gera indecisão, hesitação; possessivo, não se desprende de nada, não sabe renovar, retenção.

- *Orientação/conselho*: mudar o paradigma, eliminando os obstáculos o mais rápido possível; não temer o futuro, nem as pessoas, fazer todas as mudanças necessárias, refazer o futuro; a transformação é a única solução para o sucesso e o bem-estar.

Note e anote

1. O plano mental dos arcanos 4, 8 e 13 é semelhante: lógica e racionalidade; porém, o primeiro visa à manutenção do *status*; o segundo, à justiça social e, o terceiro, ao direito pessoal. Também são similares no plano afetivo: nenhum deles fornece carinho, conforto emocional ou compreensão; entretanto, desejam atenção e muita dedicação, cobram por promessas e direitos adquiridos por eles! Tendem ao controle e à posse efetiva.

2. Esse é o segundo arcano que se refere a *mudanças*, diferente do arcano 10 que se reporta a terceiros ou ao destino; o arcano 13 realiza as próprias alterações, ele é o senhor absoluto de seu caminho; assim, encontraremos sempre a *autotransformação*. É um erro analisá-lo como obra de terceiros, não importa o contexto! Aqui sempre será uma representação de que o consulente fará as alterações necessárias doa a quem doer, mesmo que seja nele próprio! Como nos aforismos populares — *Vão-se os anéis, ficam-se os dedos* ou *Prefiro cortar uma mão a perder o braço*, ainda, *Vai doer mais em mim do que em você!*.

TEMPERANÇA

ARCANO 14

TAROLOGIA

Ornamento comum

- Um anjo de duas asas tocando a terra.
- Dois jarros de cores diferentes.
- Água vertendo de um jarro ao outro.

Signo

Temperança — evoca várias situações: o próprio anjo da virtude da temperança se contrabalançando ao anjo do pecado capital da ira, representando a necessidade de apaziguamento, moderação nos apetites e nas paixões; bem como a própria palavra significando calma, equilíbrio, sobriedade, comedimento, parcimônia e, principalmente, temporalidade. Variações em língua portuguesa: Alquimia, Arte. Denominação em outras línguas: *Temperance* (inglês), *Tempérance* (francês), *Mässigkeit* (alemão), *Temperanza* (italiano), *Templanza* (espanhol).

Simbolismo clássico

O anjo (*símbolo de conforto e ajuda espiritual*) possui sua própria hierarquia, pois aquele que tem duas asas é comparado ao anjo guardião, mais próximo dos homens; também encontramos anjo com quatro (arcanjo) ou seis (querubim) asas. Nessa carta, a figura do anjo é ornamentada com as duas asas abertas e os pés tocando o solo, cujo simbolismo alude algum sinal de alerta ou possível perigo, uma vez que não é comum um ser angelical tocar o solo (materialização) — sua natureza é etérea, jamais terrena. Assim, nessa singela ilustração, o arcano Temperança revela o principal mistério: *intervenção cármica e, simultaneamente, proteção espiritual.* Ele segura dois jarros (*símbolo da alma, do coração e de todos os sentimentos*) de cores opostas (*símbolo da dualidade universal — positivo/negativo, ativo/passivo, consciente/inconsciente*); um jarro contém a energia solar e, o outro, a lunar, podendo até simbolizar o processo alquímico da transmutação de chumbo em ouro (sabedoria, espiritualidade). O anjo está temperando com disciplina e atenção as forças opostas por intermédio da água (*símbolo de fluxo da vida e movimento espiritual no homem*), vertendo de um vaso a outro, simbolizando a passagem do sentimento à razão, do emocional ao mental, do espiritual ao físico, e todos vice-versa (reveja a relação das *águas* na página 94, volume 1). Esse movimento serve para encontrar a mistura perfeita entre os mundos, revela que a integração dos opostos gerará um terceiro elemento mais apropriado para o novo ritmo de vida; porém, essa condição ainda será conhecida em um futuro distante. Se no arcano 7 a situação acelera ou adianta, no arcano 14 ela desacelera ou atrasa. Ora, o tempo e a transmutação são fenômenos pertencentes aos mistérios divinos. Tentar controlá-los implica em ir além dos limites e viver em um plano atemporal; portanto, devemos nos adaptar e deixar o horizonte chegar até nós. Rompemos com o passado no arcano antecessor, agora devemos renovar os valores e maturar as ideias, mesmo que o tempo seja além do imaginado.

Analogia

Esse arcano sugere a reconciliação com a vida, a renovação do equilíbrio entre sentimento e pensamento, um momento de trégua e adaptação com o meio ambiente e uma reflexão necessária em busca da paz interior. Revela que há uma interferência de ordem espiritual ou superior, além da vontade pessoal, sendo urgente a aceitação das limitações do tempo ou da burocracia. Mas atente que esse arcano não nega a conquista, todavia é muito difícil (para o consulente) aceitar o tempo imposto por terceiros ou a longa espera para a vitória (é longa mesmo!); saiba que a reconstrução da vida será muito lenta, tornando a rotina um imenso marasmo, enfadonha e entediante (haja paciência!). No contexto geral, traduz inércia nos objetivos, passividade na conduta, ponderação nos diálogos, lentidão em situações já conquistadas; porém, o tempo é o maior obstáculo para a realização de novos objetivos. Nada poderá se realizar em curto prazo, paciência ou resignação é a chave principal; no entanto, carrega uma energia conciliadora, gerando paz em situações turbulentas. Os sintomas e símbolos enfatizam que o arcano 14 poderá realizar seus objetivos desde que se lute por eles, mesmo que demore um longo tempo, é preciso continuar investindo nos planos, não se deve aguardar que algo novo aconteça e nem esperar nada dos outros, somente comungar com o tempo. O arrojo é a única saída, porém, o problema é que é difícil tê-lo ao viver esse arcano. Podemos extrair uma reflexão: *associar-se com o tempo é a melhor forma de realizar os desejos.*

Sintoma

Força simbólica: transicional, unidimensional, lento, cármico. A TEMPERANÇA (arcano emissor) tem como *sintoma principal* o DIABO (arcano sucessor), que representa desejo, poder, instinto, perspicácia, revelando que a Temperança conseguirá seus objetivos se lutar tenazmente por eles, não desistir dos ideais, buscar com toda energia interior a manutenção de seus projetos (14 → 15). Porém, isso ocorrerá após muito tempo, que é o principal atributo da carta; exatamente como se desenvolve a vida profissional, indo desde a escolaridade básica até a formação técnica para, então, competir no mercado de trabalho. Ora, são anos de estudo e preparação, sem a menor chance de redução do tempo pré-determinado pelos órgãos educacionais. O *sintoma secundário* é o SACERDOTE (arcano ressoante), que simboliza organização, reclassificação, ordem moral, revelando que a Temperança ficará eternamente ponderando, tendo paciência, reorganizando, conciliando, hesitando e esperando (14 → 5). Nesse sintoma, quem espera *nunca* alcança, como por exemplo, um namoro de longos anos (que tal 10?) e ainda sem previsão para o noivado, tudo porque se espera que a vida melhore. O excesso de reflexão para obter o melhor resultado pode, muitas vezes, ser o maior empecilho para as realizações; nesse segundo sintoma, a estagnação poderá ser o único resultado.

TAROMANCIA

Núcleo

- *Essência*: conciliar, harmonizar, renovar, esperar.
- *Definição*: longevidade, adaptação e serenidade são a marca desse arcano; nada é fácil ou realizador no presente, mas solucionável e conclusivo ao longo do tempo; adiamentos e suspensões das atividades, mas com garantia de sucesso bem adiante.
- *Advertência*: manter os ideais até o fim, não desistir dos projetos, mesmo que deseje suspendê-los; a felicidade é viável, mas vem em longo prazo; paciência e ponderação devem ser o lema; desejando desistir, em nada afetará a vida (bom!).

Atributo básico

- *Material*: lentidão na realização dos projetos; burocracia e intempéries atrasam os resultados; conciliação e trégua que geram harmonia momentânea; negociação e acordo que resultam em longo prazo; parcimônia, intercâmbio, renovação.

- *Mental*: paciência, bons pensamentos e ideias perfeitas; adaptação e flexibilidade; planejamento e reflexão excessiva; ponderação e análise demasiada, mas sem definição própria; expressão moderada e comunicação reservada, fala pouco de si.
- *Sentimental*: tranquilidade ou tédio nas relações afetivas, mas desejaria mais alegria ou libido; calmaria ou preguiça em expressar o amor; momento enfadonho, sem perspectivas em curto prazo; grande amizade ou cumplicidade envolvida.
- *Espiritual*: forte proteção cármica para que ninguém possa interferir na evolução; cura e regeneração da alma; revelação benéfica do movimento do destino; mediunidade bem canalizada; libertação e purificação das energias negativas.

Atributo diverso

- *Negativo/invertido*: precipitação e inabilidade nos acordos; realização imediata, mas com prejuízo; discórdia, desunião e hostilidade nas relações; impaciência e negligência nas atitudes; instabilidade, frivolidade ou volubilidade afetiva.
- *Obstáculo/oposição*: falta de reflexão e acordo que gera conflitos; cuidado com a ansiedade, pois falta serenidade para enfrentar os obstáculos; dificuldade para entender os problemas à volta; desejo de renovação e mudança sem necessidade.
- *Orientação/conselho*: deve-se ser moderado e aceitar os limites do tempo; ter paciência e buscar harmonia entre todos; espere com serenidade e será vitorioso; não é o melhor momento para discutir os direitos, ser indócil ou inconformado.

Note e anote

1. Esse é o terceiro arcano cármico (8, 10 — **14** — 16, 20): a *lei do tempo*; porém, é a *primeira* interferência espiritual que encontramos na estrutura dos arcanos maiores, de forma direta e clara. Ele

revela que tudo está suspenso por ordem superior, é tempo de maturação e devemos remodelar o momento presente. A Temperança não nega desejo algum; porém, adverte que há outras questões importantes a serem resolvidas e nada deve ser negligenciado. Se observada com carinho e compreensão, a grande morosidade da situação passa a ser uma bênção angelical, uma oportunidade em solucionar totalmente o destino antes de se atingir os objetivos pessoais. Jamais deve ser analisada como um tenebroso obstáculo às soluções imediatas; pois, caso nosso precioso desejo fosse realizado aqui e agora, surgiriam problemas mais complexos para serem resolvidos. Enfim, essa carta é uma dádiva cármica que nos protege de um mal maior.

2. Os arcanos 2, 9 e 14 são similares no plano mental: reflexão, ponderação, pesquisa e análise; porém, a Sacerdotisa é por uma situação recente; o Eremita por questões futuras e, a Temperança, por ideias muito antigas. Todos têm a mesma conduta moral e espiritual: fidelidade, honestidade e dignidade. No plano material, refletem a existência de morosidade, demora e obstáculo — a Sacerdotisa é inadaptável e passiva por conveniência, o Eremita é lento e progressivo por adaptação e a Temperança é inerte e passiva por razões do destino. Também, em valor temporal para realizações, teremos na Sacerdotisa nenhum tempo adicional; no Eremita, média de duas vezes o tempo solicitado e, na Temperança, média de quatro vezes o estimado.

DIABO

ARCANO 15

TAROLOGIA

Ornamento comum

- Figura andrógina com chifres, asas e cascos.
- Segura um cetro na mão esquerda.
- Mão direita para cima.
- Dois seres, sexos diferentes, amarrados ao trono.

Signo

Diabo — traduz a nominação mais controvertida pelas inúmeras análises do tarô, encontrada em diversas culturas e etnias; contudo, evocará sempre algo com valores de luxúria, egoísmo, ambição, domínio, sedução, paixão, destruição, corrupção ou até situações maléficas sob o ponto de vista social; mas benéficas sob o ponto de vista de quem as comunga. Variação em língua portuguesa: Paixão. Denominação em outro idioma: *Devil* (inglês), *Diable* (francês), *Teufel* (alemão), *Diavolo* (italiano), *Diablo* (espanhol).

Simbolismo clássico

O arcano 15 é um dos mais complexos simbolicamente, pois, não raro, é associado apenas a um demônio, um ser malévolo a ser expurgado. No entanto, ele faz parte do mito da criação do homem nos textos bíblicos, sendo também parte da natureza celestial. Essa figura (o diabo) deve ser observada unicamente sob o ponto de vista ítalo-renascentista ou cristão-medieval; pois, caso venha a associá-lo a outro conteúdo mítico, como a deidade africana Exu ou céltica Cornífero, por exemplo, incorrerá em perda simbólica e falso conteúdo. Outro equivoco é tratá-lo ou percebê-lo de maneira similar às películas de cinema, ao demônio hollywoodiano repleto de fetiche e maldade pronto para matar a todos. *O diabo no tarô faz, unicamente, alusão aos instintos humanos — o desejo da ambição, do poder, do sexo, da fortuna*, podendo também representar os sete vícios capitais — *orgulho, preguiça, cobiça, luxúria, avareza, gula, ira.* Tudo nele é excesso e retrata a força da alma encarnada tão repleta de sentimentos, pensamentos e desejos. Mas quem não os tem? Essa figura andrógina e ambígua é o espelho dos instintos, nosso lado abissal do qual temos receio em admitir a existência. O ornamento das mãos indica controle sobre todas as direções, sinalizando que tem a capacidade de criar e destruir dependendo do que se faça. A mão esquerda (absorção, magnetização) segura uma espada (força destruidora), advertindo que ele possui o poder de se nutrir da energia que desejar; já a mão direita (emanação, projeção) está levantada, revelando suas garras ou controlando dois seres amarrados aos seus pés (*símbolo de cativeiro ou títeres*), que não parecem sofrer, tampouco desejar a libertação. Seriam colaboradores ou prisioneiros? Será que por estarem de costas não percebem a influência excessiva do desejo nato sobre eles? *Eles representam o símbolo dos desejos carnais que não podemos eliminar (em nós mesmos), uma metáfora da escravidão diante do materialismo — quanto mais o rejeitamos mais prisioneiros ficamos da bestialidade, uma vez que ele nos atormenta com sua espada em punho.* Vivenciar a dualidade do ser, os extremos emocionais, conhecendo todos os limites para, então, dominar e não ser dominado é a grande lição na equação de nossa vida terrestre.

Analogia

Esse arcano sugere o desejo de *ser* e *ter* independente de se poder ou não; o domínio da vida material sob o ponto de vista exclusivo do ego; a necessidade de ser feliz sob a visão dos desejos e da vontade unicamente individuais. Traduz muita diversão, intensa vontade em conhecer todas as nuanças da vida, a necessidade do dinheiro como veículo de satisfação e demonstração de *status*, de uma vida sexual plena e rica de variações (e posições!). Para esses objetivos lança-se com inteligência, sagacidade, esperteza, ardileza; não raro, encontra um meio, lícito ou não, de galgar os ideais. Epa! Acho que somos nós, em algum momento da vida: *quem não quer ser feliz a todo instante?* Se você se excluiu, então não é humano, já é um ser de luz e está a passeio neste planeta. Contudo, esse momento revela o extremo de nosso egoísmo, quando o grande perigo é não compreender os limites pessoais, surgindo a ganância e a perda dos valores sociais e morais. O problema nessa carta não é a realização, que está garantida, mas o desejo em querer mais e mais — acredita-se que se alcançaria a felicidade ao conseguir determinada situação; no entanto, ao chegar onde ambiciona, não sente a suposta satisfação e, então, parte em busca de outra realização (similar a Fausto no romance de Goethe). Ambos os sintomas e toda simbologia dessa carta nos revelam que ele pode tudo: conquistar, realizar, obter, alcançar, objetivar; porém, o valor cobrado pela ordem social é demasiadamente alto: a perda da confiança dos amigos, do poder e controle sobre um grupo social ou familiar. Talvez perca o orgulho perante esse mesmo grupo, raramente o *status* e vaidade pessoal, porque seu grande atributo é *ser* e *ter*. Como sempre digo sobre essa carta: tudo é pouco! Podemos extrair uma reflexão: *alcançaremos um futuro maravilhoso se tivermos um magnífico passado.*

Sintoma

Força simbólica: realizador, dinâmico, centrípeto. O DIABO (arcano emissor) tem como *sintoma principal* a TORRE (arcano sucessor), que simboliza ruptura, dissolução, metamorfose, revelando que a força, o poder e as situações que envolvem o momento não perdurarão e poderão se extinguir em breve. Ambos os arcanos são demasiadamente intensos, ativos, mas divergentes em resultados — o arcano 15 é a imagem do orgulho, da soberba e da vaidade, já o arcano 16 é o rompimento dessas mesmas características (15 → 16). Como aquelas fases de vida nas quais não nos importam os sentimentos alheios, apenas desejamos satisfazer a própria vaidade, e terminamos por perder pessoas maravilhosas ou arrumamos inimigos eternos, exatamente por não conhecermos os limites pessoais. Na ânsia em somente ganhar, esquecemos que não estamos sozinhos no mundo; também há outras pessoas que desejam o mesmo poder. Um belo ditado para esse sintoma: *um dia da caça, outro do caçador*. O *sintoma secundário* é o ENAMORADO (arcano ressoante), que representa oportunidade, livre-arbítrio, escolhas; nesse parâmetro o Diabo se apropriará dessa energia, conseguindo alcançar tudo o que almeja e da forma que bem entender: busca, conquista, joga fora, compra, vende, desfaz; assim, a soberba é nutrida pela intensa paixão por tudo e constantemente alimentada pelas múltiplas oportunidades (15 → 6). Quem, em um determinado momento da vida, não quis ou não teve, ou não decidiu manipular várias situações inconciliáveis ao mesmo tempo? Dois, três, quatro namoros, ou um casamento e um amante; ter dois carros, estar em cinco festas na mesma noite e viajar no dia seguinte para outro namoro, se comprometer com muitos e retornar ao nada, voltar de novo para as festas... Uau! Que canseira! *Que nada, eu quero é mais!* — diz sempre.

TAROMANCIA

Núcleo

- *Essência*: desejar, possuir, construir, ter.
- *Definição*: pode-se tudo nesse momento, a sorte está a favor do consulente; lucros, *status* e influência estão fortalecidos; deve-se aproveitar o máximo (se desejar), mas necessita se precaver da compulsão material; obsessão por algum objeto.
- *Advertência*: moderar a ambição e os desejos de poder absoluto; refletir sobre as consequências dos atos; aceitar os limites como forma de prevenção de perdas futuras; ser comedido, pois mesmo realizando, não atingirá o suposto prazer.

Atributo básico

- *Material*: domínio e êxito em qualquer plano, entretanto, não haverá a suposta satisfação; apego e força incontroláveis sobre terceiros; ambição de equiparar-se a um *status* mais elevado, contudo, efêmero; sucesso importante, mas passageiro.
- *Mental*: inteligência perspicaz e criativa; sagacidade e ardileza como tônica nos planos; determinação e obsessão em concluir os objetivos; cobiça e visão unilateral; expressão forte, doce e eloquente, retórica dinâmica e envolvente.
- *Sentimental*: paixão visceral, desejo forte ou impulso incontrolável (para casados); hedonismo, devassidão, sedução, impulsividade ou arrojo afetivo-sexual (para solteiros); dependência afetiva que gera posse e dominação do parceiro.
- *Espiritual*: displicência mediúnica, mas forte condição astral para fazer magia; poder do ego que aumenta a sombra da vaidade; força magnética que realiza os desejos; busca de recursos que ajudem a conclusões materiais e afetivas.

Atributo diverso

- *Negativo/invertido*: fracasso e desilusão como obstáculo; lassidão e desinteresse pela conclusão; impotência física, moral ou espiritual; libertação do ego, orgulho ou vaidade, mas ainda sem parâmetro futuro; ingenuidade e submissão.
- *Obstáculo/oposição*: falta de esforço ou desejo para atingir os objetivos; sem impulso aparente para chegar ao final; os valores materiais dificilmente se estabeleceram; a vida não está a contento, falta paixão e impulso pela situação.
- *Orientação/conselho*: ser mais audacioso e destemido nas questões; buscar o prazer pessoal, pensando mais em si e no próprio futuro; momento de egoísmo para se chegar onde deseja; olhar suas próprias necessidades, não as dos outros.

Note e anote

1. Os arcanos 4, 11 e 15 têm algo em comum: todos almejam o controle absoluto e a satisfação em tudo o que realizam. O Imperador controla o poder pela própria autoridade, garantindo a manutenção eterna por intermédio da posse e da imposição pessoal; a Força estabelece o poder pela sutileza do caráter, honra, compromisso, dominação dos instintos e equilíbrio da personalidade; o Diabo exerce o poder pela sedução e manipulação dos sentimentos e desejos alheios, mas observando unicamente os próprios objetivos, usando o ardil e não se comprometendo com nada que não lhe seja útil naquele momento. Esses três arcanos realizam seus objetivos e ideais da seguinte maneira: o Imperador pela opressão, a Força pela dominação e o Diabo pela manipulação. No campo afetivo, os três amam a si mesmos e nada mais, não existem trocas, somente absorção e controle absoluto, caso contrário, o Imperador mostrará a tirania; o campo afetivo se processa diferente do material, pois a Força tem o autocontrole e o Diabo é infernal.

2. Os arcanos 5 e o 15 são antagônicos, mas paralelos espirituais: um revela a contenção e, o outro, o excesso. Na carta 5 observamos um sacerdote sentado em seu trono, tendo aos pés dois seres ajoelhados olhando atentamente para ele; em contraste, notamos na carta 15 a figura mítica do diabo em pé, mas em cima de um trono ou algo parecido, com dois seres também em pé, mas de costas e enlaçados pelo pescoço, não vendo as ações dele. Essa relação mostra claramente o caráter manipulador de ambos, mas de formas diferentes: um, pelo temor; outro, pelo deleite. O arcano Sacerdote deixa nítida a consciência dos fatos envolvidos e, o arcano Diabo, a inconsciência das atitudes, não permitindo a racionalização. Reflita melhor sobre essa relação simbólica.

TORRE

ARCANO 16

TAROLOGIA

Ornamento comum

- Céu nublado e um raio.
- Torre quebrada no topo.
- Duas pessoas caem da torre.

Signo

Torre — não traduz corretamente a imagem acústica do arcano, somente parte dela, talvez "raio" fosse mais apropriado, uma vez que ele é o agente principal, o princípio de toda destruição; a exemplo da carta 7, na qual o *carro* é a alegoria principal e não o *rei*. Nos antigos tarôs franceses também é possível encontrar o nome *Casa-Deus* (*Maison Dieu*) ou *Relâmpago (Foldre)*, em outros, *Fogo* ou *Flecha*. Contudo, a nominação *Torre* se reporta a uma espécie de fortaleza, ao ponto mais alto de uma edificação para proteger algo importante e observar o horizonte. Variações em língua portuguesa: Torre de Babel, Torre Destruída. Denominação em outros idiomas: *Tower* (inglês), *Masion Dieu* (francês), *Zerstörung* (alemão), *Torre* (italiano), *Casa de Dios* (espanhol).

Simbolismo clássico

A torre é o *símbolo* da empáfia humana cujo objetivo é chegar à morada dos deuses; também representa segredo, poder, repressão, opulência, vaidade e orgulho. O mito da torre de Babel é a fonte geradora dessa imagética, pois foi construída para exaltar o macrocosmo, mas condenada à destruição porque nenhum mortal pode tocar os céus. Em seu interior existem degraus em espiral cujo significado é ascensão material planejada (o poder sobre terceiros, força do *status*). Janelas representam o símbolo da visão estreita que o homem tem do universo divino ou de si mesmo, limitando tanto o acesso ao mundo exterior como delimitando o campo visual. Do céu escuro e nublado (*símbolo de desesperança, angústia e sofrimento*) surge um temeroso raio fulminante (a parte mais importante dessa carta), força dominante da natureza sobre o homem, que representa a consagração divina — geradora ou destruidora, ele é vida porque (na realidade) fertiliza o solo para o futuro, é morte porque destrói o mesmo solo no presente. Nessa carta o ornamento é claro, preciso e direto: o raio (*símbolo da fúria celestial ou do próprio Espírito Santo*) arrebenta a coroa da torre destruindo sua forma (*simbolizando a ruptura do poder e do status*). Poderíamos dizer: *foi o destino, foi o carma, foi o divino*? Não importa, são terceiros que irrompem uma situação construída de forma equivocada, incerta, inadequada para o próprio futuro. Que mania temos de somente querer ganhar, não é verdade? As perdas e os prejuízos também existem; pois, *livre-arbítrio* não é sinônimo de sucesso, tampouco de felicidade. Isso me lembra uma metáfora que geralmente utilizamos: *construímos nossa vida tijolo por tijolo por anos a fio e basta um segundo para tudo desmoronar*. Não podemos manipular as pessoas e o destino para sempre (essa já fora uma lição da Roda da Fortuna e da Força), pois a cada decisão tomada haverá um resultado predefinido (quer queira ou não). Tudo na vida é a *lei de causa e efeito* — advertência da Justiça (arcano 8), que se não for devidamente observada, resultará na correção determinada pela Torre (arcano16). Os dois seres caindo serão os mesmos que se encontram acorrentados aos pés do diabo no arcano 15? Nesse caso, a queda representaria a libertação da vaidade, da ambição, dos excessos? Talvez a destruição do ego? Poderia, também, ser o personagem do arcano 12 que finalmente se desprendeu das próprias amarras? Talvez um castigo pela compulsão gerada pelo Diabo? Note que nesse arcano não há mais coroas, cetros, roupas suntuosas ou nada que lembre o controle de outrora, tudo é absolutamente eliminado, simbolizando o fim do poder. Observe os personagens caindo em direção ao chão: eles não têm asas e é certo que se arrebentarão (se é que já não estejam mortos). Você duvida disso? Não hesite, pois está vendo o inevitável: a morte deles. Reflita agora: o fim é o começo!

Analogia

Esse arcano sugere um rompimento definitivo de algo que julgamos importante, talvez a situação que mais prezamos ou algo jamais imaginado; essa dissolução pode variar desde projetos pessoais (ideias, conceitos, aspirações) até circunstâncias reais (casamento, trabalho, dinheiro), promovendo a mudança radical e inesperada, a dissipação dos objetivos. Ele anuncia que não haverá continuidade dos fatos envolvidos, tampouco a realização futura dos mesmos desejos. A Torre revela o confronto com a utopia (gerada no Pendurado e alimentada parcialmente pelos arcanos que se sucedem — 13, 14, 15), acrescido da crença absoluta em uma situação (irrealizável sob o prisma de terceiros ou do meio ambiente). Embora parecesse que a realização traria felicidade, não estava estruturada de forma a perdurar ou a garantir a satisfação. Inevitavelmente, um sofrimento profundo se instala com a dor da desilusão, do abandono, da ambição, da rejeição, da perda de *status* ou de controle. Enfim, é um momento muito cruel sob o ponto de vista de quem o vive; contudo, é um ponto de libertação cármica, representando a descontinuidade dos planos na visão humana e a continuidade da vida na visão espiritual. Ambos os sintomas e todo o simbolismo do arcano 16 se reportam à perda total e irrecuperável do desejo latente, da ambição, do ego; porém, revela uma nova vida surgindo, um novo ambiente, novos projetos, sendo possível caminhar em paz (arcano sucessor) ou tentar reconquistar o passado (arcano ressoante). Podemos extrair uma reflexão: *perdoar a si mesmo é o único caminho para a paz e o autoconhecimento.*

Sintoma

Força simbólica: retrógrado, evolucional, dinâmico, cármico. A Torre (arcano emissor) tem como *sintoma principal* a Estrela (arcano sucessor), que simboliza esperança, integração, harmonia, revelando que a Torre estará absolutamente livre do passado e sem nenhuma conexão visível. Tudo se renovará de maneira diferente e mais evoluída espiritualmente, percebendo todos os limites sociais (16 → 17). Como aqueles momentos em que somos abandonados, despedidos ou humilhados e não há possibilidade alguma de recuperação; choramos, sofremos e, depois, perdoamos incondicionalmente, seguindo confiantes em uma nova vida. O *sintoma secundário* é o Carro (arcano ressoante), que representa determinação, movimento, vitória. Nessa trajetória a Torre continuará desejando reaver tudo o que perdeu, mas aumentará o sofrimento, a dor e a angústia ao longo do tempo. Embora esteja progredindo por outros caminhos, recuperando a vida material ou o *status* perdido, percebe-se o rancor e a vingança instalados no fundo da alma (16 → 7). No início de um rompimento, por exemplo, sempre lutamos para ter de volta algo que nos era importante, mas com o passar do tempo não conseguimos e sofremos cada vez mais. Ou, ainda, já em outro namoro, não esquecemos o passado e a situação continua a nos atormentar; então, clamamos por justiça divina ou planejamos vingança.

O *sintoma principal* é a tendência natural da passagem de um arcano para o seguinte ou outro mais adiante; na vida, uma situação boa ou má nunca retrocede — ou avança ou estanca. No entanto, o *sintoma secundário*, sendo mais confortável para os próprios objetivos tende a ser o mais escolhido intuitivamente; mas, antes de ser um caminho, saiba que é um beco sem saída. Que tal reler um pouco mais sobre os sintomas? Talvez entenda melhor a estrutura e a interligação dos arcanos. Página 119, volume 1.

TAROMANCIA

Núcleo

- *Essência*: dissolver, libertar, romper, revolucionar.
- *Definição*: mudanças irreversíveis que causam insatisfação ou dor (tudo causado pelo consulente); ruína, prejuízo, infortúnio ou tristeza; desejo (inútil) em retomar o passado; rompimento de velhas crenças ou mudança inesperada de opinião.
- *Advertência*: o melhor caminho é aceitar as mudanças, buscando alternativas; perdoar a todos mesmo quando tiver razão ou acredite ser injusto. Sempre digo para as pessoas que estão nesse arcano: *viver no passado é perder o futuro*.

Atributo básico

- *Material*: mudança indesejada ou perda de situação importante; qualquer alteração ou realização se faz com prejuízos; dívidas geradas por precipitação; negação, infortúnio, dificuldade ou suspensão inesperada, causando desequilíbrio no *status*.
- *Mental*: confusão e desordem; irracionalidade e desestabilização; falta de visão no futuro pelas dificuldades recentes; ilusão

ou obsessão em solucionar coisas impossíveis; expressão desordenada; comunicação e fala agressiva, discussão.

- *Sentimental*: desilusão e medo do futuro; dor, rancor, decepção ou orgulho ferido que podem gerar vingança; amor não correspondido; sensação de abandono, carência afetiva-sexual; colapso emocional, desesperança, autocompaixão.
- *Espiritual*: desorientação religiosa ou crença irredutível das próprias convicções; busca de um caminho milagroso; falta de perspectiva em um mundo melhor; necessidade de satisfação de poder mágico para afirmar superioridade.

Atributo diverso

- *Negativo/invertido*: acordos que resultam em favorecimentos; sucesso inesperado e ganhos importantes; retorno de situações ou pessoas do passado, apesar de não sugerir felicidade; impossibilidade de mudança imediata ou de alteração do *status*.
- *Obstáculo/oposição*: falta de postura diante da opinião alheia; inconformismo com os reveses da vida; mudanças constantes que fazem parte da rotina; confrontos periódicos que devem ser evitados; falta de perspectiva futura, medo de perder.
- *Orientação/conselho*: mudar urgentemente o modo de pensar e de agir; perdoar e romper com situações que causam sofrimento ou discórdia; não temer o futuro ou desagradar pessoas à volta; a transformação é a única forma de sucesso.

Note e anote

1. Esse arcano encerra o *caminho da dor* (12, 13, 14, 15 — **16**), todos os obstáculos serão dissolvidos no futuro próximo, revelando uma nova vida; porém, nunca será como a desejada no presente momento. Ele representa o despertar para a realidade e o direcionamento para um novo caminho, mesmo que não se queira. A

Torre é o único arcano que simboliza o primeiro aprendizado e evolução real da vida humana. É dolorido, mas vale a pena! Na vida se aprende pelo amor ou pela dor (pode chorar à vontade!).

2. O arcano 12 e o arcano 16, o início e o fim do caminho da dor, têm algo em comum: ambos negam qualquer natureza feliz, toda tentativa de realização terminará em frustração e tristeza. Somente o arcano 16 revela que no futuro haverá uma nova vida; contudo, eles são avisos de que estamos no caminho errado, devemos imediatamente desistir e buscar alternativas (diferentes, é claro!).

3. Esse é o terceiro arcano que expressa transformação. A grande diferença entre os arcanos 10, 13 e 16 é que o primeiro será uma mudança sem grande significado, o segundo será parcial e, o terceiro, total — como a diferença entre colher os frutos, podar a árvore e arrancá-la. Na Roda da Fortuna, as alterações são causadas pelo fator sorte/oportunidade; na Morte, as transformações são refletidas pela própria vontade pessoal; na Torre, são oriundas do ambiente social e, principalmente, de terceiros, como forma de correção. O arcano 10 provoca ansiedade, os arcanos 13 e 16 geram dores e sofrimentos; porém, o primeiro é por não saber o que acontecerá, o segundo na esperança de reviver e, o terceiro, na desilusão do que se perdeu. Os sintomas secundários também são similares no produto final; entretanto, um é vertido para o plano material (10), o outro ao plano mental (13) e o último ao sentimental (16).

4. Outra característica desse arcano é romper com a rotina estabelecida: mudar de casa, de trabalho, de departamento, de *status*, de relação. Se estiver desempregado, arruma emprego. Se estiver doente, terá estabilidade ou cura. Se estiver sozinho, arranja um namoro. Se estiver vendendo algo, conseguirá o objetivo. O contrário de todos esses exemplos também é verdadeiro! *Esse arcano é do contra!* Porém, *sempre* haverá alguma perda ou prejuízo con-

forme a situação: dinheiro, horário, benefício, cargo, emoção, afeto, liberdade, vigor, energia. Contudo, ele revela uma nova vida nunca antes imaginada!

5. Esse é o quarto arcano cármico (8, 10, 14 — **16** — 20): a *lei do carma*. O destino interferindo no caminho pessoal e o mundo espiritual está equilibrando os novos deveres futuros; pois houve um excesso no livre-arbítrio, um erro na construção do aprendizado pessoal ou a situação não pertence ao destino pessoal. Sim, nem todo livre-arbítrio tem consequências boas, se assim fosse, o mundo seria maravilhoso e todos seriam felizes, não é verdade? O tarô é a análise da vida real, não uma novela mexicana (ou mesmo aquelas da Rede Globo) em que sempre há um final feliz.

6. Se na Temperança houve a sutil interferência do mundo espiritual no material, na Torre a intervenção é absoluta e corretiva, nele podemos descobrir a real causa que impede o desenvolvimento do destino. É interessante observar que é a primeira vez que um arcano faz alusão direta a uma obra construída fisicamente (torre) pelas mãos, e não pelo *status*. Também é a primeira vez, nos tarôs tradicionais, que aparece algo específico (raio) no céu, pois nos tarôs desenhados[19] no século XX muito dessa significação simbólica primária já se perdeu, ocorrendo ilustração celeste muito antes da carta 16.

7. Antes de qualquer análise mais objetiva dessa carta é importante salientar que estamos diante do ápice de algum erro — cônscio ou não. Geralmente o consulente tem todas as explicações para se desculpar, mas nada invalida a perda ou o prejuízo gerado. De certa forma, do Pendurado ao Diabo ainda é possível corrigir ou desistir de alguma situação, buscar uma nova ideia e objetivo, mas

---

19 Reveja o tópico *Variação artística*, página 99, volume 1: *Tarô, simbolismo e ocultismo*.

comumente é difícil resolver O CAMINHO DA DOR (arcanos 12 a 16) sem abrir mão de algo importante. Assim, mais cedo ou mais tarde, nesses casos, a Torre é o destino inevitável, e verdade seja dita: não podemos arrancar com as mãos o sofrimento do consulente, apenas ele poderá se recuperar e sabemos que demandará tempo. O fato marcante dessa carta é que após a autocura, um novo mundo surgirá, renovado, forte e mais próspero. Afinal, ninguém nasceu sabendo.

ESTRELA

ARCANO 17

TAROLOGIA

Ornamento comum

- Mulher nua em meio à natureza.
- Segura dois vasos que derramam água.
- Um vaso verte para o rio; outro, para a terra.
- Borboleta ou pássaro no arbusto.
- Céu noturno com estrelas.

Signo

Estrela — evoca o brilho da noite, a beleza do céu noturno, a profundidade cósmica, o sistema planetário que nos fornece o equilíbrio natural da vida; é sempre um guia para os navegantes. Traduz por metáfora a bem-aventurança dos deuses, a sorte, o fado, o destino, a confiança, a esperança, e também uma pessoa jovem e bela ou até alguém famoso. A amplitude de seu nome significa a profundidade da própria imagem desse arcano — uma estrela é o farol da noite, é a luz da alma! Não há variação em língua portuguesa. Denominação em outros idiomas: *Star* (inglês), *Étoile* (francês), *Stern* (alemão), *Stella* (italiano), *Estrella* (espanhol).

Simbolismo clássico

Nos tarôs clássicos editados até o início do século XX podemos encontrar o primeiro arcano no qual um personagem é retratado totalmente sem roupas. Atente para simbologia estrutural do Mago (1) a Torre (16): inicia-se com personagens bem vestidos que, ao longo da jornada, perdem a realeza das vestimentas, bem como insígnias e ícones, até a dissolução total do poder pessoal e ególatra. A nudez significa a ruptura de obrigações sociais ou a libertação de conceitos culturais que leva alguém a olhar para si mesmo, a pureza da alma, o eu interior. A imagem feminina (*símbolo de reflexão e passividade*) está integrada com a natureza (*símbolo de bem-estar e fertilidade*), mostrando sem pudor os seios (*símbolo de nutrição da vida e do amor*), indicando que sua alma está em harmonia consigo mesma (nudez). Ela se encontra ajoelhada (*símbolo de obediência, reverência, resignação*) diante de um rio (*emblema do ritmo ou curso da vida*), revelando que se encontra em paz com o meio ambiente (fator familiar ou social), aceitando o destino com todos os prós e contras. Os jarros (*símbolo do coração*) são os mesmos ilustrados no arcano 14, mas aqui, no arcano 17, a experiência interior (sonhos e desejos não realizados) é depurada, mostrando com muita humildade o esplendor de toda sua vivência: *a alegria de um mundo melhor voltou.* Um jarro verte a água diretamente no solo, nutrindo as possíveis sementes (*indica a fertilidade de ações imediatas*) e o outro derrama a água no leito do rio, representando que nada em excesso deve ser guardado, tudo precisa ser transformado. Também é a primeira vez, entre os tarôs clássicos, que surge a natureza (relva, arbusto, flor) e o céu (estrelas) como um todo, simbolizando o equilíbrio entre o micro e macrocosmo. Ao fundo da ilustração encontramos um pequeno pássaro pousado no arbusto (*símbolo da alma e da natureza alegre*), sugerindo que o meio ambiente está em harmonia. As estrelas (*símbolo de esperança, divindade e plano espiritual*) estão resplandecendo no céu noturno, indicando que a vida é bela e inesgotável — para alguns representam as Plêiades onde residem os sábios do universo; para outros, a astrologia, que determina o destino (sete planetas místicos). De qualquer modo, é um simbolismo aplicado a um mundo inatingível pelo físico, somente pela alma e pelo espírito; assim, temos a consequência da libertação do passado: *o retorno à paz em que tudo é imberbe, puro, lírico e verdadeiro.*

Analogia

Esse arcano sugere a eterna esperança na vida, a fé inabalável nos projetos, o otimismo no progresso, os benefícios do destino, a tranquilidade interior e o alento ao coração por uma vida melhor. A integração é plena com o meio ambiente (social ou familiar), sendo fator preponderante nesse momento. A carta revela a libertação total da opressão, dos problemas, da ilusão ou de tudo aquilo que atrapalha o progresso ou o autoconhecimento. A naturalidade da vida permeia todos os caminhos, os projetos se realizam antes do esperado ou de uma forma tão natural, com ritmo certo, que não se observa o tempo passar. A abertura do pensamento, a confiança nas pessoas é por demais clara e sincera; no entanto, esse estado pueril ocasiona credulidade. Contudo, nada nem ninguém consegue abalar os projetos e as realizações no futuro. Mesmo que terceiros estejam com má intenção, tentando se beneficiar da extrema pureza desse momento, eles não conseguirão enganar o consulente. Tudo será descoberto e resolvido de maneira que nada seja corrompido ou afetado. Nos símbolos e sintomas do arcano 17 se observa que tudo poderá ser realizado sem problemas, sendo próspero e verdadeiro o caminho no qual a esperança renasce a cada dia, despertando a fé inabalável contida no fundo do coração. O melhor desse arcano é a revelação de uma evolução natural dos fatos e que o destino está ao nosso favor. Viver a Estrela é viver um mundo de quietude. Podemos extrair uma reflexão: *tudo passa, tudo se renova, tudo acontece.*

Sintoma

Força simbólica: realizador, unidimensional, aberto. A Estrela (arcano emissor) tem como *sintoma principal* a Lua (arcano sucessor), que simboliza autoconhecimento, experiência de vida, análise entre o passado e o futuro, no qual a Estrela reavaliará toda sua vida e conhecerá a verdadeira alma e missão pessoal; podendo, então, conhecer e esclarecer a real personalidade e estabelecer outros objetivos futuros (17 → 18). Assim se conhece o verdadeiro mistério desse arcano: *ainda é noite para a alma*! A libertação que ocorre no arcano 17 é a da estrutura amorfa social, do egoísmo e da vaidade, mas não da verdade pessoal, do carma ou darma. Ainda não se conhece a vontade ou o desejo mais profundo do ser, ainda não se entendem os limites pessoais, mas as bordas sociais já foram aprendidas. Ao se constituir uma família, por exemplo, é comum se libertar da dependência dos pais; então, descobrimos novos limites e conhecemos quem realmente somos. O *sintoma secundário* é a Justiça (arcano ressoante), que simboliza cautela, reavaliação e ordem, revelando que a Estrela estará sempre distante dos problemas alheios, insensível ao social, observando suas próprias necessidades; porém, com esperança intensa e cautelosa nos objetivos para realizá-los com perfeição (17 → 8). Quando, por exemplo, estamos muito seguros de nossos planos, firmes nos propósitos e todo ambiente social está a favor, dizemos: é natural que isso aconteça, não há problema algum, tudo é simples, claro e verdadeiro! Contudo, a busca de equilíbrio pode chegar ao limite de nunca conseguir perceber o que realmente se deseja, ficando em um eterno sonho de perfeição.

TAROMANCIA

Núcleo

- *Essência*: esperançar, crer, continuar, libertar.
- *Definição*: tranquilidade e serenidade dão o tom da situação; momento ímpar de harmonia em meio ou após algum período

turbulento; sucesso e realização confirmados em curto prazo; caminhos abertos, paz e esperança estão no destino.

- *Advertência*: avançar sem medo e não ficar parado; realizar tudo aquilo que planejou, pois todos os caminhos estão abertos; seguir em frente com toda esperança de uma conclusão benéfica; crer no futuro, ter autoconfiança e muita fé.

Atributo básico

- *Material*: realização próspera em curto prazo; oportunidade e sorte abrindo caminhos diversos; crescimento e favorecimento nos projetos; revelação ou descobertas que beneficiam o futuro; plenitude ou satisfação com os resultados.
- *Mental*: discernimento e idealismo regem os planos; busca e inspiração da ideia perfeita; deseja ser prático, mas não consegue; convicção de um destino perfeito diante de um presente dúbio; expressão clara, comunicação fraterna e fala sincera.
- *Sentimental*: otimismo e esperança em um mundo melhor; paz interior e autoconfiança; plenitude afetiva e prazeres em harmonia; favorável à alegria e à felicidade. Para solteiros: amizade e confiança; para casados: fidelidade e afeto.
- *Espiritual*: esperança e fé verdadeira; forte intuição e canalização de mensagens do astral; meditação e força mágica; proteção de seres de luz; forte couraça contra energias negativas; bom para orar, meditar e construir formas-pensamentos.

Atributo diverso

- *Negativo/invertido*: desapontamento e má sorte integram o caminho; empecilhos que se levantam; instabilidade e incertezas do futuro; ansiedade e desconfiança de todos; negligência e teimosia desequilibram a vida; perdas, fracasso e inglórias.
- *Obstáculo/oposição*: falta de sorte impera na situação; forte negatividade ou falta de confiança de terceiros; tendência a cami-

nhos fechados ou ausência de amigos e familiares; falta de fé, dificuldade em solucionar coisas simples, incerteza.

- *Orientação/conselho*: ter esperança diante de tamanha descrença é a única forma de atingir a paz interior; deve confiar na vida, buscar a autoestima e o amor-próprio como forma de solução imediata dos problemas; a fé remove obstáculos.

Note e anote

1. Os arcanos do caminho da dor (12, 13, 14, 15, 16) e da esperança (arcano 17) têm algo em comum: *expectativa e muita confiança de que tudo vai dar certo!* Sob o prisma de quem os vive (o consulente), a intensidade e a convicção são as mesmas, todos terão argumentos para afirmar que irão conseguir o intento; contudo, esses valores são infundados e utópicos no arcano 12; doloridos e intensos no arcano 13; apáticos e moderados no arcano 14; ambiciosos e excessivos no arcano 15; amargos e destrutivos no arcano 16; inabaláveis e verdadeiros no arcano 17. Todos querem realizar seu desejo; contudo, nesse conjunto, somente a Morte, o Diabo e a Estrela têm condições imediatas de conseguir; pois a Temperança somente alcança em longo prazo e o Pendurado, jamais (!).

LUA

ARCANO 18

TAROLOGIA

Ornamento comum

- Lua no céu diurno (ou noturno?), eclipse solar.
- Duas torres opostas.
- Lago junto a dois animais.
- Lagostim saindo do lago.

Signo

Lua — evoca a relação com o vasto simbolismo lunar: mãe, nutrição, magia, divindade, fecundidade, prosperidade, amor, terror. É complexo falar desse símbolo apenas como um astro celeste, em suas várias fases do mês, pois sabemos que sua luz povoa tanto os ritmos românticos como os funestos — fadas, vampiros e feiticeiras dividem a mesma noite platinada. Vejamos algumas relações com esse signo. Fartura de peixes: maré da lua nova ou cheia. Crescimento de cabelo: cortar na lua crescente. Lobisomem: cuidado com a lua cheia. Namorar: lua cheia em frente ao mar! Pessoas semiloucas: lunático. Variação em língua portuguesa: Crepúsculo. Denominação em outros idiomas: *Moon* (inglês), *Lune* (francês), *Mond* (alemão); *Luna* (italiano), *Luna* (espanhol).

Simbolismo clássico

Novamente encontramos toda a natureza terrestre em proporção com a celeste — as águas represadas (sentimentos) pela Temperança foram vertidas no rio (despojamento) pela Estrela, terminando por se represarem no lago (inconsciente) ilustrado na Lua — assim, esse arcano inicia seu rico simbolismo por intermédio de um lago (*símbolo de segredos, sentimentos inertes e perigosos*). Nele residem experiências passadas, ideias e sentimentos esquecidos que se atolam no lamaçal profundo das águas (inconsciente). De suas profundezas, surge um lagostim (*símbolo da psique imutável ou ideologias ultrapassadas*), aludindo à vontade de mudar, de ser diferente, de buscar novos paradigmas. Em frente a esse primeiro cenário, encontramos dois animais (cães domesticados ou lobos ferozes?) que parecem uivar para a lua (*símbolo de sentimentos instintivos*), mas que também estão em posição de confronto. Desejaria o lagostim enfrentá-los? Sim, o subconsciente deseja irromper os limites para encontrar o equilíbrio iniciado no arcano antecessor e atingir o autoconhecimento. Ao fundo do quadro aparecem duas torres, inteiras, uma diante da outra — simbolizando o confronto futuro de poderes latentes, orgulhos e vaidades (também seriam desmoronados pela fúria divina?). Por sua vez, no plano celeste, nos deparamos com uma imensa lua brilhante repleta de raios (*símbolo do inconsciente humano*) — nos tarôs clássicos encontramos gotas indo em direção à lua, como se o lago estivesse evaporando (esse ornamento deixa claro que as lembranças do passado se esvanecerão, ocorrendo a transcendência). Eis que surge uma confusão: *seria noite de lua crescente ou dia com eclipse solar?* Não importa. Se for noite ou dia, logo a dúvida se dissipará com o esplendor dos raios solares da prosperidade (arcano sucessor), ou seja, independentemente da crise existencial que essa carta sugere ao conjugar passado e futuro juntos, o resultado da problemática será benéfico em longo prazo, a realidade será conhecida, e ela é maravilhosa! Talvez um autor de romance ou ficção compreendesse melhor esse mundo lunar, rico em possibilidades para se contar uma história ora tenebrosa, ora admirável, ora terrível, ora encantada. Esse escritor sabe que tudo tem começo, meio e fim, que ele, inclusive, é o autor do destino dos personagens centrais, uma espécie de semideus determinando quem segue, quem para. Se o consulente puder olhar por esse prisma, de coautor da própria vida, talvez delineasse um futuro melhor para si mesmo. O arcano 18 (junto com o 12 e o 16) também é um dos mais complexos em análise simbólica e estrutural do tarô; compreendê-lo remeterá a um aprendizado tanto interior quanto sobre a função evolutiva de todos os arcanos.

Analogia

Esse arcano sugere o mergulho no insondável mundo do inconsciente e na rica fartura da vida — a confusão se encontra no universo psicoemocional e não no mundo material; a desordem reside nos aspectos práticos da vida e não no destino. Há muita influência de opiniões de terceiros (amigos, família) que se mescla com os próprios pensamentos, que desejam decidir pelo melhor caminho. Os acontecimentos inesperados (ideias, sentimentos, projetos, situações, pessoas) podem causar certa paralisia e frustração, não deixando espaço para melhor elucidação dos fatos apresentados. A imaginação se confunde com a realidade; depois, o passado se mistura com o presente, revelando um momento delicado de verdades doloridas e repletas de dualidades: amor e ódio, alegria e tristeza, ganho e perda, progresso e obstáculo, vitória e derrota — o problema são as lembranças que povoam os novos caminhos, nos quais a intensidade emocional se torna incontrolável, gerando a incapacidade de uma análise lógica. *Tudo o que se acredita que irá acontecer nesse momento não é verdadeiro*: *é falso!* A realidade é bem diferente do imaginado, todavia maravilhosa. Dizem que é a noite negra da alma; porém, melhor observar como o crepúsculo do alvorecer, o ponto médio entre a noite e a manhã ensolarada — ou seja, uma grande luz no fim do túnel diante dos inúmeros problemas e, jamais, em tempo algum, como um buraco negro sem fim. Encontramos obstáculos sérios apenas nos arcanos do caminho da dor (12 a 16). Agora, analise esta premissa: *a Lua não é um problema, ela é a solução!* A complexa simbologia do arcano 18 revela a imensa capacidade que temos em organizar o caos existente entre a alma e o espírito, a razão e a emoção, o passado e o futuro, colocando rumo ao verdadeiro sentido da vida. Essa carta também diz que, em breve, novos caminhos surgirão, trazendo a felicidade e a prosperidade — essa mensagem não é um conselho, é uma afirmação! Não tenha medo da Lua, ela é mãe, não é madrasta, mas como toda progenitora é corretiva e somente visa o melhor para seu filho! Podemos extrair uma reflexão: *separar o real do imaginário é uma difícil tarefa que resultará na felicidade.*

Sintoma

Força simbólica: transacional, evolucional, centrípeto. A LUA (arcano emissor) tem como *sintoma principal* o SOL (arcano sucessor), que simboliza felicidade, produtividade, glória, regozijo, revelando que a Lua dissipará todas as dúvidas, devaneios e fantasias em relação ao futuro, conhecendo seu verdadeiro potencial, dissolvendo seu carma, purificando o espírito, surgindo uma nova pessoa, uma nova personalidade e novos ideais. O autoconhecimento é parte integrante desse sintoma, em que a consciência reconhece os limites pessoais e os sociais, posicionando claramente o que se pode ou não fazer (18 → 19). Após dez anos em uma empresa, fazendo trabalhos burocráticos, por exemplo, criam-se dúvidas sobre o futuro; assim, depois de alguns meses de crise, a pessoa resolve ter uma nova profissão. Esse abalo psíquico termina por revelar a verdadeira essência, optando por si mesmo, pela paz interior. O *sintoma secundário* é o EREMITA (arcano ressoante), que representa ponderação, sabedoria, tempo, revelando que lentamente a Lua dissolverá as angústias, as lamúrias e os devaneios, além de se reconhecerem conscientemente as próprias limitações, buscando gradativamente o autoconhecimento, mas se afastando do convívio social de forma deliberada (18 → 9). Os dois sintomas vertem para o autoconhecimento; no entanto, no principal, o caminho é de desenvolvimento e, no secundário, é de reclusão. No sintoma secundário, o consulente tentará equacionar o passado, refletindo sobre os próprios erros, mas almejando o isolamento social. Após grandes dificuldades e perdas, por exemplo, a pessoa resolve perdoar e reconstruir uma vida voltada unicamente para si, rica em estudos e pesquisas, mas suspensa de forma consciente no desenvolvimento afetivo ou financeiro.

TAROMANCIA

Núcleo

- *Essência*: autoconhecer, assimilar, discernir, perceber.
- *Definição*: crise existencial, confronto entre o passado e o presente; problemas causados pelo próprio consulente, sendo urgente separar o mundo material do mental e, este, do sentimental, como melhor opção para o progresso; vantagens.
- *Advertência*: ter muito cuidado com a imaginação ou a ansiedade, buscar o máximo de lucidez possível em todas as situações; ponderar, conversar e se aconselhar com todos à volta; ter calma e serenidade a cada passo, a cada decisão.

Atributo básico

- *Material*: prosperidade e crescimento se instalam; abundância e fecundidade nos projetos; oportunidade e popularidade resultam em sorte e benesses; boas notícias ou revelações que trazem equilíbrio; avanço para o sucesso; férias, festas, viagens.
- *Mental*: devaneio, ilusão e confusão que geram hesitações e engano; plano real e imaginário se mesclando; superficialidade ou

falta de clareza nos projetos; expressão eloquente, comunicação imprecisa, fala agitada e possível discussão.

- *Sentimental*: paixão e sedução marcam o período; ciúme e dependência afetiva que geram angústia e desarmonia; inconformismo com a rotina e desejo de ser amado profundamente; sonho e romantismo que causam medo do abandono ou aflição.
- *Espiritual*: premonição e intuição forte; abertura mediúnica, poder mágico, força meditativa e oratória que devem ser usadas em benefício próprio; o plano astral influencia de todas as formas, desde energias negativas até as positivas.

Atributo diverso

- *Negativo/invertido*: dificuldade em realizar projetos; infertilidade, prejuízo, perdas ou obstáculo material; ausência de flexibilidade e acordos, pois há obsessão, ideia fixa ou razão que dificulta o progresso; egoísmo, opressão ou vaidade exacerbada.
- *Obstáculo/oposição*: falta de análise ou observação da própria experiência de vida; benefícios são ofertados, mas não são aceitos por falta de confiança ou de autoestima; falta de prosperidade ou de fertilidade, cuidado com a animosidade.
- *Orientação/conselho*: buscar o autoconhecimento e o equilíbrio interior; evitar o confronto de opiniões, pois será improdutivo; estimular o amor-próprio e a autoestima como solução imediata dos problemas; acreditar em um futuro melhor.

Note e anote

1. Esse é o primeiro arcano do caminho da Evolução (**18** — 19, 20, 21, sem número), o exato momento do nascimento da verdadeira alma. Nada resta ao homem a não ser a individualidade, a reestruturação eterna de um novo ser que coadune consigo mesmo e com o meio ambiente: *assim surge o autoconhecimento*.

2. Os arcanos 6, 10, 12 e 18 têm o plano mental muito similar: dúvida, confusão, devaneio, imaginação, instabilidade, hesitação, escolha, opção; no Enamorado é por duas ou três coisas no âmbito de uma mesma situação, porém estruturadas na vaidade presente; a Roda da Fortuna é por uma única coisa, contudo, alterna-se em valores passados e presentes; o Pendurado é por uma única situação, calcada, entretanto, em algo do passado ou em dificuldade presente; a Lua é por situações diferentes, porém ordenadas na solução de uma vida futura.

3. Os arcanos 6, 15 e 18 têm o mesmo plano sentimental: amor, paixão, desejo ardente. O Enamorado é romântico e nutre o relacionamento em comum (força mental); o Diabo é possessivo e nutre unicamente sua vontade pessoal (força material); a Lua é ciumenta e nutre a força da alma (força sentimental).

4. Esse é o único arcano que faz inúmeras referências diretas a outros — 6, 10, 11, 14, 15, 16, 17. O simbolismo de uma construção egotista já foi observado na Torre; das águas, na Temperança e na Estrela; do sol, no Enamorado; da dualidade animal, na Roda da Fortuna ou do próprio instinto na Força e no Diabo. A diferença na Lua é que as duas torres, os dois animais, o sol e a lua, a água e caranguejo, estão se contrapondo diretamente, parecendo um duelo de forças — não há alternância como nos outros arcanos; então, tudo indica o balanço da vida, uma crise existencial, a busca de uma solução importante (e, claro, isso gera conflitos). O arcano 18 é o mais importante dos arcanos maiores, pois revela o momento em que nos perguntamos: *Quem sou, o que desejo, em quem confiar, o que fazer?* Na Estrela entendem-se os limites sociais, mas na Lua encontram-se os limites pessoais. Se na Morte havia o prenúncio da prosperidade, aqui temos o aviso do progresso e da evolução.

5. Já ouvi alguns tarólogos/tarotistas brasileiros se reportarem a esse arcano como a figura de uma lua minguante — está errado. As imagens do tarô são todas estruturadas na cultura do hemisfério norte, na qual a representação da lua crescente é similar à da minguante no hemisfério sul. Por isso se explica o equívoco abaixo do equador — a lua figura suas fases no céu do hemisfério sul ao contrário de como é visualizada no céu do hemisfério norte. Cuidado.

SOL

ARCANO 19

TAROLOGIA

Ornamento comum

- Sol radiante e esplendoroso.
- Casal de jovens seminus, felizes.
- Muro baixo.

Signo

Sol — por excelência é o astro rei, a fonte cósmica de luz, de calor, de vida; evoca a natureza iluminada, bela e exuberante com seus matizes e arrebóis; impossível não se reportar a todo simbolismo solar: arte, música, felicidade, expansão, verdade, consciência, satisfação, saúde, vitalidade, liberdade, felicidade. Será que alguém não o considera vida ou alegria? Não, ninguém, em cultura ou época alguma. O sol já foi representação divina para a humanidade (ou ainda o é!). Não há variação em língua portuguesa. Denominação em outros idiomas: *Sun* (inglês), *Soleil* (francês), *Sonne* (alemão), *Sole* (italiano), *Sol* (espanhol).

Simbolismo clássico

O grande sol figurado no plano celeste (*símbolo divino de imortalidade e ressurreição; a emanação da vontade de Deus*) está resplandecendo seus raios (*símbolo de influências espirituais; profecia, iluminação, proteção*) e preenchendo de luz todos os espaços vazios e sombrios, clareando o mundo natural e humano — a luminosidade solar introduz a exata dimensão de si mesmo e a visão completa do horizonte, isso conduz à verdade absoluta e ao caminho verdadeiro. Olhando por esse viés, todo tipo de vida necessita da luz solar para sobreviver com saúde e vigor. Ela ilumina e aquece, gerando bem-estar e alegria entre os humanos. Esse conceito também é absolutamente necessário para as artes plásticas, pois sem ela somente haveria escuridão, não apreciaríamos beleza alguma, tampouco cor ou brilho. Em suma: uma pintura sem o efeito da luz é um borrão de pinceladas negras. Pela primeira vez o símbolo do sol é representado radiante e único no centro da carta (verdade, solução); pois, no arcano 6, ele está oculto pelo cupido (paixão, vaidade); no 16, por nuvens e raio (dor, sofrimento); no 18, pela lua (imaginação, inconsciente) — ou seja, a verdade (sol) ainda não era clara e totalmente conhecida, havia sempre certa obscuridade nas situações. Os limites da vida são representados pelo muro baixo (*símbolo de propriedade, divisão e proporção*) em meio ao jardim florido (*símbolo de felicidade ou paraíso divino*). Nesse conjunto (sol, muro, jardim) observamos, pela primeira vez, duas pessoas seminuas (*símbolo de simbiose social, autoconfiança*) em abraços recíprocos (*símbolo de união verdadeira e feliz*). Note que nos outros arcanos (6, 15 e 16) os personagens não se abraçam nem se tocam de forma fraternal e mútua, pois estavam impregnados pelo conflito, egoísmo ou sofrimento. Nessa carta, eles renascem radiantes e luminosos, seus espíritos estão vivos e jovens novamente, podendo recuperar a dignidade pessoal e entender os limites da vida e o respeito ao próximo. Para coroar, encontramos nos tarôs clássicos gotas que caem do sol, uma espécie de orvalho (*símbolo de bençõ̃es divinas*) que nutre a vida e refresca o jardim celestial no qual estão os jovens. Se no arcano 18 a água do lago (relativa ao passado) se evaporou, dissolvendo todos os problemas, aqui, ela retorna orvalhada e purificada pela energia solar. Em resumo: o passado se tornou experiência e retomamos as alegrias, a ideia da felicidade é plena e tudo é pura harmonia!

Analogia

Esse arcano sugere satisfação em todos os níveis, crescimento interior e exterior; tudo se realiza com total prosperidade material. Revela a união verdadeira, seja afetiva ou profissional; simboliza a máxima do amor sincero, seguro e estável. Anuncia a vitória, o êxito, o triunfo ou a legalização de qualquer fato. Esse é um dos raros momentos em que não se questiona nada, tudo se desenvolve como o esperado — há uma verdadeira simbiose entre o destino e o livre-arbítrio. Traduz consciência clara, pensamentos concisos, planejamento correto, expressão honesta, honra e caráter. É necessário apenas ter cautela com o excesso de expectativas, mas quem não o tem em um momento tão maravilhoso? Todos nós. Afinal, é melhor ser otimista do que pessimista! Esse arcano revela o saber do espírito em harmonia com a própria alma, todos os limites foram assimilados. Muitos arcanos têm força realizadora no tarô, contudo, o Sol atribui uma continuidade do sucesso, a força da prosperidade e a manutenção da felicidade. Os sintomas e atributos esclarecem que o arcano 19 realizará seus objetivos com primor e felicidade, atingirá todos os desejos de forma plena, real, digna e, principalmente, com a segurança pessoal e anuência social. O que mais poderíamos dizer quando tudo está arrebatador? Cuidado com a busca eterna da perfeição! Podemos extrair uma reflexão: *quando há consciência dos limites, tudo se realiza a contento.*

Sintoma

Força simbólica: realizador, aberto, conclusivo. O Sol (arcano emissor) tem como *sintoma principal* o Julgamento (arcano sucessor), que simboliza transcendência, novidade, futuro, revelando realizações e oportunidades além do desejado, planejado ou esperado; igualmente, surgirá um novo conceito de vida e mais um degrau de evolução pessoal se esboçará. Esse sintoma está além de qualquer palavra da bem-aventurança, pois apresentará rumos maravilhosos ofertados pelo próprio destino (19 → 20). Como naqueles momentos em que nos esforçamos para conseguir algo muito importante e o resultado foi além da expectativa. Isso ocorre, por exemplo, quando somos contratados por uma empresa para ocupar uma função comum e terminamos por galgar uma carreira promissora. O *sintoma secundário* é o MAGO (arcano ressoante), que representa novos caminhos, revelando que o Sol continuará sua jornada evolutiva com novas oportunidades, crescimento, desenvolvimento. Nesse sintoma, porém, residirá a vontade pessoal e a retomada a qualquer momento para os planos iniciais; de qualquer modo, a tendência também é promissora à medida que novos rumos se estabelecem (19 → 1). Assemelha-se àqueles momentos em que ao atingirmos nossos objetivos mais importantes novas opções são oferecidas, outros caminhos se abrem, mas tudo continuará perfeito e evolutivo. É similar ao arcano 3, no qual ambos os sintomas garantem eficaz controle e conclusão satisfatória.

TAROMANCIA

Núcleo

- *Essência*: realizar, desfrutar, regozijar, progredir.
- *Definição*: resultados desejados, prazer, alegria, felicidade; período de sorte em que todos os projetos são possíveis de realização e sucesso; encontros amistosos e acordos afortunados; proteção e ajuda na abertura de caminhos; luz e verdade.
- *Advertência*: não mudar nada, tudo está correto e perfeito, continue com os projetos ou a ação; serenidade é o caminho do

sucesso, pois, nesse momento, a busca da perfeição poderá atrasar algo que já se encontra com esmero e beleza.

Atributo básico

- *Material*: êxito, sucesso e realização próspera; promoção, lucros ou ganhos inesperados; progresso contínuo além do imaginado; união e sociedade perfeita; equilíbrio em todos os planos concretos ou nas finanças; tudo é favorável, sorte.
- *Mental*: consciência e clareza que ajudam em um planejamento estruturado; objetividade e confiança no presente; inteligência aguçada e certeza dos objetivos; novos estudos; expressão harmoniosa, comunicação verdadeira e fala dócil.
- *Sentimental*: alegria, cordialidade, afeto e carisma refletem o momento; altruísmo, magnanimidade, harmonia e cumplicidade nas relações; satisfação e entusiasmo na busca do amor (solteiros); amor profundo e encontro da felicidade (casados).
- *Espiritual*: evolução e iluminação trazem compreensão e organização do caos; fé verdadeira e espiritualidade incondicional que abrem todos os caminhos; poder astral de cura e revitalização; forte mediunidade, intuição e canalização.

Atributo diverso

- *Negativo/invertido*: ilusão, engodo e infelicidade permeiam a situação; adiamento, prejuízo ou obstáculo de difícil solução; período de má sorte e inúmeros reveses; falsas promessas, solidão e angústia acenam para breve; desamor, negativismo.
- *Obstáculo/oposição*: falta de clareza do que se pretende; dificuldades que se repetem ou se alternam com o sucesso; falta de otimismo e crença no futuro; cuidado com blefes ou negligência nos relacionamentos, contratos e acordos.
- *Orientação/conselho*: ser mais otimista e se harmonizar com o meio ambiente, evitar a reclusão, o negativismo ou o medo de

se relacionar; aceitar a ajuda dos outros, não ser autossuficiente, nem autoritário; acreditar em um futuro melhor, ter fé.

Note e anote

1. Na estrutura global dos arcanos, podemos notar que há uma tendência à polarização no contexto da carta, além das oposições entre os arcanos (Estrutura Binária, página 139, volume 1). Encontramos dois pilares em diversos arcanos (2, 5, 8, 12), duas insígnias de poder: coroa e cetro (3, 4, 5, 7, 10), dois pratos (8), dois animais (7, 10, 18), duas jarras (14, 17, 18), macho e fêmea (6, 15, 19), o sol em conjunto com outro símbolo (6, 18, 20). Aqui, pela primeira vez, todos os opostos se harmonizam: interior-exterior, macho-fêmea, alma-corpo, espírito-carne, ocasionando a iluminação espiritual. E, se nas duas cartas anteriores (17, 18) o símbolo da noite ainda se pronunciava, trazendo certo obscurecimento e incerteza, nessa carta (19), encontramos a luz vibrante do amor a todos! Viva o rei sol!

JULGAMENTO

ARCANO 20

TAROLOGIA

Ornamento comum

- Anjo no céu tocando trombeta.
- Seres humanos nus rezando.
- Lápides e cemitério.

Signo

Julgamento — também não expressa corretamente a imagem do arcano, talvez o signo *evolução, ressurreição* ou *transcendência* fosse mais adequado; contudo, é difícil encontrar um nome que satisfaça plenamente a imagética. O nome tradicional da carta evoca o sentido de audiência, exame, interrogatório, provas, inspeção, análise. Todas as palavras revelam que haverá apreciação de alguma situação antiga, na qual, posteriormente, será proferida uma sentença importante por um árbitro, juiz, mentor, guru, sacerdote, pai, mãe, filho, amigo — a finalidade e o objetivo de um julgamento são a ordem, a correção, o retorno ao equilíbrio. Talvez esse signo fosse mais bem atribuído ao arcano 8 (Justiça), uma vez que deveríamos aproximar o nome da carta à sua imagem arquetípica. Variações em língua portuguesa: Nova Era, Libertação. Denominação em outros idiomas: *Judgment* (inglês), *Jugement* (francês), *Gericht* (alemão), *Giudizio* (italiano), *Juicio* (espanhol).

Simbolismo clássico

Um anjo (*símbolo de ligação entre os planos espiritual e material*) está tocando a trombeta (*símbolo da anunciação divina e do destino*) através de nuvens brancas e luminosas (*símbolo da porta celestial*), sugerindo que há luz solar (*símbolo da felicidade*) além da figura sublime. Pelo fato de haver uma bandeira (*símbolo de uma nação, tribo, região*) pendurada no instrumento musical, alguns associam a figura divina ao arcanjo Miguel em sua missão de anunciar um novo tempo. Ele não desce ao solo como o anjo de duas asas retratado no arcano 14, que está na missão iminente em proteger o presente, pois, aqui, invoca outra dimensão: o futuro. Em dois momentos na estrutura do tarô fica clara a existência de símbolos sonoros que se referem à divindade — o primeiro é a fúria do *raio* destruindo o topo da torre e, o segundo, o sopro do *clarim* tocado pelo representante celestial. Se no arcano 16 o som é temeroso e dolorido aos ouvidos, no arcano 20, ele é gracioso e belo à audição. No Julgamento, a música consegue elaborar a união mística, o encontro incondicional com o eu interior, ela clama aos homens que olhem para cima ou se prostrem diante do destino (agora) benéfico. Em todas as cartas anteriores, quando havia seres humanos retratados junto ao plano celeste (6, 16, 17, 19), eles estavam sempre ocultos ou de costas para o mundo superior; agora, estão diante da luminosidade espiritual que a tudo permeia. Os seres humanos — aqui representados pela família ou comunidade — estão nus (sem máscaras ou ilusões) e rezando, simbolicamente indicando resignação, obediência e expectativa de uma ordem superior. No arcano 5 observamos dois discípulos de costas aos pés do sacerdote, olhando fixamente para o representante divino (um ser humano); aqui, encontramos três pessoas diante de um arcanjo de forças incomensuráveis (um ser celestial) — não mais se solicitam conselhos (Sacerdote), comunga-se com o destino (Julgamento). A lápide (*símbolo de expiação*) está aberta e exposta para que todos vejam a realização, a obra, os caminhos (certos ou errados); também poderia simbolizar a ressurreição (o surgimento de uma nova vida), visto que um dos seres se levanta do sepulcro em direção ao arcanjo. Tudo alude que não há mais planos a serem traçados; portanto, deve-se sintonizar com o destino e esperar outra proposta de vida. Sentir a vitalidade de uma nova etapa é um exercício constante e diário para o nosso desenvolvimento, observar e aceitar as opções oferecidas pelo destino é uma sabedoria adquirida e não uma cultura social imposta.

Analogia

Muitos dizem que esse arcano é um chamado de Deus, uma espécie de arrebatamento, por isso é quase incognoscível. Quem poderia conhecer os mistérios divinos a não ser Ele próprio? O máximo que podemos analisar diante desse simbolismo seria que sugere o renascimento, o despertar de uma nova vida (nunca antes imaginada), na qual tudo estará além da compreensão humana e nada acontecerá como planejado; embora seja tudo diferente, os acontecimentos serão aceitáveis e inovadores. Dessa maneira, longe de ser o fim da felicidade esperada, o arcano 20 revela o começo de uma fase inovadora, um futuro diferente, sem qualquer elo com o presente ou o passado. Observe que se o conceito principal é o despertar para uma nova era, significa transcender tempo e espaço; então, dificilmente conseguiremos entender a lógica dos acontecimentos ou explicar o que (realmente) poderia ocorrer com o consulente. Ao enfatizarmos o "novo", frisamos que nada ainda está consciente; mas podemos sugerir que o Julgamento traduz um progresso na vida, um desenvolvimento por outro caminho, no qual nada nem ninguém será como antes no meio ambiente. Seguramente surgirão novas promessas, trazendo surpresas, revelações espantosas (e positivas) e mudanças radicais (benéficas) na vida. Certamente, também representa o fim da dor, do padecimento, da desgraça — *transcendência* é palavra-chave! Podemos esperar: tudo se renova, tudo evolui, tudo passa, nada restará. Apenas um conselho: *Deus escreve direito por linhas tortas*. Podemos extrair uma reflexão: *aceitar o destino é aceitar o futuro, renegá-lo é viver no passado*.

Sintoma

Força simbólica: evolucional, dinâmico, aberto, cármico. O JULGAMENTO (arcano emissor) tem como *sintoma principal* o MUNDO (arcano sucessor), que simboliza conclusão, término, expansão, revelando que as transformações ocorridas no Julgamento caminharão para a aceitação de mais uma etapa de vida, fechando outro ciclo de realizações, surgindo nova consciência e um ser repleto de experiência (20 → 21). Como nos momentos de nossas vidas quando decidimos por alguma coisa e terminamos com outra totalmente diferente, sem dor, sem problemas, apenas aceitando o inusitado e reconstruindo a nossa vida; às vezes, resolvemos nos casar para depois ter os filhos e eis que eles aparecem antes do casamento, mudando todos os planos sociais e profissionais! O *sintoma secundário* é a SACERDOTISA (arcano ressoante), que representa reflexão, passividade, retenção, revelando que as mudanças surgidas no Julgamento serão pensadas e analisadas por muito tempo sem conclusão prática dos fatos novos, tudo fica em suspenso apesar de ocorrerem as transformações, carregando o peso da situação inusitada como algo incompreensível; porém, sem dor ou sofrimento (20 → 2). Assemelha-se àqueles momentos em que uma empresa vai à falência e algum empregado não consegue aceitar tal fato; assim, durante muito tempo lamenta o ocorrido, sem perceber que está em outro trabalho com possibilidades de prosperar.

TAROMANCIA

Núcleo

- *Essência*: transcender, desvelar, regenerar, curar.
- *Definição*: renascimento, mudanças inesperadas, o destino abre portas benéficas; a conduta deve ser a mais correta possível para se atingir o êxito, mesmo que por caminhos inusitados; todos os obstáculos e problemas serão solucionados.
- *Advertência*: aceitar as mudanças que se apresentam, o destino acena com positividade; ser flexível e buscar a reciprocidade; comungar com o novo, deixando o passado de lado; abrir os braços para o futuro, não pensar no passado.

Atributo básico

- *Material*: novidade, surpresa e mudança abrem caminhos para uma nova era; proposta inusitada que surgirá em breve, inovação, melhoria; desenvolvimento, promoção e oferta não planejada; descoberta de uma nova vida; cura, solução.
- *Mental*: criatividade, ponderação do futuro, descoberta de novas habilidades; intelectualidade e meticulosidade marcam as ideias; perspectiva e planejamento renovados; expressão metódica, comunicação crítica, mas construtiva; fala sucinta.
- *Sentimental*: renovação do afeto e da libido; perdão, transcendência, reabilitação do amor; disposição, vontade e novos sentimentos positivos que emergem após período turbulento ou sem perspectiva de retomar a vida afetiva; autocura, paz.
- *Espiritual*: compreensão dos desígnios divinos; iluminação e fé marcam um novo período de crenças; libertação de dogmas e doutrinas ultrapassadas; experiência oracular, visão ou percepção profética; contato com seres espirituais, mediunidade.

Atributo diverso

- *Negativo/invertido*: oposição do destino, nada se resolverá; dúvida, adiamento, insucesso ou infelicidade nas realizações; dificuldade em encontrar ajuda correta; azar, desproteção, inimigos fortes, inveja; falsidade, fofoca e ilusão com amigos.
- *Obstáculo/oposição*: falta de oportunidade, de sorte ou ajuda de terceiros; falha de imaginação e criatividade; ausência de fé e de esperança no futuro; cuidado com o pessimismo, pois atrapalhará o desenvolvimento; falta de experiência ou atenção.
- *Orientação/conselho*: perdoar, transcender e seguir adiante é o melhor caminho para a paz interior; reavaliar as atitudes, ser flexível e compreender os obstáculos; chegou o momento de renovar os objetivos, de ter esperanças em uma nova vida.

Note e anote

1. Esse é o último arcano cármico do tarô (8, 10, 14, 16 — 20): *a lei do destino*. Os arcanos 16 e 20 geram mudanças irreversíveis, transformações e metamorfoses. A diferença é que o primeiro gera dor e sofrimento por não aceitar a modificação dos planos ou da vida e o segundo provoca espanto, surpresa ou nostalgia pela alteração inusitada, mas nunca haverá dor ou sofrimento. Também ambos são condicionados por forças divinas: na Torre, a interferência ocorre por culpa do mundo humano, desvirtuava-se dos compromissos cármicos em desenvolvimento; no Julgamento, a interferência surge como um novo ciclo cármico em que o mundo humano não tem participação ou arbítrio, pois é necessário trilhar novos caminhos.

2. Os arcanos 1 e 20 têm algo em comum no atributo geral: inovação, início, novas formulações e propostas inusitadas. O Mago é a novidade que se almeja, a ideia nova que aspira realizar, *busca-se*

um projeto de vida (livre-arbítrio); já o Julgamento é a novidade nunca imaginada, o inusitado que traz um novo projeto de vida (destino). Outra diferença é que na descoberta do Mago haverá dificuldade de realização, e no Julgamento a conclusão é quase imediata.

3. Os arcanos 13 e 20 têm plano mental similar: discernimento, análise, crítica; a Morte tem força inquiridora e o Julgamento, transcendente. O arcano 13 aponta os erros alheios e os desqualifica; o arcano 20 argumenta e os qualifica. O arcano 13 é a mudança por vontade própria; o Julgamento é a vontade do destino!

MUNDO

ARCANO 21

TAROLOGIA

Ornamento comum

- Mulher seminua dançando.
- Segura um bastão em cada mão.
- Encontra-se inserida em uma mandorla.
- Quatro animais querubínicos.

Signo

Mundo — nominação que também não revela total associação com a imagética indicada; porém, essa palavra evoca tudo o que existe na Terra, no universo, a totalidade das coisas que pertencem a um mesmo domínio, a uma mesma classe, o conjunto de uma vida, o resumo de uma existência. Não há variação em língua portuguesa. Denominação em outros idiomas: *World* (inglês), *Monde* (francês), *Welt* (alemão), *Mondo* (italiano), *Mundo* (espanhol).

Simbolismo clássico

O símbolo da mulher (*procriação, reflexão, intuição, energia yin*) analisado nos arcanos anteriores, bem como o símbolo de nudez (*pureza, autoestima, Beleza*), atinge nova direção simbólica, resumindo harmonia com o meio ambiente. A imagem feminina está dançando (*símbolo de movimento harmônico*) segurando dois bastões — iguais ao do Mago, portanto, magnetiza o poder espiritual —, simbolizando intensa atividade controlada e direcionada. A dança (*símbolo da criação, do êxtase*) nasceu como uma arte sagrada que une corpo, pensamento, emoção e espírito para adorar o divino, sendo por seu ritmo que o homem se lança ao transe ou à devoção espiritual; considerada uma das artes mais sublimes, não mero acaso, se encontra no último arcano maior numerado. As pernas da jovem parecem formar o número 4 já observado em outros arcanos — se no Imperador representa o domínio sobre a matéria (governante) e no Pendurado, a total perda de poder (vassalo); no Mundo (dançarina) simboliza flexibilidade e controle sobre o próprio universo material. Há somente quatro arcanos principais com figuras humanas que sugerem movimento físico *voluntário* e cada qual com um modo em particular: Carro (direcionado pelo rei), Eremita (caminha lentamente), Mundo (dança de forma harmônica) e Louco (anda acelerado). A imagem feminina se encontra no centro de uma mandorla ou *vesica piscis* (*símbolo de glória e apoteose*), resultado geométrico da intersecção de dois círculos (*símbolo do macrocosmo, do infinito, da felicidade suprema*), compondo a ideia de um ovo ou uma semente (*símbolos de criação e vida*). Esse conjunto simbólico alude ao total êxito e felicidade, simples assim. Para completar o quadro-arcano, ainda encontramos, além da mandorla, o simbolismo dos quatro animais querubínicos (ou evangelistas ou, igualmente, os quatro elementos) que protegem a situação. No Mago (*primeiro* arcano principal numerado), os quatros elementos (moeda, faca, taça, bastão) estavam limitados ao quadrado da mesa, retratando que pertenciam ao microcosmo e ainda se encontravam em formação. No Mundo (*último* arcano principal numerado), os quatro elementos (touro, anjo, águia, leão) estão fora da mandorla, representando que pertencem ao macrocosmo e tudo foi realizado, denotando o término natural de tudo — o que *voa* está em cima (anjo/Ar e águia/Água) e o que *anda* está embaixo (touro/Terra e leão/Fogo): o equilíbrio entre o céu e a terra, o espiritual e o material, o inconsciente e o consciente, simbolizando que tudo está em seu devido lugar, transcendendo e dissipando os desejos realizados. Sabe-se que nunca se deve parar com os planejamentos e que a vida é um eterno aprendizado, por isso devemos ter uma postura progressista e evolucional. Tudo foi consumado.

Analogia

Esse arcano sugere a conclusão natural de tudo, o término programado de um objetivo, a realização efetiva dos planejamentos, a busca da perfeição da vida. Revela capacidade incomum para evolução dos fatos rumo ao progresso da vida, acrescido de sorte e de recompensas. Pode-se garantir que seja um período de realizações em que todos os planos atingem a meta final, sendo acompanhados de mudanças prósperas, pois as possibilidades idealizadas outrora foram atingidas e esgotadas, só restando continuidade ou renovação por outros caminhos. O plano mental e emocional estão em perfeito equilíbrio não restando qualquer forma negativa ou confusa; a personalidade está integrada com o meio ambiente e o plano social, com o novo indivíduo. Se a situação do consulente estiver complexa ou se a visão/ideia dos acontecimentos for temerosa, deve-se incentivar a positividade, pois não há o que recear — autoconfiança e esperança devem estar presentes em um período tão peculiar e realizador. Aproveitar o tempo e consagrar o momento precisam ser igualmente aplicados para o sucesso tão eminente! Essas qualidades garantem o retorno absoluto do livre-arbítrio no qual nenhuma ação cármica, divina ou humana estará se opondo aos novos rumos que acenam gloriosamente.

Sintoma

Força simbólica: realizador, evolucional, dinâmico, conclusivo. O MUNDO (arcano emissor) tem como *sintoma principal* o LOUCO (arcano sucessor), que significa ousadia, evolução, dispersão, revelando que após atingir os objetivos haverá o desejo de elaborar outros planos, buscar um novo tempo, uma nova era repleta de intenso livre-arbítrio, mas sem objetivos definidos, pois o próprio tempo apontará o caminho futuro (21 → sem número). Como aqueles períodos em nossas vidas quando após muito tempo carregados de responsabilidades, seja afetiva ou profissional, ou depois de um grande período de lutas e conquistas, necessitamos nos ocupar do nada, buscar o lazer e o prazer, a despreocupação e o relaxamento ou as férias bem merecidas. O *sintoma secundário* é a IMPERATRIZ (arcano ressoante), que simboliza preservação, crescimento, dedução, sugerindo que a realização estará em evolução, atingindo novas metas, galgando novos patamares, buscando realizar ainda mais tudo o que estiver ao dispor (21 → 3). Após tantos anos de estudo para adquirir um diploma universitário, por exemplo, deveríamos partir para o mercado de trabalho; contudo, pensa-se em fazer um mestrado, aprimorando ainda mais a capacidade profissional. Os sintomas e símbolos do arcano 21 estabelecem o fim natural de qualquer situação, seja ela a conquista desejada ou a necessidade de se terminar algo; contudo, sem problemas ou dores, sendo tudo perfeito e evolutivo. A amplitude simbólica ocupa um raro lugar na estrutura do tarô, denotando a realização plena do livre-arbítrio, mas sedimentada nos limites pessoais e sociais. Podemos extrair uma reflexão: *tudo na vida tem começo, meio e fim, seja a tristeza ou a alegria.*

TAROMANCIA

Núcleo

- *Essência:* sintetizar, cumprir, facilitar, saciar.
- *Definição*: êxito e plenitude se encontram na trajetória das ações; obstáculos se dissolvem e tudo se realiza a contento; progresso além do esperado, momento de mudanças; controle sobre todos os problemas com vantagens e solução positiva.
- *Advertência*: continuar com as metas e planos pré-estabelecidos; não mudar ou adiar nada, seguir em frente com esperança; não se subjugar aos caprichos alheios; a autoconfiança e o amor-próprio devem dominar todas as ações e alterações.

Atributo básico

- *Material*: conclusão com êxito final; sucesso e abertura de vida para todas as ações; crescimento e desenvolvimento além do esperado; acordo bem elaborado, lucro, escambo, triunfo; segurança em longo prazo, resultados satisfatórios.
- *Mental*: idealização e criatividade; análise construtiva com questionamentos do presente ou ponderações do passado; surgimento de novos planos e perspectivas positivas; expressão dinâmica, comunicação autêntica, fala objetiva e bem direta.
- *Sentimental*: sinceridade e afeição rumam para a felicidade; autoestima, amor-próprio; honestidade e integridade afetiva; amor ou admiração profunda, mas sem dependência; pouco romantismo, autossuficiência e tendência ao narcisismo.
- *Espiritual*: percepção extrassensorial ou forte mediunidade; meditação ou oração como fonte de evolução e iluminação; canalização com plano astral, boa intuição e telecinesia; proteção contra formas-pensamentos negativas, magia e feitiçaria.

Atributo diverso

- *Negativo/invertido*: desatenção e negligência apontam fracasso, humilhação ou insucesso inevitável; incapacidade e desânimo em administrar obstáculos; dano, prejuízo ou perda irreparável; autocomiseração, autodestruição, autofobia.
- *Obstáculo/oposição*: falta de atenção ou descuido com o planejamento inicial ou com o acordo efetuado; obstáculos causados por falsos amigos ou pessoas invejosas, mas que podem ser superados com perseverança e autoconfiança.
- *Orientação/conselho*: momento de investir na própria independência (seja material ou emocional); valorizar os próprios desejos ou realizar os objetivos sem se importar com os outros; ter mais ambição, mais lazer e mais foco na vida pessoal.

Note e anote

1. Seria o arcano Sol (19) o fim da jornada arquetípica iniciada no Mago (1), que conseguiu atravessar o enigma da Roda da Fortuna (10)? Será que poderíamos elucubrar 1 + 9 = 1 + 0 = 1 e vice-versa? Sendo, então, o Julgamento (20) renascimento ou a inovação na realização final? As três últimas cartas do caminho da Evolução (19, 20, 21) seriam etapas progressivas de uma mesma situação? Se o Sol fosse realmente o término, então, o Julgamento e o Mundo seriam fases ainda mais avançadas, novos ciclos e rumos que se abrem além do imaginado. Aqui fica uma reflexão: já que se escreveu a própria literatura da vida (18), se deleitou com as artes da Beleza (19) e se ouviu a música do destino (20), então, aproveite para dançar ao ritmo cósmico (21)! Bem, independente dessa elucubração, um fato é inegável, os três últimos arcanos são sinônimos de prosperidade, transmutação, expansão. Verdade verdadeira!

2. Os arcanos 4, 5, 7, 11, 15, 19 e 21 realizam com eficácia tudo o que desejam, o plano material é forte e o sucesso é garantido em todos

eles. No entanto, há pequenas variações no resultado. O *Imperador* obtém o sucesso sob qualquer condição (legais ou não), não se sente satisfeito, mas manterá tudo controlado; o *Sacerdote* consegue concluir somente por intermédio de situações absolutamente morais e se sentirá agraciado; o *Carro* adquire o êxito pelos próprios esforços e continuará investindo em seus objetivos (certos ou errados), não se importando muito com a estabilidade eterna; a *Força* finaliza precisamente o que almeja e tentará manter tudo exatamente como conseguiu, mas a tensão será sempre a tônica; o *Diabo* adquire tudo o que deseja, mas a suposta e almejada felicidade nunca chegará, partindo para outras conquistas (tudo é pouco); o *Sol* atinge o planejamento de forma primorosa e continuará prosperando com alegria e satisfação no âmbito da mesma situação; o *Mundo* alcança tudo com todas as garantias de êxito e felicidade, contudo, mantém uma visão progressista, continuando a investir no futuro sob outras condições positivas.

3. Os arcanos 13, 16, 20 e 21 têm os mesmos atributos básicos: término, ruptura, mudança, rompimento, conclusão — a diferença está no fato de os arcanos 16 e 20 conterem fatores de interferência espiritual, social e externa. A *Torre* gera dor pela recusa e incompreensão da perda; o *Julgamento* revela a surpresa e aceitação dos fatos. Já os atributos dos arcanos 13 e 21 determinam ser totalmente executados pelo livre-arbítrio, pelo consulente. A *Morte* gera o sofrimento pela tentativa em recuperar o tempo perdido em alguma situação fracassada; o *Mundo* projeta a felicidade por entender que a vida é cíclica e contínua.

TRANSFORMAÇÕES		
Eu realizo	Alguém realiza	Ação-reação
Morte (13)	Torre (16)	Dor e agressividade
Mundo (21)	Julgamento (20)	Paz e superação

LOUCO

ARCANO SEM NÚMERO

TAROLOGIA

Ornamento comum

- Homem com andar rápido.
- Roupas de bufão e chapéu.
- Trouxa nos ombros e cajado na mão.
- Animal doméstico rasgando sua calça.

Signo

Louco — evoca uma condição peculiar que remete tanto à coragem quanto à imaturidade; essa nominação indica o que está fora de si, sendo contrário ao bom-senso; sugere excentricidade nos hábitos, imprudência, alienação de pensamentos ou de atitudes; alguém dominado pela paixão intensa e irrefletida; também, demência, travessura, força incomum. Variações em língua portuguesa: Bobo, Palhaço. Denominação em outros idiomas: *Fool* (inglês), *Fou* (francês), *Narr* (alemão), *Matto* (italiano), *Loco* (espanhol).

Simbolismo clássico

Encontramos um jovem (*símbolo já observado no Mago como inventividade, destreza, intrepidez, coragem*) com vestes de bufão (*símbolo de fanfarrice, ridículo, indelicadeza, segregação social e inadaptabilidade*), vestindo um chapéu (*símbolo de inteligência*), sendo mordido por um animal doméstico (*símbolo de comunidade social e instinto de sobrevivência*). Relativizando a roupagem bufarinheira com as vestes da realeza e dos vassalos ilustradas nos tarôs clássicos, encontramos o verdadeiro significado desse personagem. O bufão não pertence ao contexto social diário, faz unicamente parte de um momento de lazer e abotoado ao sarcasmo típico de seu ofício. A ele é permitido se apresentar no salão do palácio para entreter e debochar sobre as verdades inconfessáveis dos convivas; contudo, não lhe é consentido sair desse contexto sob a pena de ser ridicularizado pela ordem pública. *E aqui vale uma reflexão*: não estamos nos reportando ao *louco* com patologia de um débil mental, mas ao sentido da irreverência e do extraordinário. Por outro lado, a imagem de um arlequim, de um palhaço ou de um andarilho jamais conseguiria atingir a magnitude arquetípica de um *bobo da corte*. Não se esqueça: o bufão era uma profissão mambembe ou outorgada pela corte. Reveja o significado de roupagem/nudez estudado no arcano Estrela. Esse ornamento (jovem/cão) sugere que a sociedade está tentando lhe chamar a atenção para os atos anticonvencionais, a falta de decoro ou desatenção por seus compromissos. A coletividade necessita de uma vítima para imolar a parte de si mesma que a incomoda, não permitindo que ninguém ouse romper as estruturas vigentes. A revolução dos padrões sociais incomoda ao mais liberal dos seres, pois ninguém está preparado para indesejáveis mudanças de paradigmas. Pela primeira vez uma figura do tarô é ornamentada a passos largos (*símbolo de velocidade direcionada pela própria vontade e livre-arbítrio*), sugerindo que tem presta em chegar ou se dirigir a algum lugar. O bufão segura uma pequena trouxa (*símbolo de experiência e desprendimento*) apoiada nos ombros (*símbolo de resistência e força passiva*), indicando possuir aquilo que lhe é útil e, não importando se é pouco, pois é o que basta para sobreviver. Também segura um cajado (*símbolo de espiritualidade,* já visto no Eremita), mas que por estar ornamentado atrás de seu pé significa displicência na trajetória, não se importando com a prudência. No arcano Mundo vislumbramos novos horizontes, mas essa carta indica que andamos efetivamente por um caminho de possibilidades ilimitadas; porém, sem observar os rumos tomados ou as diretrizes estabelecidas.

Analogia

Esse arcano sugere tudo ou nada, pois sua ousadia está além da compreensão racional. Revela que não há limites em sua busca, mas o que ele busca? Não se sabe, pois somente uma força interior e instintiva o está movendo para outra direção, também desconhecida. Temos um momento peculiar do ser humano e de seu destino: livre-arbítrio ou carma? Nem um, nem outro — traduz o momento mais livre da vida, tanto sob a ótica da vontade pessoal quanto do destino, cuja liberdade atingida é tão incomensurável que tangencia o caos. Porém, a falta de uma consciência absoluta desse precioso aspecto produz desordem mental, extravagância material, imaturidade emocional, insensatez social, imprudência espiritual. É importante observar que embora o momento e a situação se encontrem dispersos e à deriva, evocam o período mais poderoso da vida, no qual a única forma de realizar alguma coisa produtiva é com planejamento, objetivo e direção; infelizmente esse não é o forte dessa situação. Esse arcano ousa, inventa, avança, e, não importando as consequências, procura o próprio caminho sem saber qual será, buscando sua revolução pessoal quando lhe for conveniente. Brevemente ele personificará os atributos do arcano 1, iniciando nova jornada, fazendo o eterno ciclo da vida humana: buscar, buscar, buscar, até atingir o arcano 21, quando fechará mais um ciclo e, assim, por todo o sempre. Esse arcano não é o número *zero*, tampouco o número *22*, não é o primeiro ou o último arcano — ele é o caos a ser ordenado, o vácuo a ser preenchido, o elo entre o final e o início de um ciclo de vida, um eterno moto-contínuo. Podemos extrair uma reflexão: *nada fazendo, tudo acontece* (diz um ditado Zen).

Sintoma

Força simbólica: evolucional, dinâmico. O Louco (arcano emissor) tem como *principal e único sintoma* o Mago (arcano sucessor — início, vontade, consciente), revelando que a desordem encontrará uma solução bem definida, uma nova proposta de vida consciente, um novo trabalho para se ocupar; a definição no caos instalado possibilitará o entendimento da força maior que o movimentava para o desconhecido, para um futuro diferente, porém com planejamentos (s/n → 1). Assemelha-se àqueles momentos de nossas vidas em que estamos sem definição para tudo, não sabemos o que queremos, sentindo o vazio interior e de repente começamos uma nova filosofia, um novo estudo, uma nova profissão, um novo relacionamento. O sintoma e os atributos do Louco revelam que dificilmente conseguirá concretizar algo, pois não há estruturação consciente, somente o poder da vida atuando livremente, evocando muito mais uma força inconsciente. O único atributo que lhe falta para a perfeição seriam os limites pessoais. Ele representa um novo vácuo da vida que precisará ser preenchido, um novo ciclo a ser calculado ou uma nova fase a ser objetivada.

TAROMANCIA

Núcleo

- *Essência*: ousar, evoluir, expandir, partir.
- *Definição*: momento repleto de liberdade, livre-arbítrio e desprendimento; férias e lazer como tônica em tudo; alegria de vi-

ver cada momento, embora sem grandes definições; irreflexão, insensatez ou excessos que geram dívidas ou insucesso.

- *Advertência*: organizar as ideias, ser mais coerente e menos curioso; ter atenção com a palavra dada ou o compromisso assumido, reveja as responsabilidades; extremo cuidado com a dispersão e o desmazelo; rever o planejamento para o futuro.

Atributo básico

- *Material*: precipitação e desperdício de tempo ou dinheiro; negligência ou busca indefinida por novos caminhos; criação dos próprios obstáculos e problemas reais, transição importante na vida, mas gerando obstáculos por falta de organização.
- *Mental*: indecisão, incoerência ou desorganização que causa atrasos; desatenção e irreflexão originando insensatez ou escapismo; imaturidade ou ingenuidade nos planos futuros; expressão eloquente, comunicação alegre, fala confusa e sem foco.
- *Sentimental*: prazer e alegria que motivam a relação; aventura, imaturidade e frivolidade imperam no momento; impulso, entusiasmo ou excitação que aparentam ser o amor verdadeiro; extravagância ou inquietação; leviandade ou hedonismo.
- *Espiritual*: desordem e negativismo no canal mediúnico; involução, regressão ou vazio espiritual que se instala momentaneamente; interferência contrária e caos no plano astral, miasma; sem direção religiosa ou devoção a alguma divindade.

Atributo diverso

- *Negativo/invertido*: moderação e objetividade que resultam em lucros ou sucesso; respeito e maturidade geram perfeita amizade e bom relacionamento; excelentes acordos, contratos e promessas que serão cumpridas a contento; não há obstáculos.
- *Obstáculo/oposição*: falta de se lançar ao desconhecido, pois o momento é de extrema valia ao progresso; caminhos fechados

por falta de iniciativa ou preguiça; sem entusiasmo ou entrega emocional em situações importantes.

- *Orientação/conselho*: ser ousado e pesquisar novos horizontes; buscar inovações e ser flexível diante dos obstáculos; ser mais dinâmico com as próprias ideias; investir ou se arriscar mais nos desejos; não ouvir ninguém, apenas a intuição.

Note e anote

1. Até meados do século XX essa carta não continha numeração nem lugar fixo na estrutura, era livre como o próprio simbolismo o traduz. E deve manter esse conceito para todo o sempre, pois, sendo 0 (zero) ou 22 (vinte e dois), valores atribuídos talvez para melhor racionalização, termina por se apropriar de códigos simbólicos que entram em desacordo/conflito com a estrutura dos arcanos maiores. Observe a simbologia entre o primeiro (Mago) e último arcano (Mundo), reveja os caminhos elaborados tanto por mim quanto por Oswald Wirth, Pietr Ouspensky e Hajo Banzhaf. Analise: colocar um nome no arcano 13, que não havia até meados do século XIX e agora se chama Morte, não fez muita diferença, certo? Contudo, firmar um valor numérico para o Louco ou trocar números entre os arcanos (como o caso da Justiça/Força, veja página 233, volume 1), construirá novos desdobramentos simbólicos, dificultando cada vez mais seu estudo e aplicação oracular.

2. Há três arcanos ilustrados com chapéu (*símbolo de inteligência e criatividade*): Mago, Força e Louco. Todos ocupam posição importante, pois a sequência Mago-Força ativa o caminho Solar (veja página 139, volume 1), já o encadeamento Força-Louco engloba a trajetória do caminho Lunar e, por sua vez, o binômio Louco-Mago gera uma nova etapa. Observe que a Força é o centro dos arcanos maiores numerados (1-11-21) e representa a pedra angular, que alude ao domínio do instinto humano/animal, o autocontrole tão importante para o sucesso em qualquer plano.

Esse simbolismo (chapéu) é um dos principais motivos pelo qual chamo a atenção na distorção do código estrutural ocorrida no tarô de Rider-Waite e que deveria ser revista para a condição oracular/adivinhação, embora seu uso em magia ou meditação seja aceitável.

3. O Louco faz contraponto com o Eremita, que anda a passos lentos, e com o Carro, que anda por intermédio de uma força cinética. O Louco se lança destemido e afobado; o Eremita caminha devagar e moderadamente; o Carro de forma rápida e precisa. Louco e Eremita seguram um cajado, porém, um o usa de forma irreverente sem se importar com a trajetória e, o outro, o emprega para se apoiar, averiguando o caminho à frente. O Carro, por sua vez, segura um cetro em punho para produzir seu poder e direção bem precisa. O Louco se direciona para o futuro sem perceber os obstáculos; o Eremita observa e supera toda dificuldade; já o Carro avança tão veloz que sequer nota qualquer empecilho. Em suma: o Louco se lança para o desconhecido e a inúmeros obstáculos, o Eremita para a solução e ao progresso lento; o Carro para a vitória e ao desenvolvimento.

4. Esse é o último arcano do caminho da Evolução (18, 19, 20, 21, **sem número**); o Louco prepara um elo entre o seu próprio passado (arcano 21) e o seu possível futuro (arcano 1); pois, a evolução reside no fato de continuarmos por outros caminhos e objetivos. Ele é totalmente atemporal e aberto, sendo o único arcano em que não há carma, obrigações sociais ou pessoais interferindo, é o momento mais liberto do ser humano; porém, o menos construtivo, uma vez que não há direção objetiva, nenhuma diretriz, tampouco realizações. O melhor é observar o momento, apreciar e encontrar urgentemente um novo olhar, um novo traçado de vida.

PARTE 3

ARCANOS MENORES

É FUNDAMENTAL COMPARAR OS ARCANOS UNS AOS OUTROS NO ESTUDO do tarô, tendo em vista os graus de valores oraculares de cada um. De cada arcano maior ou principal, em particular, podemos extrair análises simples e bem definidas a partir do próprio nome (signo) ou ornamento (símbolo). Por exemplo, ao ouvir a palavra *sol* ou ver o ornamento do arcano 19, seria improvável não pensar em benesses ou atribuir valores positivos ao momento; se dissermos *morte* ou alguém observar a ilustração do arcano 13, seria incomum não sentir certa preocupação com a resposta. Certo? Ora, desde criança escutamos (independente da classe social ou credo) que o *sol* é maravilhoso e que a *morte* é sofrida, ou que uma *estrela* é esperança e que o *diabo* é ambicioso. Talvez por isso seja mais fácil compreender a simbologia dos 22 arcanos maiores.

No entanto, quem cresce ouvindo que o *Três*[20] *de Espadas* é sofrimento e que o *Dez de Copas* é felicidade? No contexto social, quem sabe que o *número 8* é transformação e o *elemento Ar* simboliza o pensamento? Raras são ocorrências quiçá na casa de algum tarólogo ou astrólogo, pois esses conceitos não fazem parte da linguagem cotidiana, nem se lançam a nada no âmbito social

---

[20] No primeiro volume, para não confundir o leitor nas inúmeras explicações numéricas, preferi grafar os arcanos menores em números arábicos (3 de Espadas, 10 de Copas etc.), neste volume estarão por extenso (Três de Espadas, Dez de Copas etc.) como determina a regra gramatical.

que se possa assimilar rapidamente. O máximo que iremos lembrar é da *rainha de copas* no conto “Alice no país das maravilhas”, que, por sua vez, em nada se relaciona com o significado do arcano Rainha de Copas; afinal, aquela rainha está mais próxima do arcano Rainha de Espadas, não é verdade? Então, encontramos um problema cultural para entender os conteúdos simbólicos dos arcanos menores, pois na verdade, tanto o signo linguístico quanto o semiótico estão muito longe do conhecimento de mundo do estudante exotérico. Concordo com a quantidade fabulosa de literatura sobre os 22 arcanos maiores, realmente mais complexos, por isso, são muito mais ricos para serem explorados e devem ser os primeiros a serem aprendidos. Contudo, é extremamente necessário o estudo dos 56 arcanos menores, pois, além da orientação oracular, seu complexo estrutural é a grande chave da alma humana para o autoconhecimento.

VOCÊ SABE O QUE É O AUTOCONHECIMENTO?

Fiz essa pergunta inúmeras vezes, tanto em meus cursos quanto em palestras e, raramente, alguém soube responder pronta e corretamente. A maioria diz (sorrindo e entusiasmada) ser estudar o tarô ou a astrologia; outras, meditar ou praticar ioga; algumas, orar ou fazer rituais. Bem, para aborrecimento de todos, sempre articulo um sonoro NÃO. Observe que a palavra é bem clara: *conhecer a si mesmo*. Não vejo dúvidas no significado, tampouco outra interpretação. Não podemos confundir o *veículo* para o autoconhecimento, que é, sem sombra de dúvidas, o tarô e toda arte místico-esotérica, com o ato em si, que pode ser igualmente descoberto sem esse veículo (uma psicanálise ou uma boa autocrítica também resolve!)! .

- Ora, qual o limite do ódio ou da vingança antes da autodestruição? Ora, qual a fronteira da paixão sem perder o amor-próprio? Ora, se há problemas profissionais, alivia-se a tensão em um esporte ou com estupidez no lar? Ora, uma pessoa religiosa consegue ajudar o próximo sem privar sua família de atenção? Ora, há inveja no coração *ou* somente o colega de trabalho assim o é? Ora, ora, ora, quem eu sou? É mais fácil apontar o erro ou o caráter alheio, certo? Contudo, você saberia distinguir as atitudes de um Pajem de Espadas ou de Dez de Copas em si próprio? Em que ponto se poderia eliminar uma atitude nefasta ou plasmar um otimismo contagiante? Bem, querido tarólogo, temos a vida inteira para aprender! *Sem autocura não há autoestima e, sem autoestima, nunca haverá autoconhecimento* — pense nessa exata sequência e não tente elucubrar de outra maneira

Voltemos aos arcanos auxiliares. Observamos no primeiro volume (*Tarô, simbologia e ocultismo, páginas 106 a 118*) que os quatro elementos em combinação com a corte ou a numeração é que resultam nas diversas análises, ou seja, **4 elementos x (4 cartas da corte + 10 cartas numeradas) = 56 arcanos auxiliares.** Rever essas explicações seria muito importante porque — diferentemente dos arcanos maiores, com uma imagética diferente a cada carta — o estudo esotérico dos números e dos naipes no tarô clássico se replicam. Portanto, eles não constarão no tópico SIMBOLISMO CLÁSSICO, uma vez que seria redundante a cada arcano ou naipe repetir o mesmo fundamento simbólico já explicado no livro anterior. No naipe de copas, por exemplo, as 14 cartas contêm o mesmo pano de fundo: elemento Água, que representa os sentimentos belos, como o amor e a felicidade. Ou, ainda, explicar o que seja a sequência numérica 1, 2, 3 em um determinado naipe, pois o significado esotérico é o mesmo em todos de mesma numeração (início, oposição, equilíbrio). Então, o que muda? A interação entre o elemento, o número e sua sequência estrutural é que determinará a linguagem taromântica.

Vale salientar que alguns tarôs ilustrados a partir do século XX contêm imagens arquetípicas lembrando o atributo (taromancia) relativo ao tarô clássico; entretanto, na ilustração, invariavelmente, a quantidade de elementos será relativa ao número do arcano. Exemplo: o arcano Cinco de Ouros significa *perda da vitalidade, mau investimento, afastamento temporário, dificuldades afetivas ou profissionais*; podemos encontrá-lo ornamentado unicamente com cinco moedas ou ilustrado com alguma situação arquetípica análoga (pobreza, doença, prejuízo etc.). Nesse caso, as imagens apontariam para o sentido da carta do tarô tradicional e não para um novo conteúdo oracular, tornando mais simples a vida do tarotista.

The Golden Tarot
Cico Books, Inglaterra

Legacy of the Divine Tarot
Llewellyin, EUA.

Outra questão que insisto em salientar se refere à **TERMINOLOGIA DA CORTE**. Assim como estudamos o caso da inversão dos arcanos maiores (8-11) no tarô de Rider-Waite (volume 1, página 233), que influenciou milhares de tarólogos (principalmente os de língua inglesa), também encontramos mudanças no tarô de Thot (também denominado tarô de Crowley) que, por sua vez, sugestionou centenas de ilustradores (de diversas nacionalidades) a partir da segunda metade do século XX. O grande ocultista Aleister Crowley (1875-1947) decompôs a estrutura da corte para contemplar sua doutrina mágica (*magick*[21]) e também alterou algumas letras hebraicas (em relação à corrente cabalística inglesa); contudo, não trocou a numeração dos arcanos maiores como o fez seu conterrâneo, mas apenas alguns nomes dessas cartas: a Justiça foi apontada como Ajustamento (*Adjustment*); a Força, como Luxúria (*Lust*); a Temperança, como Arte (*Art*); o Julgamento como Éon[22] (*Eon*). Observo que alguns autores e tarólogos têm replicado o sistema da corte desse tarô (princesa, príncipe, cavaleiro, rainha[23]) como sendo uma regra geral, sem saber a razão, apenas contribuindo para mais equívocos estruturais. É possível alterar? Claro. Desde que seja para fins particulares, doutrinários ou de

---

[21] Em língua inglesa, não há palavras que distingam a magia da mágica, havendo um único vocábulo: *magic*; então, para que sua filosofia mística não fosse confundida com espetáculos ilusionistas, Crowley cunhou a palavra *magick*, cuja letra adicional *k* se refere à *Kabbalah* (cabala). Diz a obra Liber ABA: *Magick é a Ciência de entender a si mesmo e suas condições. E a Arte de aplicar este entendimento a ação.*

[22] Imensurável período de tempo, a eternidade, uma era; no gnosticismo representa o ser que intermedeia Deus e os Homens.

[23] Um dos fundamentos da fraternidade de Crowley era diminuir o poder patriarcal, elevando o matriarcal; acreditando, assim, surgir um equilíbrio das forças humanas. Nem mais, nem menos. Por isso, criou dois gêneros masculinos e dois femininos para a corte nos rituais mágicos, igualmente diminuindo a titulação do rei para cavaleiro. *Todo homem e toda mulher é uma estrela*, apregoa a doutrina crowleyana. Quer dizer, todo ser humano é um indivíduo independente, com papel e direção própria. *Magick* é o meio pelo qual essas órbitas estelares seguiriam em harmonia, sendo a vontade (*thelema*) a força motriz — revela o Liber ABA. Entenda: a criação do tarô de Thot era para facilitar a compreensão de suas bases filosóficas, como se fossem monografias, não necessariamente para uso profano.

uma fraternidade, cujas alterações devem ficar bem claras ao estudante. Mas não é mais o caso, pois hoje encontramos as nomenclaturas da corte crowleyana até em tarôs com simbologia clássica! Contudo, chamo à atenção que as explicações taromânticas são as mesmas de qualquer literatura — mesmo com a alteração simbólica de cavaleiro para príncipe ou de rei para cavaleiro, o conteúdo oracular permanece o mesmo! Então, quais as possíveis terminologias da corte encontradas atualmente? O quadro TERMINOLOGIA DA CORTE contém na primeira coluna a seguinte ordem de idiomas: português, inglês, francês, alemão, italiano, espanhol.

TERMINOLOGIA DA CORTE				
Tarô clássico	**Derivação do tarô clássico**	**Crowley e similares**	**Fusão entre Crowley e clássicos**	**Taromancia**
Pajem *Page* *Valet* *Bube* *Fante* *Sota*	Valete *Knave* - - - -	Princesa *Princess* - - - -	Princesa *Princess* - - - -	*Igual*
Cavaleiro *Knight* *Chevalier* *Ritter* *Cavaliere* *Caballero*	Soldado *Soldier* - - - -	Príncipe *Prince* - - - -	Príncipe *Prince* - - - -	*Igual*
Rainha *Queen* *Reine* *Königin* *Regina* *Reina*	Dama - *Dame* - - -	Rainha *Queen* - - - -	Rainha *Queen* - - - -	*Igual*

Rei	-	Cavaleiro	Rei	*Igual*
King	-	*Knight*	*King*	
Roi	-	-	-	
König	-	-	-	
Re	-	-	-	
Rey	-	-	-	

Realmente, concordo com os tarotistas ao se desestimularem em estudar os arcanos menores, sabe? Vou confessar que há muitos anos, no início de minha carreira, também quase desisti. Sim, creio ser um dos campos mais complexos, não somente pela profusão de baralhos com imagens diferentes como também pela própria literatura, com informações tão conflitantes. E, por incrível que pareça, foi o estudo da história do tarô que me permitiu perceber a que devemos ou não dar importância, tornando mais fácil entender a evolução ou deformação simbólica (dependendo do ponto de vista). Até a metade do século XIX a carta do tarô se chamava *trunfo* ou *atout* e, a partir das obras de Papus (1865-1916), foi inserido o vocábulo *arcano* para diferenciar o uso do tarô para fins lúdicos do *tarô para fins esotéricos*. Conceito similar foi adotado por MacGregor (1854-1918) com relação à **TERMINOLOGIA DOS NAIPES**; ele aplicou a nomenclatura PENTÁCULOS OU PENTAGRAMAS (*pentacles*, em inglês) para substituir o vocábulo MOEDAS (*coins*, em inglês), que por sua vez havia surgido da tradução francesa para o naipe de OUROS (*deniers*). Essa nova terminologia influenciou o baralho de seu discípulo Arthur Edward Waite (1857-1942) e muitos outros no século XX.

Tarô de Marselha
Pensamento, Brasil

Tarot Universal Dali
Coma, Espanha.

Nomes e mais nomes na língua inglesa estão sendo empregados para identificar a mesma coisa, mas quando tais vocábulos são traduzidos (para qualquer idioma) perdem a significação original. Em português, por exemplo, *pentacles* termina por ser traduzido por *ouros;* em francês, por *deniers*; em alemão, por *münzen*. Ora, o conceito semântico de "pentáculos" é diferente de "moedas" ou de "ouros", certo? A grande questão é entender que aqueles tarôs foram criados com propósitos mágicos pertencentes unicamente aquela egrégora (*Golden Dawn*); porém, aquela fraternidade jaz e não há sentido para o iniciado pensar o contrário, tampouco manter essas designações. No quadro TERMINOLOGIA DOS NAIPES optei por usar o termo original e uma tradução literal para entendermos o sentido semântico em língua estrangeira. Já em língua **portuguesa**, por influência histórica com o espanhol, o italiano e o francês, tudo é traduzido como **OUROS, ESPADAS, COPAS, PAUS,** não permitindo que o estudante latino entenda a grande profusão (ou confusão) de nomes que designam o mesmo arcano, para que possa ter uma visão crítica. Somente ao ter contato com os baralhos importados e os livros estrangeiros, o estudante percebe a quantidade de terminologias existentes.

TERMINOLOGIA DOS NAIPES				
Raiz italiana (Milão – séc. XV)	*Denari* (Denários[24])	*Spade* (Espadas)	*Coppe* (Taças)	*Bastoni* (Bastões)
Raiz francesa (Marselha – séc. XVI)	*Deniers* (Denários)	*Épées* (Espadas)	*Coupes* (Taças)	*Batons* (Bastões)
Raiz espanhola (Barcelona – séc. XVI)	*Oros* (Ouros)	*Espadas* (Espadas)	*Copas* (Taças)	*Bastos* (Bastões)
Lévi/Papus (Tradução do francês para o inglês e o alemão, 1854/1888)	*Deniers* *Coins* *Münzen* (Moedas)	*Épées* *Swords* *Schwerter* (Espadas)	*Coupes* *Cups* *Kelche* (Taças)	*Batons* *Staves* *Stäbe* (Bastões)
MacGregor (1888 - Inglaterra)	*Pentacles* (Pentáculos)	*Swords* (Espadas)	*Cups* (Taças)	*Scepters* (Cetros)
Arthur Waite (1910 - Inglaterra)	*Pentacles* (Pentáculos)	*Swords* (Espadas)	*Cups* (Taças)	*Wands* (Vara mágica)
Aliester Crowley (1944- Inglaterra)	*Disks* (Discos)	*Swords* (Espadas)	*Cups* (Taças)	*Wands* (Vara mágica)
Variações no século XX (língua inglesa, tradução literal para o português)	Terra Cristais Diamantes Dados	Ar Silfos Lanças Facas	Água Ondinas Vasos Cálices	Fogo Salamandras Cajados Velas

Qual a razão de os estudantes serem tão crédulos na compra de um baralho? Por que confiam que todo tarô tem potencial espiritual ou mágico? *Você sabia que a maioria dos baralhos não é ilustrada ou orientada por tarólogos? O leitor tem alguma noção de que a maioria dos*

[24] Denário – moeda romana da Antiguidade que correspondia a dez asses; antigo peso usado em ourivesarias; dinheiro, partes de moedas.

tarôs serve apenas à coleção? Reflita profundamente: raros são os tarólogos ou tarotistas que desenvolveram um tarô exclusivo, a maior parte foi feita por ilustradores entusiastas ou artistas plásticos contratados por uma editora; assim, eles leem aleatoriamente, sem base histórica ou estrutural e lançam mão da concepção artística. Por isso encontramos em um mesmo baralho algumas cartas tão bem ilustradas e outras que se afastam profundamente do conteúdo simbólico desejável ou, ainda, empregando qualquer nomenclatura nas cartas da corte. É muito comum ver a fusão da corte crowleyana com a marselhesa e acrescida dos naipes clássicos — *princesa, príncipe, rei, rainha* + *moedas, espadas, taças, bastões*. Ainda, nomenclatura dos naipes de MacGregor/Waite com a corte de Crowley/Marselha — *pentáculos, espadas, taças, varas mágicas* + *princesa, príncipe, rei, rainha*, e toda explicação oracular dos livros do tarô clássico. Não devemos cercear a liberdade de criação, mas devemos exigir melhor ferramenta de trabalho.

Adicionando importantes informações a essas particularidades, encontramos duas correntes de pensamento no estudo do tarô: uma oriunda dos *simbologistas,* que segue um padrão de análise tradicional ou de analogia com a mitologia e, outra dos *cabalistas*, que podem seguir escolas distintas — uma de origem francesa e outra de influência inglesa. A forma de estudá-las é diferente (tarologia e taromancia), mas o resultado final é idêntico (a leitura em si) em todas as correntes. O que podemos acrescentar é que tudo isso gerou uma série de livros opostos na análise de alguns arcanos, principalmente, os menores. Minha proposta de pesquisa estrutural, de ensino e de oráculo se aproxima dos tarôs clássicos (simbologia), que deram origem a todas as correntes. E se você também optar por essa mesma linha de raciocínio, sugiro inicialmente que estude apenas livros correlatos; mas nada impede que em um futuro venha a instruir-se da corrente cabalista, ampliando seu conhecimento a outras áreas do saber. Vejamos no quadro DIVERGÊNCIA DE LEITURA os principais arcanos auxiliares que são analisados de forma distinta na corrente cabalista, principalmente a de origem inglesa. O restante dos arcanos é similar e correspondente aos clássicos.

DIVERGÊNCIA DE LEITURA (cuidado!)			
Ouros	**Espadas**	**Copas**	**Paus**
Seis de Ouros	Cavaleiro de Espadas	Quatro de Copas	Cinco de Paus
Sete de Ouros	Dois de Espadas	Seis de Copas	Seis de Paus
	Seis de Espadas	Sete de Copas	Sete de Paus
	Sete de Espadas		Dez de Paus

Nesse contexto (simbologia e cabala), já tive vários alunos buscando um denominador comum, da mesma forma que observo inúmeras discussões em grupos on-line ou blogs sobre as diferenças entre os livros. É impossível amalgamar as informações ou tentar esquadrinhar quem está correto — devemos seguir, inicialmente, uma ou outra informação. Minha preocupação é que o estudante entenda o processo histórico, como esses tarôs chegaram ao mercado e de que forma estão influenciando nosso trabalho (tudo isso foi objeto de estudo no volume anterior). O que posso afirmar é que ambas as correntes estão certas, sendo a grande diferença o fato de alguns enfatizarem mais um determinado aspecto positivo do arcano do que os outros. Essas análises trazem conflitos para os estudantes e devemos procurar sempre sua fonte original, no caso, a dos tarôs clássicos. O conselho que sempre forneço: antes de comprar um livro ou um baralho, independente de haver a relação tarô-cabala, leia o arcano SETE DE OUROS e o DOIS DE ESPADAS. Caso indique situações que tangenciem respectivamente "prosperidade/ganho" e "rivalidade/discussão", o conteúdo adivinhatório (taromancia), o que nos importa, é de origem clássica (simbologia). No entanto, sugerir respectivamente "fracasso/perda" e "paz/acordo", o conteúdo está baseado na escola cabalista inglesa (principalmente por influência das obras de Crowley). Simples assim.

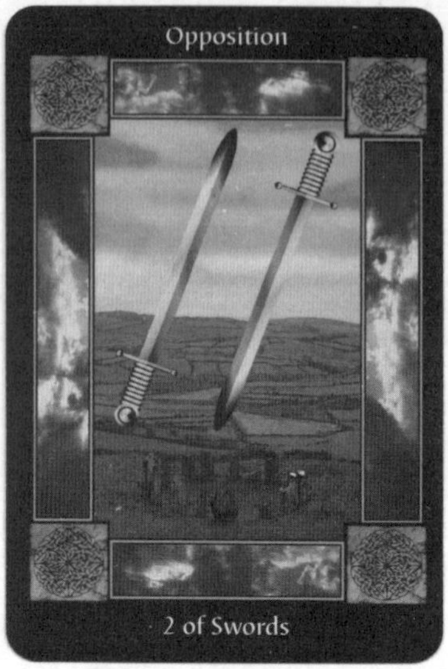

The Sacred Circle Tarot
Llewellyn, EUA

Höhrig Tarot
Blue Star, EUA

Iniciemos, agora, o importante estudo dos **56 ARCANOS MENORES** que, embora utilizemos as imagens do **Tarô Clássico Nei Naiff**, poderia ser ilustrado com qualquer outro tarô. Com base no tópico INTRODUÇÃO A SIMBOLOGIA (páginas 45 a 69, volume 1) os arcanos serão explicados da seguinte forma:

TAROLOGIA (estrutura simbólica)

- ORNAMENTO COMUM — pela falta de ilustrações complexas nos tarôs clássicos ou para evitar redundância, este contexto foi incorporado ao *Simbolismo clássico*.
- SIGNO — se nos 22 arcanos maiores havia estreita ligação na relação nominação-ilustração, nos 56 arcanos menores essa condição foi tratada logo na introdução deste capítulo por não

haver afinidade no seio social; caso haja algum ponto importante, ele será alertado no tópico *Note e anote*.

- Simbolismo clássico — desconstrução e apresentação individual dos símbolos clássicos (padrão marselhês). As inúmeras possibilidades de nominações nos diversos idiomas podem ser obtidas na combinação da corte com o naipe, por isso não fará parte desse tópico.
- Analogia — reconstrução e reorganização do estudo elaborado no tópico anterior, resumo da força do arcano que serve de base ou entendimento para os atributos da taromancia; também é apresentada uma importante reflexão para o sentido oracular da carta.
- *Atenção*: a partir desse significado, artistas plásticos têm se baseado para ilustrar cenas arquetípicas próximas ao sentido do arcano. Contudo, vale o alerta para a importância do estudo dos tarôs clássicos para se entender a quantidade imensa e diversa desses novos tarôs.
- Sintoma — conceito sobre a força de um arcano, explicando a dimensão máxima de sua projeção oracular; a partir dessa consideração é possível entender os aconselhamentos de cada carta, a orientação comportamental ou as possíveis previsões e resultados naturais.

    - Diferente dos arcanos maiores no qual encontramos duas possibilidades no desenvolvimento (sucessor *ou* ressoante), nos arcanos menores haverá apenas uma única direção (sucessor + ressoante). Lembrando que a diferença dessa análise se encontra nas estruturas internas: o *maior* é binário/ternário e, o *menor*, quaternário/decenário.

TAROMANCIA (oráculo e orientação)

- NÚCLEO — conceito oracular do arcano, servindo de alerta dos limites de atuação espiritual (resumo do tópico Analogia). Relação de *substantivos* que devem ser pesquisados em bons dicionários (*Essência*); esse tópico também indica um sentido básico para a carta (*Definição*). Contudo, essa classificação não contém o tema *Advertência* como nos arcanos maiores devido a sua natureza linear e complementar.
- ATRIBUTO BÁSICO — palavras ou frases importantes que direcionam o sentido oracular da carta em uma consulta (*Tarô, oráculo e métodos*, volume 3); não há divisão de planos, uma vez que o próprio arcano já é uma manifestação única e direcionada, há somente um sentido oracular. Lembre-se: o arcano principal é a ideia-ação (verbo), o arcano auxiliar é sua forma-complemento (substantivo).

    - Para tiragens com método europeu (cartas aos pares, maior + menor), que são o objeto principal desta trilogia, os arcanos menores se manifestam em apenas um único plano de leitura.
    - Para tiragens com o método americano e o italiano haverá um capítulo especial no próximo volume, informando alguns atributos correlatos, caso desejem aplicar tais técnicas oraculares.

- ATRIBUTO DIVERSO — análise suplementar para as múltiplas tiragens/aberturas com as regras do método europeu, do americano ou do italiano, que empregam o tarô completo. A função prática do oráculo nos diversos métodos e tiragens será analisada no próximo e último volume — *Tarô, oráculo e métodos*.
- NEGATIVO/INVERTIDO. Algumas literaturas e tarotistas adotam a visão cartesiana para o arcano, apontando apenas a "inversão

literal" da ilustração como significado. Arthur Waite e Paul Marteau, por exemplo, por se basearem nas cartilhas de Etteilla, dizem que o Ás de Ouros não tem valor negativo, pois a imagem não muda ao ficar reversa e, assim, o sucesso atribuído à posição normal é o mesmo; no entanto, para o Dez de Ouros revela que o aspecto invertido é azar e prejuízo. Por outro lado, no final do século XX, todos os tarólogos chegaram à conclusão de que o tarô não é "somente a ilustração", mas um ornamento que vai muito além do mundo visual, ou seja, é uma imagem arquetípica, um conceito de valor imaterial e totalmente transcendental. Portanto, em todos os meus estudos e consultas tenho preferido empregar o sentido contrário (reverso, negativo) ao atributo básico do arcano, tornando uniforme e coerente todo o conteúdo imagético.

- NOTE E ANOTE — dicas valiosas sobre a estrutura, a combinação de cartas, diferenças oraculares ou a inter-relação entre os arcanos.

Alguns comentários dos tópicos *Simbologia clássica* e *Analogia* são divergentes em algumas obras, tanto na relação da divisão dos quatro elementos quanto em posicionamentos e nomenclatura. O presente trabalho se baseia em premissas do ocultismo relativo ao simbolismo, sem a mínima relação com mitologia ou cabala. A dissertação sobre tais estudos já foi apresentada no tópico *Ordem no caos simbólico* do primeiro volume (*Tarô, simbologia e ocultismo*). O objetivo principal é a aplicação desses conhecimentos em técnicas de lançamento ou em qualquer sistema oracular, adivinhatório ou de orientação espiritual que se utilize das cartas do tarô.

NAIPE DE OUROS

O naipe de ouros simboliza o contato real com o mundo externo (situações, terceiros, fatos) e a relação integral com o mundo material em todos os níveis, desde a *posse* de um bem ao *contato* físico com alguém. É representado por moeda, dado, diamante, losango, touro, pedra, cristal, terra, gnomo, roda, estrela, mundo, pentagrama, cor verde ou preta, significando tudo que é sólido, palpável e concreto na vida, tudo que é visível aos olhos e sensível ao tato, se relacionando exclusivamente com OBTER e POSSUIR. Esse naipe simboliza as aquisições e aquilo que podemos *ter* de resultados tangíveis, com segurança pessoal e em nosso ambiente ou poder: pessoas, bens, imóveis, dinheiro, alimentos, brinquedos, viagens, namoro, casamento, trabalho, investimentos. Praticamente tudo em nossas vidas será classificado nessa série, mas há uma condição: *nenhum elemento anímico, psíquico ou emocional estará envolvido – somente o ter ou não ter, todas as formas de aquisições e realizações.*

> Para melhor entendimento do ELEMENTO TERRA e do NAIPE DE OUROS, pesquise em bons dicionários as seguintes palavras: *ter, possuir, segurar, carregar, suster, construir, manter, conservar; ocupar, receber, conseguir, alcançar, obter, adquirir, conquistar, atrair, encerrar, conter, abranger, administrar, parir, gerar, procriar, desfrutar, abrigar, hospedar, valer, vestir, trazer, ocupar, deter, conter, receber, emitir, dar, fazer, apresentar, mostrar.* O que elas têm em comum? Encontre o fio condutor e entenderá o sentido arquetípico desse naipe; depois, *reflita*: **o tempo não existe e o espaço é um obstáculo.**

Quando analisamos o naipe de ouros devemos nos fixar no fato de que tudo é objetivo e prático nesses arcanos — claro, palpável, real, limitado e totalmente material; portanto, não há qualidades sentimentais, tampouco elucubrações presentes. Assim, durante uma consulta, abrir esse naipe no *plano mental* de uma questão significaria, em primeiro lugar, que existe uma *ideia* prática e limitada à visão pessoal (a numeração ou a corte qualificaria o sentido "bom ou mau" dessa objetividade); no *plano sentimental* identificaria uma emoção clara e centrada (a numeração ou a corte qualificaria o tipo emocional "bom ou mau"), o mesmo ocorrendo no *plano espiritual*. Se esse naipe sair para questões materiais será sua excelência!

PAJEM DE OUROS

TAROLOGIA

Simbolismo clássico

Um adolescente em pé (*símbolo de inciativa, curiosidade ou imaturidade*) vestindo roupas comuns (*adereço de condição inferior ou sem poder latente*) e segurando uma moeda (*elemento Terra, força material*); a carta também pode ser ilustrada com alguma situação que resulte em *especulação* ou *investimento*, entre diversas possibilidades.

Analogia

A energia juvenil dessa carta em relação ao elemento Terra se traduz em aspiração para realizar algum projeto, investimento ou especulação arriscada; determina um período de buscas, estudos ou pesquisas para melhoria de vida; pode anunciar boas notícias, assuntos agradáveis e favorecimentos sociais; um flerte ou negociação que poderá dar certo, mas ainda tudo é efêmero; surgimento de alguma chance a ser aproveitada ou oportunidade rara que é oferecida. Podemos extrair uma reflexão: *o primeiro quilômetro se inicia com o primeiro passo*, diz um ditado popular.

Sintoma

Força simbólica: unidimensional, aberto. O arcano sucessor é o CAVALEIRO DE OUROS, indicando a praticidade nos investimentos; o arcano ressoante é o PAJEM DE ESPADAS, revelando intrigas nos projetos. Os sintomas do *Pajem de Ouros* (arcano emissor) avisam que apesar da grande chance oferecida pelo o destino, o consulente deve contar com algum mexerico no trajeto dos objetivos; contudo, o arcano continua sendo favorável e não se deve dar muita atenção a ideias alheias. Assemelha-se àqueles momentos em que estamos investindo em um trabalho ou relacionamento novo e outras pessoas insinuam que não dará certo (pura inveja!).

TAROMANCIA

Núcleo

- *Essência*: investimento, oportunidade, avaliação, projeto.
- *Definição*: especulação, busca da verdade, início de um projeto.

Atributo básico

- Inteligência, equilíbrio e capacidade que tendem a bons projetos; começo de um plano ou acordo vantajoso; estudos que serão importantes; busca de um sentido maior na vida; vontade de saber e ter novas ideias, reflexão sobre o futuro.

Atributo diverso

- *Negativo/invertido*: desperdício, inércia, rebeldia, exagero, perda, azar.

- *Obstáculo/oposição*: falta de investimento, de visão ou de expectativa.
- *Orientação/conselho*: não perder tempo, iniciar os planos imediatamente.

Note e anote

1. Todos os pajens (ouros, espadas, copas, paus) representam energias muito efêmeras e frágeis; dependem sempre da força de vontade do consulente para continuar a trajetória. No tarô de Crowley e similares é denominado *princesa*.

2. O arcano *Pajem de Ouros* anuncia novidades, podendo ser um aviso de boas notícias por carta, e-mail ou celular; também, convite para alguma festa ou encontro social.

ATENÇÃO!

Nos 56 arcanos menores encontrará o tópico "*Note e anote* ", sendo muito útil para uma boa análise oracular. São dicas importantes para esclarecer dúvidas recorrentes entre os estudantes ou, ainda, explicar contrates e diferenças entre cartas.

CAVALEIRO DE OUROS

TAROLOGIA

Simbolismo clássico

Um homem jovem (*símbolo de vigor e desejo*) com roupas elegantes (*símbolo de status social e médio poder de ação*), montado em um cavalo (*símbolo de força e poder direcionado*) e segurando uma moeda (*elemento Terra, força material*); a carta também pode ser ilustrada com alguma situação que resulte em *habilidade* ou *trabalho*, entre diversas possibilidades.

Analogia

A força do cavaleiro/soldado expressada nesse elemento (Terra) revela condução mental e laboral ímpar para sedimentar uma vida sólida; esse simbolismo se traduz em inteligência para construir tudo que é necessário à própria dignidade; perseverança e resistência nos ideais; confiança em si mesmo, determinação no que se quer obter, organização e labor nas atitudes pessoais e sociais; tenacidade e perseverança que causam obstinação e certeza absoluta do futuro. Podemos extrair uma reflexão: *somente perseverando se chega ao sucesso.*

Sintoma

Força simbólica: unidimensional, aberto, centrípeto. O arcano sucessor é a Rainha de Ouros, indicando a preservação dos ideais; o arcano ressoante é o Cavaleiro de Espadas, revelando o ímpeto nos projetos. Os sintomas do *Cavaleiro de Ouros* (arcano emissor) sempre sugerem que é tempo de trabalho e que os resultados futuros serão produtivos; sua energia consegue verter do plano mental para o material, do projeto à realização com toda disciplina. Assemelha-se àqueles momentos em que agimos em prol de um objetivo e nossos esforços resultam em sucesso.

TAROMANCIA

Núcleo

- *Essência*: confiança, condução, perseverança, posse.
- *Definição*: perseverança, objetividade, praticidade, idealismo, empenho.

Atributo básico

- Organização e capacidade para realizar os desejos; autocontrole e estabilidade em todos os níveis; força de vontade que atingirá o sucesso; esforço, persistência, paciência e labuta na direção correta para uma solução perfeita.

Atributo diverso

- *Negativo/invertido*: negligência, descuido, preguiça, inércia, ignorância.

- *Obstáculo/oposição*: falta de tenacidade, de habilidade ou de trabalho.
- *Orientação/conselho*: não desistir dos ideais, seguir adiante!

Note e anote

1. Todos os cavaleiros representam energias produtivas, sejam pela ótica material ou sentimental, nas quais a força do livre-arbítrio é fundamental para o sucesso. No tarô de Crowley e similares é denominado *príncipe*.

2. Exemplo para o método europeu: *Carro* + *Cavaleiro de Ouros* = sucesso garantido, conquistado com perseverança e satisfação; *Morte* + *Cavaleiro de Ouros* = transformação necessária, elaborada com firmeza, sucesso e sem sofrimento.

RAINHA DE OUROS

TAROLOGIA

Simbolismo clássico

Uma mulher adulta (*símbolo de intuição e inteligência*) vestindo roupas reais (*símbolo de status social e poder pessoal*), sentada em um trono (*símbolo de comando e autoridade*), segurando uma grande moeda (*elemento Terra, força material*); a carta também pode ser ilustrada com alguma situação que resulte em *matriarcado* ou *proteção*, entre diversas possibilidades.

Analogia

O símbolo feminino entronado em um ambiente tão sólido revela que o esforço para o equilíbrio e a conservação dos bens é sua tônica; os objetivos podem resultar em prosperidade e abundância; já o ornamento da carta indica desejo por segurança e satisfação duradoura; sabe-se que a realização vem com o esforço pessoal sendo seguida por uma generosidade social; também é um momento de conhecer e apreciar os valores materiais, de conservá-los e aumentá-los. Podemos extrair uma reflexão: *saber dividir é um caminho eterno para a prosperidade.*

Sintoma

Força simbólica: unidimensional, realizador e conclusivo. O arcano sucessor é o Rei de Ouros, progresso nos objetivos; o arcano ressoante é a Rainha de Espadas, obstinação do desejo. Os sintomas da *Rainha de Ouros* (arcano emissor) revelam a vontade de suprir as necessidades alheias (amigos, família) como forma de poder pessoal, ocupando o sentido mais nobre do matriarcado: proteção dos interesses pessoais sem prejudicar terceiros, manter os laços afetivos e a proximidade física. Similar àqueles momentos em que desejamos melhorar de vida para ajudar a quem amamos, sejam amigos ou parentes.

TAROMANCIA

Núcleo

- *Essência*: conservação, preservação, equilíbrio, fertilidade.
- *Definição*: bem-estar, prosperidade, abundância, satisfação, requinte.

Atributo básico

- Abundância e dignidade acenam com os projetos; inteligência e percepção dos fatos para garantir o sucesso pleno; capacidade em gerar riquezas (afetivas ou materiais); estabilidade e independência indicam êxitos futuros; autocontrole.

Atributo diverso

- *Negativo/invertido*: omissão, risco, incerteza, descontrole, falso poder.

- *Obstáculo/oposição*: falta de preservação, de atenção ou de generosidade.
- *Orientação/conselho*: ter confiança em si mesmo, preservar-se ao máximo.

Note e anote

1. Todas as rainhas têm uma capacidade extraordinária na "manutenção daquilo que possuem ou julgam pertencer a elas", e cada uma representará uma inclinação em particular, de acordo com o elemento a que estiver relacionada. *A Rainha de Ouros* detém o poder da matéria (elemento Terra).

2. No método europeu a *Rainha de Ouros* não altera o arcano maior que a acompanha, tampouco gera sentimentos negativos; por isso, cuidado na resposta. Exemplo: *Torre* + *Rainha de Ouros* = a perda é inevitável; porém, tenta-se conservar a situação com otimismo. Trata-se de uma combinação difícil, pois o consulente não percebe o erro e os prejuízos que terá, por isso não se angustia ou sofre.

REI DE OUROS

TAROLOGIA

Simbolismo clássico

Homem adulto (*símbolo de destreza e autocontrole*) vestindo roupas reais (*símbolo de status social e poder pessoal*), sentado em um trono (*símbolo de governo e domínio*), segurando uma grande moeda (*elemento Terra, força material*); a carta também pode ser ilustrada com alguma situação que resulte em *autoridade* ou *riqueza*, entre diversas possibilidades.

Analogia

Os aspectos simbólicos dessa carta (um rei do elemento Terra) representam que o poder material e o domínio social são condições plenas e irreversíveis; sua energia revela sagacidade e experiência que serão empregadas para o desenvolvimento dos próprios ideais, liderança bem-sucedida; o empenho pela estabilidade e a perseverança para a sucessão dos fatos é sua força incontestável, que o levará ao progresso absoluto. Podemos extrair uma reflexão: *aquilo que realmente lhe pertence, ninguém se apodera.*

Sintoma

Força simbólica: realizador, unidimensional, aberto, conclusivo. O arcano sucessor é o Ás de Ouros, realização da vontade; o arcano ressoante é o Rei de Espadas, vitória absoluta. Os sintomas do *Rei de Ouros* (arcano emissor) indicam uma posição indissolúvel, rumo à felicidade e ao bem-estar, seus resultados são garantidos e plenos, nada abalará seu caminho da vitória; tudo é garantido para esse arcano. Assemelha-se àquelas situações que realizamos com sucesso da forma estabelecida por nós mesmos!

TAROMANCIA

Núcleo

- *Essência*: sucesso, domínio, prosperidade, realização.
- *Definição*: progresso, investimento, solidez, domínio, riqueza, sucesso.

Atributo básico

- Estabilidade e poder; eficácia em desenvolver planos e desejos; realização e progresso absoluto; perspicácia e sagacidade em materializar aspirações (afetivas ou físicas); capacidade e autoridade para remover qualquer obstáculo.

Atributo diverso

- *Negativo/invertido*: retrocesso, falência, dificuldade, avareza, deslealdade.
- *Obstáculo/oposição*: falta de segurança, de poder ou de autoestima.

- *Orientação/conselho*: ser corajoso, autoconfiante; avançar para ganhar.

Note e anote

1. Todos os reis dos arcanos auxiliares (ouros, espadas, copas, paus) contêm força de realização nata: tudo se desenvolve de acordo com o desejo pessoal, independentemente da situação boa ou má que esteja envolvido. Não se trata de manipulação, mas de concordância com o meio ambiente. Todos os reis agem de modo a não perder o controle e o poder de decisão, e mesmo que o destino coloque algum obstáculo, saberão contornar e resolver de outra forma e com outros objetivos. Para essas cartas, ninguém é insubstituível e todas as situações podem ser alteradas ao bel-prazer. Poder é poder.

2. Se for empregar o *método europeu* para consultas (detalhes no terceiro volume desta trilogia), observe a ligeira mudança de interpretação, por exemplo, em uma questão do plano material: *Carro + Rei de Ouros* = êxito absoluto com prosperidade e possibilidade de investimento maior que o desejado; *Torre + Rei de Ouros* = perda absoluta sem tristeza ou dor, também sugere reconstrução da vida por caminho adverso e sem se importar com o prejuízo; *Pendurado + Rei de Ouros* = paralização absoluta por desejo próprio, tudo fica exatamente como o cliente deseja (nada acontece).

ÁS DE OUROS

TAROLOGIA

Simbolismo clássico

Uma moeda em grande proporção (*número 1 = princípio do princípio; elemento terra = força material*); a carta também pode ser ilustrada com alguma situação que resulte em *abundância* ou *alegria*, entre diversas possibilidades.

Analogia

A peculiar simbologia (Ás em vez do número 1) trás à luz a total capacidade de projetar e obter tudo o que se deseja para proveito próprio; a carta estabelece segurança e frutificação dos objetivos com tranquilidade e absoluta sorte nos resultados; indica período de muita sorte e a chance de atingir os projetos com garantia e satisfação; também anuncia a descoberta de novos caminhos e habilidades diante de problemas ou obstáculos; tudo floresce e tudo se renova. Podemos extrair uma reflexão: *a sorte sempre está ao lado daqueles que possuem autoconfiança.*

Sintoma

Força simbólica: realizador, dinâmico, aberto, conclusivo. O arcano sucessor é o DOIS DE OUROS, impasse nos projetos; o arcano ressoante é o ÁS DE ESPADAS, ação da vontade. Os sintomas do *Ás de Ouros* (arcano emissor) revelam uma situação sólida que se estabelece em longo prazo, independente do que possa ocorrer. A força de realização é inabalável nesse arcano; porém, indica que haverá pequenos obstáculos pouco antes de se chegar à felicidade almejada. Assemelha-se àqueles momentos em que prestamos um exame escolar difícil e muito complexo, acreditávamos que seríamos reprovados, mas passamos com boa nota.

TAROMANCIA

Núcleo

- *Essência*: Segurança, realização, ampliação, riqueza.
- *Definição*: satisfação, realização, prosperidade, êxito, conquista.

Atributo básico

- Sorte em todos os sentidos, inclusive na solução benéfica de problemas; vitória e sucesso nos empreendimentos; total capacidade na realização ou mudança do que se deseja; aumentos de ganho, melhorias materiais ou afetivas; vantagens.

Atributo diverso

- *Negativo/invertido*: azar, tristeza, desperdício, falsificação, malogro.
- *Obstáculo/oposição*: falta de disposição, de amor-próprio ou de capacidade.
- *Orientação/conselho*: buscar o equilíbrio e a segurança pessoal.

Note e anote

1. Basicamente todos os ases contêm a *afirmação* inabalável do elemento a que lhe é atribuído; por essa característica, ele tende a aumentar ou potencializar o valor do arcano maior que estiver acompanhando (método europeu). O *Ás de Ouros*, em particular, tende sempre ao sucesso ou a solução de problemas, não havendo prejuízo irreparável. Toda combinação (arcano maior + menor) será favorável, por pior que se encontre a situação; salvo, claro, se estiver em casa negativa ou de obstáculo.

DOIS DE OUROS

TAROLOGIA

Simbolismo clássico

Duas moedas (*número 2 = oposição ao princípio; elemento terra = força material*); a carta também pode ser ilustrada com alguma situação que resulte em *malabarismo ou pequeno obstáculo*, entre diversas possibilidades.

Analogia

A relação simbólica do elemento com o número da carta revela que forças reversas à realização da vontade estão atuando; a carta indica que existem obstáculos nos projetos em desenvolvimento, incertezas quanto ao futuro ou pequena tensão no âmbito social ou familiar, mas tudo será resolvido a contento. Por isso, qualquer preocupação excessiva em uma solução rápida é desnecessária; o fator temporal é maior que o pessoal. Podemos extrair uma reflexão: *sabendo esperar com serenidade, nada se perde.*

Sintoma

Força simbólica: transicional, lento, cármico. O arcano sucessor é o Três de Ouros, solução dos problemas; o arcano ressoante é o Dois de Espadas, discórdia absoluta. Os sintomas do *Dois de Ouros* (arcano emissor) sugerem que o desejo está bloqueado por uma ação externa, alguém ou alguma coisa não está harmonizado com o que se aspira; devendo, então, ser mais flexível, uma vez que será questão de tempo a solução final. Assemelha-se àquele momento em que desejamos comprar alguma coisa e o orçamento não permite, sendo aconselhável aguardar uma folga financeira. Contudo, nesse mesmo caso, se insistíssemos em adquirir o produto antes do prazo, ocorreriam dívidas prejudicais.

TAROMANCIA

Núcleo

- *Essência*: impasse, confronto, obstáculo, adiamento.
- *Definição*: rivalidade, divisão, prorrogação, realização em longo prazo.

Atributo básico

Solução demorada ou realização adiada por terceiros; dificuldade, dúvida, indecisão, ansiedade, receio em perder; agitação ou preocupação desnecessária, pois os obstáculos são transponíveis ou os problemas, solucionáveis.

Atributo diverso

- *Negativo/invertido*: união, contrato, novidade, despreocupação, solução rápida.
- *Obstáculo/oposição*: falta de habilidade, de conceituação ou de decisão.

- *Orientação/conselho*: conciliar os opostos, ser flexível e aceitar os limites.

Note e anote

1. Essa carta indica que o consulente sairá vitorioso em meio aos problemas e também revela que alguém se oporá aos projetos, mas não terá forças para a derrota. O sucesso, ou a solução, é garantido, mesmo que em longo prazo. Paciência é o segredo.

TRÊS DE OUROS

TAROLOGIA

Simbolismo clássico

Três moedas (*número 3 = equilíbrio do princípio; elemento Terra = força material*); a carta também pode ser ilustrada com alguma situação que resulte em *empreendimento* ou *produtividade*, entre diversas possibilidades.

Analogia

A simbologia indica expansão por intermédio de sociedades e contratos, podendo ser desde o profissional ao afetivo; o arcano indica movimento para o progresso de acordo com o trabalho executado e, também, um período de abundância que deve ser usado da melhor maneira possível. Pode representar um passo decisivo para o crescimento futuro ou satisfação plena nos resultados presentes; perícia e habilidade na elaboração dos projetos atuais. Podemos extrair uma reflexão: *sabendo usar, não vai faltar*; diz um ditado popular.

Sintoma

Força simbólica: realizador, dinâmico, aberto, conclusivo. O arcano sucessor é o Quatro de Ouros, retenção do poder; o arcano ressoante é o Três de Espadas, decepção com os projetos. Os sintomas do *Três de Ouros* (arcano emissor) indicam o início de um empreendimento real e próspero que não deve ser desperdiçado. Contudo, a manutenção da felicidade pós-realização dependerá em saber ser flexível com a evolução do tempo e das coisas; pois nada se mantém igual por todo o sempre. Assemelha-se àqueles momentos em que casamos e esperamos que todos os anos sejam iguais ao primeiro, nos esquecendo da rotina e das responsabilidades; contudo, se amadurecermos a emoção, será possível manter um quadro satisfatório de alegria.

TAROMANCIA

Núcleo

- *Essência*: crescimento, expansão, associação, habilidade.
- *Definição*: triunfo, solução, acerto, benefício, confiança, capacidade.

Atributo básico

- Perícia e habilidade para os negócios e relacionamentos; força de vontade que resulta em sucesso a curto prazo; reconhecimento, promoção social ou solução de qualquer tipo de problema ou obstáculo; contrato ou união sólida.

Atributo diverso

- *Negativo/invertido*: desinteresse, mentira, negligência, fracasso, decadência.
- *Obstáculo/oposição*: falta de satisfação, de acordos ou de crescimento.

- *Orientação/conselho*: aceitar as propostas, ser amigável, fazer acordos.

Note e anote

1. Dependendo da questão (material ou sentimental), essa carta é considerada o início de um grande negócio, seja profissional ou financeiro; ou, ainda, o início de um ótimo relacionamento afetivo ou social. No entanto, há uma questão importante: não se deve esperar nada da "outra parte", pois tudo depende do consulente. Não cobre, atue!

QUATRO DE OUROS

TAROLOGIA

Simbolismo clássico

Quatro moedas (*número 4 = princípio da oposição; elemento Terra = força material*); a carta também pode ser ilustrada com alguma situação que resulte em *encastelamento* ou *posses*, entre diversas possibilidades.

Analogia

A numeração da carta em meio ao elemento Terra se traduz em uma manifestação plena da necessidade de domínio sobre o meio ambiente ou da obstinação em acumular cada vez mais bens e o controle sobre as pessoas; indica incapacidade em compartilhar tanto os sentimentos como os valores materiais; revela, ainda, que embora pareça estar prosperando, na verdade, encontra-se no caminho da improdutividade pela falta de criatividade e de confiança em si ou no futuro. Podemos extrair uma reflexão: *nem todas as jarras do mundo poderiam guardar as chuvas dos céus.*

Sintoma

Força simbólica: lento, unidimensional, centrípeto. O arcano sucessor é o Cinco de Ouros, prejuízo pessoal; o arcano ressoante é o Quatro de Espadas, inércia da vida. Os sintomas do *Quatro de Ouros* (arcano emissor) indicam que estamos parados em nossa atividade, revelam o lado avaro e egoísta como forma de defesa pessoal contra possível revés futuro, pois o medo de ser abandonado ou de perder algo é maior que a alegria de viver com que possui. Assemelha-se àqueles momentos em que alguém fica vigiando o parceiro com medo de que flerte com outra pessoa; assim, a falta de confiança e o estresse causado pela posse resultam em brigas e rupturas.

TAROMANCIA

Núcleo

- *Essência*: posse, avareza, rigidez, ganância.
- *Definição*: possessividade, egoísmo, mesquinhez, autocontrole, tensão.

Atributo básico

- Ambição e gosto pela opulência; apego inútil aos valores materiais; falta de generosidade que causa sérios obstáculos; insatisfação pessoal por limitação da inteligência; rigidez social desnecessária (pois o lado externo está harmônico).

Atributo diverso

- *Negativo/invertido*: liberdade, altruísmo, esbanjamento, grande investimento.
- *Obstáculo/oposição*: falta de limitação, de autocontrole ou de amor-próprio.
- *Orientação/conselho*: manter o controle sobre os projetos, não investir.

Note e anote

1. O *Quatro de Ouros* indica que o consulente tem ou terá o que deseja e muito mais está a caminho, mas nada o satisfaz, pois não confia em si ou no outro. O materialismo é demasiadamente forte nesse momento de vida, sendo necessário rever o ponto de vista. A carta também sugere sofrimento ou perturbação inútil, uma vez que ele pode e tem tudo o que deseja. Nada é negado nessa carta, mas adverte que o grau de possessividade é demasiado e tendem a aparecer obstáculos (problemas com terceiros) criados pelo próprio consulente. A grande questão não é "ter", mas saber "manter".

CINCO DE OUROS

TAROLOGIA

Simbolismo clássico

Cinco moedas (*número 5 = oposição à oposição; elemento Terra = força material*); a carta também pode ser ilustrada com alguma situação que resulte em *pobreza* ou *invernia*, entre diversas possibilidades.

Analogia

O conjunto simbólico (número e elemento) sugere que nada corresponde às expectativas, ocasionando a desestabilidade da segurança emocional e a destituição do poder material; indica algum afastamento (físico, não emocional) temporário com prejuízos futuros, desperdício em investimentos afetivos ou profissional. É importante saber que todos os erros são causados por péssimos planejamentos porque se deseja ter tudo ao mesmo tempo. Essa carta sugere o empobrecimento em todos os níveis materiais e mentais. Podemos extrair uma reflexão: *quem muito quer, nada têm*; diz oditado popular.

Sintoma

Força simbólica: transicional, centrípeto. O arcano sucessor é o Seis de Ouros, escolha de um novo caminho; o arcano ressoante é o Cinco de Espadas, desperdício da vontade. Os sintomas do *Cinco de Ouros* (arcano emissor) revelam que estamos errando e insistindo em situações fracassadas e, mesmo que algo pareça vantajoso, é um mau negócio. Deve-se ter coragem e muita força para mudar e escolher outro caminho, caso contrário, não restará outra saída senão perder o controle e voltar atrás. Assemelha-se àquelas situações em que estamos sempre perdoando os erros dos filhos, esperando que um dia eles melhorem, e sempre ocorre o contrário: ficam cada vez piores!

TAROMANCIA

Núcleo

- *Essência*: afastamento, prejuízo, enfraquecimento, desarmonia.
- *Definição*: prejuízo, dificuldades, privações, conflito, contratempo.

Atributo básico

- Período de crise e dificuldade, sempre acompanhado de prejuízo; incerteza ou desgaste afetivo ou profissional; afastamento físico que gera insegurança e medo; gasto inesperado que prejudica o orçamento, aumento das dívidas, azar.

Atributo diverso

- *Negativo/invertido*: ganhos, disposição, concentração, controle, superação.
- *Obstáculo/oposição*: falta de desprendimento, de serenidade ou de libertação.
- *Orientação/conselho*: não é o momento de ganhar, aguarde mais um pouco.

Note e anote

1. Embora essa carta indique prejuízo, crise e dificuldade bem reais, ainda é possível rever a problemática e tentar reorganizar o caos. Dessa maneira o consulente evita perdas maiores e recupera a satisfação. O grande problema foi ou é motivado pela tendência ao controle exagerado sobre as coisas (situação firmada no arcano anterior), cujo resultado é o infortúnio, a preocupação e a miséria (afetiva, financeira ou profissional) plasmadas nesse arcano; podendo, inclusive, ser a perda da saúde em virtude do materialismo. Em todo caso, solicite ao consulente que observe o lado bom: *ainda existe tempo para se reestruturar.*

SEIS DE OUROS

TAROLOGIA

Simbolismo clássico

Seis moedas (*número 6 = equilíbrio da oposição; elemento Terra = força material*); a carta também pode ser ilustrada com alguma situação que resulte em *comércio* ou *encruzilhada*, entre diversas possibilidades.

Analogia

Os aspectos simbólicos indicam que todas as dificuldades serão sanadas e equilibradas muito em breve ou sugerem a busca do aperfeiçoamento pessoal para realizações futuras; também apontam para decisões e esperanças que dependem unicamente do consulente para o equilíbrio da vida. Por outro lado, é possível o aparecimento de projetos com recompensa inesperada cuja decisão deve ser imediata; não é aconselhável hesitar, tampouco continuar adiando o desfecho. Podemos extrair uma reflexão: *toda decisão requer o abandono de uma das possibilidades*.

Sintoma

Força simbólica: transicional, cármico e centrípeto. O arcano sucessor é o Sete de Ouros, expansão dos ideais; o arcano ressoante é o Seis de Espadas, negligência com a vida. Os sintomas do *Seis de Ouros* (arca-no emissor) revelam que estamos diante de uma importante decisão pessoal; embora o coração deseje algo novo, o plano mental ainda não decidiu o quê. Por isso deve-se tomar cuidado com os pensamen-tos desnecessários — é necessário optar pelo novo, abandonar projetos antigos e continuar com o que a vida (neste momento) oferece! Como naquelas ocasiões nas quais, após uma relação malsucedida, terminamos por nos isolar do mundo; contudo, ficamos nutrindo o sonho de encontrar um novo romance. Sim! Desejamos alguém, mas perdemos tempo com devaneios!

TAROMANCIA

Núcleo

- *Essência*: opção, indecisão, aperfeiçoamento, generosidade.
- *Definição*: indefinição, adiamento, suspensão, proposta, golpe de sorte.

Atributo básico

- Adiamento e indecisão originados unicamente pelo consulente; indefinição nos projetos ou necessidade de escolhas importantes para o futuro; deseja sempre o melhor, por isso a hesitação; prefere orientar e fazer filantropia.

Atributo diverso

- *Negativo/invertido*: precipitação, egoísmo, possessividade, ambição, inveja.
- *Obstáculo/oposição*: falta de limites, de análise ou de ponderação.

- *Orientação/conselho*: analisar e pesquisar melhor antes de realizar.

Note e anote

1. Essa carta sugere que muitos caminhos são apresentados ou que diversas possibilidades de realização estão em pauta. Saiba que qualquer um deles é viável e próspero — a grande questão (ou angústia) está relacionada apenas com o que escolher. Bem, o tarô não tem nada a declarar, não há forças do destino, tampouco cármicas. Tudo depende do consulente, que deve decidir pela razão e não pela emoção; isso é o máximo que o *Seis de Ouros* pode orientar.

2. Tanto o *Dois de Ouros* quanto o *Seis de Ouros* revelam a existência de adiamentos ou dificuldades momentâneas; porém, o primeiro indica que alguém está se opondo à conclusão e, segundo, é o próprio consulente quem hesita. Ambos terão sucesso, apenas o foco dos problemas é distinto.

SETE DE OUROS

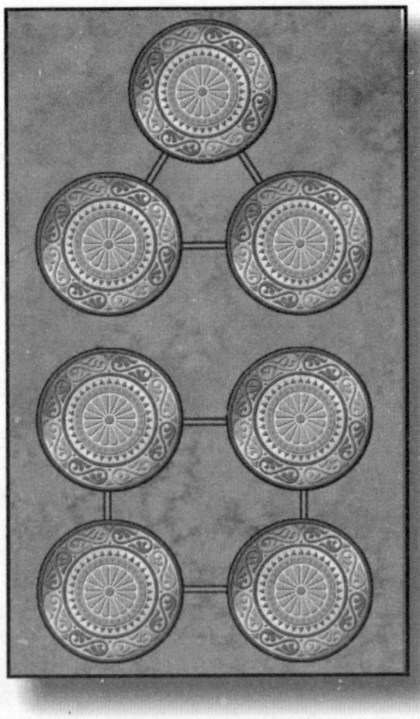

TAROLOGIA

Simbolismo clássico

Sete moedas (*número 7 = início do equilíbrio; elemento Terra = força material*); a carta também pode ser ilustrada com alguma situação que resulte em *descoberta de um tesouro* ou *florescimento*, entre diversas possibilidades.

Analogia

A força simbólica dessa carta indica que existe uma ação consciente do poder pessoal, na qual o progresso é o único objetivo; sugere que haverá promoção vantajosa, expansão dos lucros, florescimento de uma nova vida repleta de possibilidades positivas; também revela a tendência de novas amizades, sociedades ou uniões estáveis. Todas as dificuldades passadas resultam em alegrias, pois a labuta rende frutos e prestígio. Podemos extrair uma reflexão: *o sucesso se encontra quando confiamos em nós mesmos*.

Sintoma

Força simbólica: realizador, dinâmico, aberto, conclusivo. O arcano sucessor é o Oito de Ouros, oportunidade rara; o arcano ressoante é o Sete de Espadas, possibilidade de ganho. Os sintomas do *Sete de Ouros* (arcano emissor) revelam plenitude ímpar ao realizar os objetivos, não importando o que esteja acontecendo; o arcano simboliza o início do grande ideal de vida e nada impedirá o crescimento, pois tudo já se encontra sistematicamente planejado; o desenvolvimento se traduz em prosperidade em longo prazo. Assemelha-se àqueles momentos em que realizamos o nosso maior desejo, como o primeiro carro novo, casar com a pessoa amada, ter a profissão sonhada!

TAROMANCIA

Núcleo

- *Essência*: ganho, progresso, crescimento, equilíbrio.
- *Definição*: avanço, progresso, riqueza, florescimento, segurança, sorte.

Atributo básico

- Desenvolvimento ou realização de projetos; força física e psicológica para enfrentar todos os reveses; período de sorte, abundância e chances diversas que resultam em progresso e satisfação; arrojo e obtenção de maiores benefícios.

Atributo diverso

- *Negativo/invertido*: imprudência, arrogância, infortúnio, fracasso, perda.
- *Obstáculo/oposição*: falta de equilíbrio, de acordo ou de desenvolvimento.
- *Orientação/conselho*: continuar com os esforços, não parar por nada.

Note e anote

1. Se no *Três de Ouros* encontramos a satisfação, aqui (*Sete de Ouros*) podemos viver o júbilo; na cartomancia antiga significava as grandes fortunas, pois representava a abertura total de todos os caminhos ou até uma grande herança. No entanto, também revela certa ansiedade e preocupação que deve ser vista como desnecessária, mesmo em situações negativas.

2. Essa é uma das cartas-chave para se entender se o autor segue a concepção estrutural puramente simbólica ou os conceitos da escola cabalística inglesa (veja maiores explicações no volume 1, página 233 a 241). Caso esse arcano represente o contrário do estabelecido na taromancia deste tópico, a obra segue o pensamento cabalístico inglês e outros arcanos menores terão leituras diferentes (reveja página 238, deste volume). Esse conhecimento evitaria uma série de contratempos na vida do estudante, tanto no plano financeiro (evitaria comprar livros divergentes) como psicológico (teria muitas dúvidas insolúveis em médio prazo). Simbologistas e cabalistas têm técnica distinta na aplicação oracular (tema para o terçeiro volume desta trilogia).

OITO DE OUROS

TAROLOGIA

Simbolismo clássico

Oito moedas (*número 8 = oposição ao equilíbrio; elemento Terra = força material*); a carta também pode ser ilustrada com alguma situação que resulte em *aprendizagem*, *novo trabalho* ou *atividade*, entre diversas possibilidades.

Analogia

A simbologia (número e elemento) sugere o início de uma aprendizagem ou de alguma atividade; tudo indica o surgimento de ciclos diferentes do almejado, situações sem compromissos que se tornam sérias e prósperas ou esforços com perspectivas agradáveis. É interessante observar que aparecem dons que assinalam progresso futuro, e também novos caminhos e pessoas que serão importantes para o (re) florescimento da vida. Podemos extrair uma reflexão: *o otimista sempre acredita em um futuro melhor.*

Sintoma

Força simbólica: realizador, evolucional, cármico. O arcano sucessor é o Nove de Ouros, recompensa dos esforços; o arcano ressoante é o Oito de Espadas, perigo nos projetos. Os sintomas do *Oito de Ouros* (arcano emissor) revelam que chegou o momento de investir em algo diferente e novo, pois será a grande chance de evoluir na vida. Porém, tudo que é novo e não faz parte de nossos objetivos, habitualmente é relegado a um segundo plano. Aqui vale um conselho: substitua, acredite na chance oferecida! Como, por exemplo, uma pessoa que começa a vender bijuterias para suprir o orçamento doméstico e termina por abrir uma grande loja de atacado!

TAROMANCIA

Núcleo

- *Essência*: descoberta, início, perícia, aprendizado.
- *Definição*: perícia, habilidade, aprendizagem, sucesso futuro, sorte.

Atributo básico

- Início de alguma atividade promissora (estudo, trabalho ou relação); momento de árduo trabalho sem garantias presentes, mas de grandes chances futuras; novos horizontes ou abertura de vida que se apresenta; êxito em longo prazo.

Atributo diverso

- *Negativo/invertido*: azar, obstáculo, falência, desinteresse, soberba, intriga.
- *Obstáculo/oposição*: falta de capacidade, de destreza ou de opinião.
- *Orientação/conselho*: aceitar o novo, iniciar reciclagem e renovação.

Note e anote

1. Essa é a primeira carta cármica dos arcanos menores (todas as de número 8), e garante que o destino está ao nosso lado e ofertará boas oportunidades, inclusive chances de reorganização, caso estejamos em um momento negativo. O ganho por intermédio desse arcano é uma dádiva, um presente divino, uma vez que o carma bom se apresenta nesse estágio. É muito comum que o consulente não agregue valor a área que essa carta esteja relacionada; no entanto, é um alerta para ter esperança e acreditar em um futuro melhor que está por surgir. Fé.

NOVE DE OUROS

TAROLOGIA

Simbolismo clássico

Nove moedas (*número 9 = equilíbrio do equilíbrio; elemento Terra = força material*); a carta também pode ser ilustrada com alguma situação que resulte em *conforto* ou *prosperidade*, entre diversas possibilidades.

Analogia

O conjunto simbólico sugere o surgimento de estabilidade dos planos materiais; evolução e segurança mesmo diante de condições negativas; promessas e previsões que se realizam perfeitamente; indica momento favorável a todas as atividades com progresso futuro ou recuperação de tudo o que foi desperdiçado; sorte inesperada ou capacidade para resolver qualquer problema com êxito; relacionamentos ou negócios bem-sucedidos. Podemos extrair uma reflexão: *a recompensa sempre chega para quem se esforça.*

Sintoma

Força simbólica: realizador, aberto. O arcano sucessor é o Dez de Ouros, êxito na vontade; o arcano ressoante é o Nove de Espadas, sofrimento para a realização. Os sintomas do *Nove de Ouros* (arcano emissor) revelam que chegou o tempo para colher o que se plantou ou ser agraciado pelo destino, pois situações agradáveis surgirão para alegrar e dar incentivos para continuar os planejamentos; contudo, mesmo um obstáculo aparente deve ser encarado como passageiro e irrelevante, a vitória é garantida. Assemelha-se à situações em que estamos esperando o resultado do exame do vestibular, sabemos que nem todos conseguirão a vaga, estamos competindo com várias pessoas, mas nós passaremos!

TAROMANCIA

Núcleo

- *Essência*: segurança, equilíbrio, evolução, recompensa.
- *Definição*: estabilidade, segurança, bem-estar, satisfação, realização.

Atributo básico

- Reconhecimento e recompensa dos esforços realizados; sucesso nos projetos ou nos relacionamentos; inteligência e capacidade para organizar a vida; todos os ganhos são frutos merecidos da própria administração; promoção, união.

Atributo diverso

- *Negativo/invertido*: trapaça, falsidade, oportunismo, ingerência, fraude.
- *Obstáculo/oposição*: falta de satisfação, de palavra ou de autoestima.

- *Orientação/conselho*: ter autoconfiança, mas agir com calma e prudência.

Note e anote

1. Esse arcano, mesmo em combinação com uma carta do caminho da dor (12 a 16), tende a solucionar ou eliminar um prejuízo maior, mas não invalidar a possível perda. A energia realizadora e apaziguadora desse simbolismo forma uma rara combinação de sorte e capacidade de solução em todos os níveis. O mérito é todo do consulente!

DEZ DE OUROS

TAROLOGIA

Simbolismo clássico

Dez moedas (*número 10 = evolução; elemento Terra = força material*); a carta também pode ser ilustrada com alguma situação que resulte em *riqueza* ou *felicidade*, entre diversas possibilidades.

Analogia

Realização total e harmoniosa dos desejos e das vontades; satisfação e glória em todos os planejamentos e empreendimentos; boa sorte e soluções totalmente favoráveis; todos os problemas serão dissipados; período feliz no qual se estabelece a riqueza interior e exterior; consciência de todos os limites da vida; alegria em conquistar o que se deseja. Podemos extrair uma reflexão: *a glória é o reconhecimento de um grande trabalho.*

Sintoma

Força simbólica: realizador, evolucional, aberto e conclusivo. Não há arcano sucessor, pois o arcano menor não é cíclico e depende do arcano maior para ser gerado; o arcano ressoante é o Dez de Espadas, finalização do desejo. Os sintomas do *Dez de Ouros* (arcano emissor) revelam o final de todos os problemas e que tudo permanecerá seguro e estável por um longo período; o presente e o futuro são auspiciosos e repletos de bonança. A força desse arcano em questões práticas e realizadoras é inabalável, tudo tende a expansão. Similar àqueles períodos de vida em que, por anos, tudo é perfeito e sem problemas!

> ATENÇÃO: *Qual a razão de nos sintomas dos arcanos menores de número 10 (ouros, espadas, copas, paus) não serem reduzidos ao número 1 (Ás), ou vice-versa, como ocorre nos arcanos maiores?* Vale sempre lembrar que os arcanos maiores simbolizam ideias, e os arcanos menores representam manifestações dessas mesmas ideias. Os arcanos principais serão sempre um moto-contínuo circular e os arcanos auxiliares, uma projeção unidirecional. Se nós reduzíssemos o arcano menor de número 10 (1 + 0 = 1, realização), ele retornaria sua energia para o *Ás* (1, início); contudo o *Ás* necessita da energia criadora do *Rei* e, este, dos demais arcanos da corte. Se ocorresse essa dinâmica, a situação seria totalmente ilógica no campo real. No processo espiritual, o arcano menor só é manifestado quando o arcano maior faz a projeção (esse é um dos princípios do método europeu que aprenderemos no livro 3). Tenha sempre em mente: *a estrutura dos arcanos maiores é circular (espiral ascendente) e a dos arcanos menores, linear entre si (paralelo dos quatro elementos).*

TAROMANCIA

Núcleo

- *Essência*: êxito, satisfação, glória, segurança.
- *Definição*: plenitude, estabilidade, estruturação, administração, aptidão.

Atributo básico

- Segurança e estabilidade nos projetos; prosperidade e crescimento acenam por um longo período; novos rumos bem vantajosos se apresentarão no futuro; período de harmonia e equilíbrio familiar, afetivo ou profissional; perdão, paz.

Atributo diverso

- *Negativo/invertido*: risco, perda, prejuízo, fracasso, insensatez, caos.
- *Obstáculo/oposição*: falta de poder, de controle ou de entusiasmo.
- *Orientação/conselho*: crer em si e na vida, continuar a qualquer custo.

Note e anote

1. Todas as cartas de nominação Ás, Rei e Dez (ouros, espadas, copas, paus) têm força direcional bem delineada. Elas revelam que o consulente está envolvido em uma situação bem precisa e assertiva, não havendo entremeios ou uma circunstância díspar. Também sugerem momentos de grande importância e prenúncio de felicidade, prosperidade e crescimento. Mesmo em situações negativas, essas cartas indicam melhorias futuras.

NAIPE DE ESPADAS

O naipe de espadas simboliza a dinâmica pessoal no mundo social (situações com terceiros e diante de fatos preestabelecidos) e a relação integral do mundo psíquico em direção ao mundo material em todos os níveis, desde a *diretriz* em ter um bem até a *vontade* do contato físico com alguém. Porém, como visto no elemento Ar (volume 1, página 107), não se argumentam as qualidades materiais ou sentimentais, somente o sentido amplo de como "ser" para "ter". O naipe pode ser representado pela espada, faca, flecha, lança, machado, coração negro, ar, vento, silfo, pássaro, anjo, cor amarela ou azul escuro. O elemento Ar simboliza nossa filosofia de vida — nossa crença em um dado momento — e tudo o que podemos *ser* por INTERMÉDIO do planejamento, da idealização, do conhecimento, da razão e da lógica — sempre sob o ponto de vista pessoal. Nessa série se classifica tudo o que é mental, ponderável, analítico e racional; igualmente, todas as formas de diretrizes, objetivos, intenções, metas e lutas pelos ideais, tudo se resume em PENSAMENTO e AÇÃO. Contudo, as cartas desse naipe não ponderam a aquisição real, somente a *intenção* ou a *ação de possuir*.

Para melhor entendimento do ELEMENTO AR e do NAIPE DE ESPADAS pesquise em um dicionário as seguintes palavras: *ser*, *tornar*, *produzir*, *pensar*, *planejar*, *depender*, *existir*, *falar*, *lutar*, *acontecer*, *filosofar*, *determinar*, *avaliar*, *estudar*, *executar*, *comunicar*, *investigar*, *expressar*, *deduzir*, *refletir*, *analisar*, *examinar*, *ponderar*, *argumentar*, *discutir*, *expli-*

car, *advertir*, *tramar*, *desconfiar*, *supor*, *julgar*, *conjeturar*, *duvidar*, *hesitar*, *mexericar*, *anunciar*, *proclamar*. O que elas têm em comum? Encontre o fio condutor e entenderá o sentido arquetípico desse naipe; depois, *reflita*: **o tempo é um obstáculo e o espaço não existe.**

Uma das principais características dessa série é a ausência de compaixão, do perdão, da paz e, principalmente, do equilíbrio psicoemocional; pois o ego, a obsessão, a ambição e a ganância são profundos, deixando o campo das ideias limitado unicamente à razão pessoal e aos conceitos unilaterais. Enquanto no naipe de ouros as realizações estão bem definidas porque o mundo mental já estabeleceu as regras e dissolveu os obstáculos, nessa série (espadas) ainda se luta por um conjunto de diretrizes que resulte na conclusão desejada pelo mundo sentimental (copas).

Quando analisamos o naipe de espadas devemos lembrar que tudo é racional e pessoal — determinado, planejado, definido e intencional; portanto, não há qualidades espirituais, tampouco algum poder material. Assim, durante uma consulta, abrir esse naipe no *plano material* de uma questão significaria, em primeiro lugar, que há muita determinação pessoal e luta para realizar, a numeração ou a corte qualificaria o sentido "bom ou mau" dessa meta; contudo, já entenderíamos o princípio da dificuldade em obter. No *plano sentimental* identificaria a emoção racional e egoísta, e a numeração ou a corte qualificaria o tipo emocional "bom ou mau". No *plano espiritual* identificaria, em princípio, total falta de compreensão dos limites pessoais, a numeração ou a corte indicaria o estágio de negatividade.

PAJEM DE ESPADAS

TAROLOGIA

Simbolismo clássico

Um adolescente em pé (*símbolo de inciativa, curiosidade ou imaturidade*) vestindo roupas comuns (*adereço de condição inferior ou sem poder latente*) e segurando uma espada (*elemento Ar, força mental*); a carta também pode ser ilustrada com alguma situação que resulte em *falsidade* ou *intriga*, entre diversas possibilidades.

Analogia

O simbolismo não deve ser visto de forma pueril, pois a ornamentação está fora da ordem social — nenhum pajem pode empunhar uma espada, somente carregá-la para o cavaleiro! O conjunto clássico sugere pouca elaboração mental e visão diminuta da vida, vaidade em todos os níveis, curiosidade fútil sobre o poder alheio, inconsistência na palavra e nas atitudes; geralmente é um agente de más notícias.

Podemos extrair uma reflexão: *a grama do vizinho é sempre mais verde*, diz um ditado popular.

Sintoma

Força simbólica: dinâmico, unidimensional, centrípeto. O arcano sucessor é o Cavaleiro de Espadas, sagacidade nos objetivos; o arcano ressoante é o Pajem de Copas, confiança em si mesmo. Os sintomas do *Pajem de Espadas* (arcano emissor) revelam uma situação muito constrangedora e enganosa, algum ideal que nunca será cumprido; indicam o desejo em ter o que os outros possuem, mas sem esforço. Assemelha-se àquelas pessoas que nos usam para chegar a outras ou para galgar postos profissionais e depois nos abandonam; ou ainda, aquelas que nos exploram financeiramente por nossa fragilidade emocional e nunca dão nada em troca, apenas prometem.

TAROMANCIA

Núcleo

- *Essência*: dissimulação, vaidade, imaturidade, intriga.
- *Definição*: mentira, imprevidência, incapacidade, falsidade, imoralidade.

Atributo básico

- Perspicácia em realizar desejos por meios imorais ou não convencionais; falta de escrúpulos e insensibilidade à dor alheia; desejo de poder/controle sem dispor de capacidade real; imaturidade, embuste, calúnia, intriga ou fofoca.

Atributo diverso

- *Negativo/invertido*: verdade, vigilância, cooperação, amizade, fidelidade.

- *Obstáculo/oposição*: falta de astúcia, de autoestima ou de vaidade.
- *Orientação/conselho*: ser evasivo, não revelar o que pensa ou deseja.

Note e anote

1. O *Pajem de Espadas* deve ser analisado com certa reserva, por não ser um agente muito positivo em um lançamento (por mais otimista que um tarotista possa ser); ele alerta para promessas que não serão cumpridas, embora o próprio consulente acredite que as realizará. Igualmente revela a visão distorcida dos fatos que circundam os desejos da situação analisada. Inúmeras vezes essa condição (conduta inapropriada) é inconsciente. Apesar dessas análises pouco favoráveis, tudo ainda pode ser revisto e administrado de forma a reorganizar os projetos. *Lembre-se*: estamos no naipe que se relaciona com *atos* e não com *realizações*; portanto, aqui, poderá haver renovação com a verdade.

CAVALEIRO DE ESPADAS

TAROLOGIA

Simbolismo clássico

Um homem jovem (*símbolo de vigor e desejo*) com roupas elegantes (*símbolo de status social e médio poder de ação*), montado em um cavalo (*símbolo de força e poder direcionado*) e segurando uma espada (*elemento Ar, força mental*); a carta também pode ser ilustrada com alguma situação que resulte em *batalha* ou *bravura*, entre diversas possibilidades.

Analogia

O conjunto simbólico, com ornamento bem adequado, indica maestria nas lutas e nos confrontos para realização dos desejos; inteligência, força de vontade e ação decisiva nos imprevistos; sugere que se terá sagacidade e perícia em conquistar os anseios e também que a palavra ou a promessa será mantida até o fim. Irreversibilidade das metas e dos acontecimentos, ocasionando a continuidade dos objetivos a qualquer preço, tudo avança. Podemos extrair uma reflexão: *a perseverança é a melhor amiga da realização!*

Sintoma

Força simbólica: dinâmico, unidimensional, aberto, conclusivo. O arcano sucessor é a RAINHA DE ESPADAS, obstinação do desejo; o arcano ressoante é o CAVALEIRO DE COPAS, sedução da vontade. Os sintomas do *Cavaleiro de Espadas* (arcano emissor) revelam um momento peculiar em nossa vida: a investida impetuosa, a certeza da vitória em médio prazo quando nada impedirá o desenvolvimento das metas; tudo nesse arcano é contundente, ele irá até o fim para realizar os propósitos. Assemelha-se àqueles momentos em que nos esforçamos ao máximo para melhorar financeiramente a fim de, em longo prazo, comprar uma casa própria ou fazer uma grande viagem.

TAROMANCIA

Núcleo

- *Essência*: ímpeto, intrepidez, conquista, capacidade.
- *Definição*: bravura, determinação, decisão, disposição, competência.

Atributo básico

- Ousadia e ação sem temor; desejo ou projeto inabalável; ação racional e prática diante de qualquer situação; possibilidade de sucesso por mérito; perseverança e disposição, mesmo diante de obstáculos e conflitos; coragem, eficácia, fé.

Atributo diverso

- *Negativo/invertido*: incapacidade, imprudência, medo, fracasso, desunião.

- *Obstáculo/oposição*: falta de intrepidez, de sagacidade ou de ousadia.
- *Orientação/conselho*: ter disposição e coragem para enfrentar os problemas.

Note e anote

1. Ao contrário do arcano antecessor, no qual a palavra não é cumprida, nessa carta a palavra é um código moral. Se no *Pajem de Espadas* não encontramos plena confiança nos resultados, no *Cavaleiro de Espadas* é possível ter a certeza de uma boa finalização. Um é leviano e fugaz; o outro, consistente e inabalável.

2. Uma das razões pela qual adoro usar o método europeu é o fato de descobrir situações muito interessantes, uma vez que o arcano auxiliar sempre revelará a dimensão do arcano principal. Por exemplo, em uma questão do plano sentimental: *Diabo + Pajem de Espadas* = paixão efêmera, fugaz, passageira, enganosa. *Diabo + Cavaleiro de Espadas* = paixão intensa, profunda, impetuosa, verdadeira. Notou a grande diferença: a paixão enganosa *versus* verdadeira com o mesmo arcano maior (15)? Há um abismo, não há? Não há, portanto, arcano bom ou mal, somente situações boas ou más.

RAINHA DE ESPADAS

TAROLOGIA

Simbolismo clássico

Uma mulher adulta (*símbolo de intuição e inteligência*) vestindo roupas reais (*símbolo de status social e poder pessoal*), sentada em um trono (*símbolo de governo e domínio*), segurando uma espada em punho (*elemento Ar, força mental*); a carta também pode ser ilustrada com alguma situação que resulte em *crueldade* ou *indiferença*, entre diversas possibilidades.

Analogia

Assim como a simbologia do *Pajem de Espadas*, encontramos nessa carta uma ornamentação inadequada (rainha + espada), sugerindo a falta de sensibilidade e de compreensão; pois, o foco é a intolerância ou ideias obsoletas. Também indica perspicácia e ardil por retaliação, reparação ou vingança, mesmo que tola; fanatismo ou obsessão em solucionar fatos ou perdas; costuma apontar algum prejuízo ou traição como desculpa por suas atitudes. Em todos os aspectos sugere agonia, amargura ou infelicidade, igualmente: solidão, tristeza ou adversidade causada pelo próprio comportamento. Podemos extrair uma reflexão: *sem perdão, não há felicidade.*

Sintoma

Força simbólica: dinâmico, unidimensional, centrípeto. O arcano sucessor é o Rei de Espadas, poder incontestável; o arcano ressoante é a Rainha de Copas, enigma dos desejos. Os sintomas da *Rainha de Espadas* (arcano emissor) indicam uma situação muito delicada, sendo necessário ter cautela. Essa carta revela alguma vingança ou revanche planejada, mesmo que sutil, devido a amarguras, decepções ou perdas; a busca incansável de satisfação, que dificilmente chegará com o ritmo escolhido. O melhor exemplo são os divorciados que se vingam eternamente pelo casamento fracassado, incapazes de serem felizes por culparem o outro pela desgraça.

TAROMANCIA

Núcleo

- *Essência*: intolerância, rancor, obsessão, vingança.
- *Definição*: esterilidade, frieza, distanciamento, vingança, raiva, calúnia.

Atributo básico

- Egoísmo, soberba, dissimulação; necessidade urgente de reparação emocional ou material; intolerância e incapacidade de compartilhamento; ira, punição, revanche ou represália por incompreensão; ausência de paz, afeto ou amor.

Atributo diverso

- *Negativo/invertido*: resignação, humildade, lassidão, limitação, fraqueza.
- *Obstáculo/oposição*: falta de obstinação, de ambição ou de ação contumaz.
- *Orientação/conselho*: manter o desejo e a vontade a qualquer preço.

Note e anote

1. *Rainha de Espadas* e *Pajem de Espadas* revelam situações delicadas que devem ser analisadas com cautela; ambos os arcanos indicam dissimulação, frieza ou egoísmo. No entanto, o *Pajem de Espadas* muda rapidamente de opinião, ao contrário da *Rainha de Espadas* que é obstinada e dificilmente sairá de sua rota de colisão. Muitas vezes, a percepção do mundo — em face de uma paixão avassaladora ou de algum ideal profissional, por exemplo — impede a conscientização dos próprios limites. Esse comportamento resulta em uma necessidade urgente (quase desesperadora) de reparação ou de realização; contudo, é um caminho sem solução, sem alegrias ou qualquer recuperação. Não há saída. O melhor é rever as atitudes (mesmo que jure estar com a razão) e acalmar o coração, buscando alternativas.

REI DE ESPADAS

TAROLOGIA

Simbolismo clássico

Homem adulto (*símbolo de destreza e do autocontrole*) vestindo roupas reais (*símbolo de status social e poder pessoal*), sentado em um trono (*símbolo de governo e domínio*), segurando uma espada (*elemento Ar, força mental*); a carta também pode ser ilustrada com alguma situação que resulte em *domínio* ou *autoridade*, entre diversas possibilidades.

Analogia

O simbolismo dessa carta se encontra mais próximo da força de um imperador; por isso, sugere liderança e controle total sob qualquer situação (certa ou errada), tangenciando a vitória absoluta. Podemos resumir que a superioridade e o poder pessoal contidos nesse ornamento indica conquista eficaz ou (re)organização da vida, tanto quanto perspicácia, análise, meta, estratégia e luta bem definidas para alguma realização incondicional; também revela austeridade, rudeza e ingratidão como tônica final. Podemos extrair uma reflexão: *o livre-arbítrio está acima do bem e do mal.*

Sintoma

Força simbólica: realizador, unidimensional, aberto, conclusivo. O arcano sucessor é o Ás de Espadas, vontade absoluta; o arcano ressoante é o Rei de Copas, progresso da vida. Os sintomas do *Rei de Espadas* (arcano emissor) revelam outro momento peculiar em nossa vida: ganhar ou ganhar, não importa se temos razão ou não! Contudo, se refere à incapacidade em entender os deveres pessoais, atendo-se apenas aos direitos. Assemelha-se àqueles momentos em que uma pessoa é julgada por algum delito que realmente cometeu e é absolvida por falta de testemunhas ou erro do processo judicial. Poderíamos chamar de sorte ou carma? O poder dessa carta é inquestionável!

TAROMANCIA

Núcleo

- *Essência*: domínio, austeridade, vitória, estratégia.
- *Definição*: determinação, dominação, superioridade, realização, força.

Atributo básico

- Severidade ou inflexibilidade com o próprio desejo; força de vontade e realização a todo custo; autocontrole e domínio sobre qualquer situação; capacidade analítica e distanciamento afetivo; razão, dedução, praticidade.

Atributo diverso

- *Negativo/invertido*: fracasso, perversão, estagnação, conflito, ruína, perigo.

- *Obstáculo/oposição*: falta de domínio, de estratégia ou de liderança.
- *Orientação/conselho*: ser austero, combativo e administrador dos fatos.

Note e anote

1. Essa carta, em particular, revela que tudo está a favor do consulente. Não importa se ele está fazendo algo correto ou ilegal, o *Rei de Espadas* é o senhor absoluto do livre-arbítrio. Poderíamos dizer que é o próprio destino ou as leis do carma que estão abrindo os caminhos, abençoando ou que seja lá o que for; então, aproveite!

2. Vale lembrar que todos os reis têm qualidade realizadora; portanto, em lançamento com o método europeu, essa carta enfatizará o sucesso do arcano maior correspondente ou tentará reorganizar o problema, se houver. Por exemplo, em uma questão do plano material: *Sol + Rei de Espadas* = sucesso absoluto e avanço irreversível; recompensas pela dedicação e investimento. *Pendurado + Rei de Espadas* = obstáculo que se tentará solucionar a qualquer custo, mesmo sabendo da dificuldade e do prejuízo vindouro.

ÁS DE ESPADAS

TAROLOGIA

Simbolismo clássico

Uma grande espada (*número 1 = princípio do princípio; elemento Espadas = força mental*); a carta também pode ser ilustrada com alguma situação que resulte em *ação* ou *força*, entre diversas possibilidades.

Analogia

O simbolismo da carta, uma enorme espada, indica a supremacia, o poder inexorável e a força direcionada para qualquer tipo de luta; sugere conquista, persuasão, capacidade de administrar uma situação até que se realize; também, disposição incansável, coragem, autoconfiança, energia pessoal ou dinamismo que desenvolvem a afirmação da vontade (boa ou má); intenção irreversível e sentimentos profundos. Podemos extrair uma reflexão: *precisamos estar sempre alertas!*

Sintoma

Força simbólica: realizador, dinâmico, aberto, conclusivo. O arcano sucessor é o Dois de Espadas, confronto de ideias; o arcano ressoante é o Ás de Copas, abundância da vontade. Os sintomas do *Ás de Espadas* (arcano emissor) revelam a nossa afirmação do amor ou do ódio. Essa carta é a solução ou o domínio de nossos problemas mais profundos, sendo o momento exato de uma veemente conquista (ou perda). A carta em si é um prenúncio de forte energia e sucesso, mesmo diante de negatividade (ou obstáculos). Assemelha-se àqueles casos em que se idealiza um parceiro afetivo, partindo diariamente em sua busca, terminando por encontrá-lo.

TAROMANCIA

Núcleo

- *Essência*: vontade, ação, conquista, persuasão.
- *Definição*: triunfo, poder, autoridade, força, vigor, fertilidade, sorte.

Atributo básico

- Forte energia do poder abrupto e inquestionável; capacidade intelectual, determinação ou direção na realização dos desejos; sentimento profundo (amor ou ódio) que se pronuncia diante de uma conclusão; arrebatamento, furor.

Atributo diverso

- *Negativo/invertido*: infortúnio, enfraquecimento, esterilidade, autodestruição.
- *Obstáculo/oposição*: falta de desejo, de força ou de capacidade.
- *Orientação/conselho*: ter disposição e garra para alcançar os desejos.

Note e anote

1. Essa carta não determina positividade ou negatividade, pois sua energia criadora depende do arcano ou situação associada. Por exemplo, em uma questão sentimental: *Enamorado + Ás de Espadas* = amor profundo, alegria, felicidade, sentimento puro e verdadeiro; *Torre + Ás de Espadas* = dor profunda, desespero, lágrimas, perda emocional irreversível.

2. Os arcanos da corte de espadas, em situações de perda, tendem a lutar pela recuperação ou solução imediata dos fatos. Os arcanos numerados, por sua vez, são mais fixos nos resultados. Essa leitura se deve ao fato de a corte ser um elemento intermediário entre o arcano principal e o arcano auxiliar numerado (veja página 111, volume 1).

DOIS DE ESPADAS

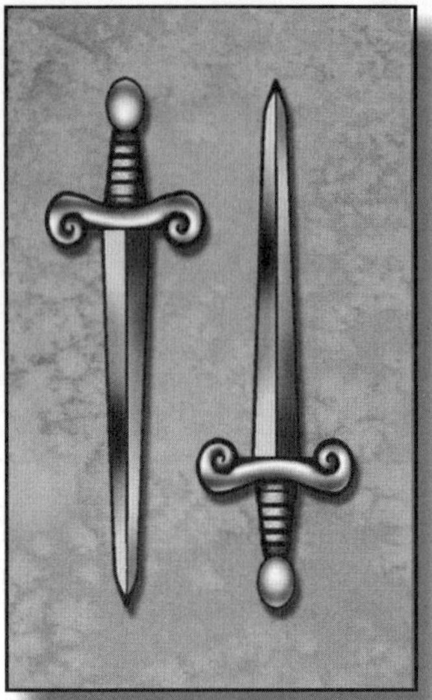

TAROLOGIA

Simbolismo clássico

Duas espadas (*número 2 = oposição ao princípio; elemento Espadas = força mental*), geralmente alternadas ou cruzadas (*símbolo de obstinação e rivalidade*); a carta também pode ser ilustrada com alguma situação que resulte em *luta* ou *discórdia*, entre diversas possibilidades.

Analogia

O ornamento é claro: dualidade, por isso, sugere discussão e impasse cujo grau de rivalidade é tamanho que encontramos deturpação dos fatos por orgulho; indica duplicidade comportamental como tentativa de ganhar (mas irá perder ou ter grande prejuízo); tentativa de harmonia com terceiros por intermédio de mentiras ou mexericos; angústia ou conflito interior por não confiar na verdade. Essa carta adverte que a dúvida corrosiva ou a tensão nervosa está bloqueando a capacidade de raciocínio, gerando ceticismo ou falta de fé. Podemos extrair uma reflexão: *o sucesso está no acordo, não no ganho unilateral.*

Sintoma

Força simbólica: retrógrado, unidimensional, centrípeto, cármico. O arcano sucessor é o TRÊS DE ESPADAS, derrota da vaidade; o arcano ressoante é o DOIS DE COPAS, harmonia dos objetivos. Os sintomas do *Dois de Espadas* (arcano emissor) revelam que estamos diante de convicções entre duas situações distintas (nossa e a de outra pessoa); sob o ponto de vista pessoal, ambos têm suas razões, mas sob a ótica social ou espiritual todos estão errados. Assemelha-se àqueles casos em que um casal se divorcia e cada um acha que deve ter mais vantagens; ambos acabam magoados, sem nunca chegar ao objetivo inicial, pois o desfecho será determinado pela lei (um terceiro elemento).

TAROMANCIA

Núcleo

- *Essência*: discórdia, disputa, rivalidade, empate.
- *Definição*: conflito, dificuldade, duplicidade, falsidade, discussão, empate.

Atributo básico

- Desavença e incapacidade de acordo; forte oposição e dificuldade de solução; tensão e tormento para realizar o que se deseja; opiniões divergentes ou confrontos que geram inimizade ou danos com prejuízos irreparáveis; egoísmo.

Atributo diverso

- *Negativo/invertido*: harmonia, acordo, afinidade, associação, união, verdade.

- *Obstáculo/oposição*: falta de opinião, de luta ou de perspectiva futura.
- *Orientação/conselho*: mesmo diante de obstáculos, lutar até o fim.

Note e anote

1. Os arcanos menores *Dois de Espadas*, *Quatro de Espadas* e *Quatro de Copas* indicam algum valor pessoal intransferível e inaceitável por terceiros; eles revelam egoísmo e soberba, gerando incompreensão e, consequentemente, dificultam qualquer realização satisfatória.

2. Essa carta é um alerta para a negatividade da vaidade ou do orgulho, pois não se admite uma terceira hipótese para as partes envolvidas. Sim, ambos têm razão, por isso não haverá solução satisfatória, apenas brigas, desavenças e vingança. O grande mistério desse arcano se chama transcendência ou equilíbrio dos opostos; deve-se entender a razão do outro. Insistindo na verdade pessoal, o resultado será apenas um: fracasso.

TRÊS DE ESPADAS

TAROLOGIA

Simbolismo clássico

Três espadas cruzadas (*número 3 = equilíbrio do princípio; elemento Espadas = força mental*), geralmente alternadas ou cruzadas (*símbolo de obstinação e rivalidade*); a carta também pode ser ilustrada com alguma situação que resulte em *morte* ou *ferimento*, entre diversas possibilidades.

Analogia

O simbolismo dessa carta indica desencanto ou decadência dos projetos, seguido de tristeza e lágrimas nos resultados; consciência entorpecida pelos desenganos e mentiras ocorridos, originando desapontamento e conflito. A carta sugere desordem momentânea e dispersão dos objetivos; incapacidade de continuação ou conclusão infeliz; nenhuma promessa, palavra ou contrato é cumprido a contento; oposição, abandono, ferimento e desgosto irreversível. Podemos extrair uma reflexão: *nem todos os esforços são úteis.*

Sintoma

Força simbólica: retrógrado, dinâmico, centrípeto, cármico. O arcano sucessor é o QUATRO DE ESPADAS, suspensão dos planos; o arcano ressoante é o TRÊS DE COPAS, resolução dos obstáculos. Os sintomas do *Três de Espadas* (arcano emissor) revelam que nada é para sempre, sendo um alerta para nossa infantilidade em acreditar em tudo o que nos prometem ou por acharmos que todos são iguais a nós. Ledo engano! A carta também sugere que no futuro haverá um novo caminho, melhor do que se pensa. Assemelha-se àquelas ocasiões em que se planeja para si e para o companheiro, desejamos o melhor para nós; contudo, nos esquecemos de que a outra "parte" também tem os próprios desejos. Aqui não se pode amar ou trabalhar por dois!

TAROMANCIA

Núcleo

- *Essência*: decepção, desengano, desilusão, rompimento.
- *Definição*: tristeza, lágrimas, conflito, perda, incompatibilidade, confusão.

Atributo básico

- Sofrimento e dor causados por desilusão; antagonismo de ideias e desejos entre os envolvidos; oposição e ruptura com grande desapontamento; incapacidade de reconciliação ou retorno à felicidade; erro, alienação, dispersão, demora.

Atributo diverso

- *Negativo/invertido*: alegria, união, reciprocidade, acordo, realização, verdade.

- *Obstáculo/oposição*: falta de finalização, de acabamento ou de acerto.
- *Orientação/conselho*: eliminar tudo o que aflige, concluir e renovar.

Note e anote

1. Essa carta simboliza o ganho inútil ou o fim de uma situação que nunca seria positiva, tampouco traria felicidade e, ao mesmo tempo, revela que em longo prazo haverá um novo caminho próspero, outras oportunidades.

2. Observe a riqueza de detalhes quando usamos a combinação de cartas (principal + auxiliar). *Pendurado* + *Três de Espadas* = sacrifício ou decisão errada, realização impossível, ocorrendo pranto, agonia e sofrimento. *Sol* + *Três de Espadas* = realização com prejuízo inevitável, aquisição defeituosa; decepção com o resultado, insatisfação, aborrecimento. Observe que o sofrimento do *Três de Espadas* foi ampliado na primeira combinação e diminuído na segunda. Atente que a resignação do *Pendurado* se tornou agonia e a felicidade do *Sol*, insatisfação.

QUATRO DE ESPADAS

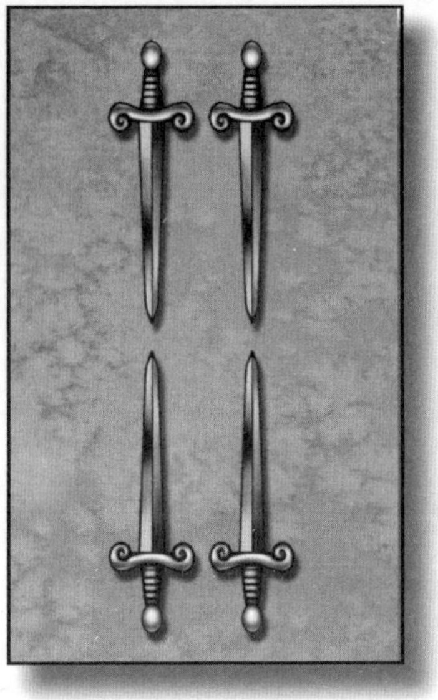

TAROLOGIA

Simbolismo clássico

Quatro espadas (*número 4 = princípio da oposição; elemento Espadas = força mental*), geralmente alternadas ou cruzadas (*símbolo de obstinação e rivalidade*); a carta também pode ser ilustrada com alguma situação que resulte em *desarmamento* ou *repouso*, entre diversas possibilidades.

Analogia

A simbologia e a estrutura revelam atos e atitudes que estão em suspenso por falta de capacidade administrativa, pois a situação se encontra em um nível no qual não há condições de melhoria. A carta sugere adiamento sem previsão de retorno, isolamento e silêncio que ocasionam introspecção ou preocupação excessiva; também indica reclusão temporária, imobilização não desejada, mas sendo um obstáculo transponível (futuro). Por vezes, esse arcano aponta exaustão, cansaço e fadiga. Podemos extrair uma reflexão: *sem planejamento, não há futuro.*

Sintoma

Força simbólica: transicional, lento, centrípeto, cármico. O arcano sucessor é o CINCO DE ESPADAS, insensatez momentânea; o arcano ressoante é Quatro de Copas, insatisfação pessoal. Os sintomas do Quatro de Espadas (arcano emissor) revelam que estamos improdutivos ou atormentados pela falta de oportunidade; também, reclusos por estarmos decepcionados, como se fosse um meio de proteção. Porém, estamos agindo errado, é momento de reorganizar a vida! Assemelha-se àqueles momentos em que sofremos uma perda profissional ou afetiva e ficamos ressentidos, sem planejar nada, sem acreditar na vida; contudo, ela continua! Quem está fechado, somos nós!

TAROMANCIA

Núcleo

- *Essência*: inércia, isolamento, adiamento, silêncio.
- *Definição*: reclusão, retirada, solidão, abandono, convalescência, preguiça.

Atributo básico

- Suspensão temporária de qualquer atividade; solidão ou distanciamento forçado ou voluntário; incapacidade de realização por falta de oportunidade ou falta de sorte; ausência de ajuda de amigos, parentes ou do próprio destino.

Atributo diverso

- *Negativo/invertido*: solução, oportunidade, liberdade, convite, comunicação.

- *Obstáculo/oposição*: falta de silêncio, de suspensão ou de inércia.
- *Orientação/conselho*: deixar o destino fluir, adiar os projetos, descansar.

Note e anote

1. A condição prática que envolve esse arcano é aparentemente similar a do *Seis de Ouros*; pois, ambos revelam que a situação está sem atividade ou em suspenso pelo livre-arbítrio. Contudo, o *Quatro de Espadas* é pela fadiga ou aborrecimento e o *Seis de Ouros*, pela hesitação em escolher o melhor.

CINCO DE ESPADAS

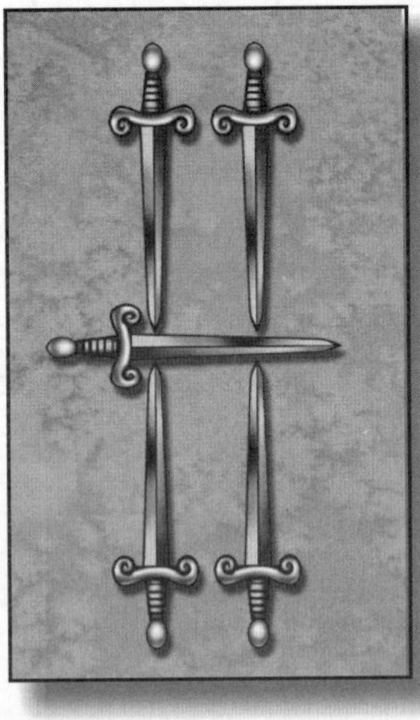

TAROLOGIA

Simbolismo clássico

Cinco espadas (*número 5 = oposição à oposição; elemento Espadas = força mental*), geralmente alternadas ou cruzadas (*símbolo de obstinação e rivalidade*); a carta também pode ser ilustrada com alguma situação que resulte em *fracasso* ou *decepção*, entre diversas possibilidades.

Analogia

O ornamento dessa carta indica ideias fixas em situações que são enganosas, repetição de erros ou a insistência por algo inútil e sem futuro (frivolidade), desperdício do precioso tempo com explicações e conceitos inúteis (vaidade). Geralmente revela alguma realização seguida de derrota por infâmia ou ingerência, fase longa e muito difícil de situações humilhantes, degradação moral pela ânsia de poder ou posse de qualquer coisa sem valor algum (soberba); metas ilusórias, confrontações ou brigas absolutamente desnecessárias. Podemos extrair uma reflexão: *a imaturidade é a mola da desgraça.*

Sintoma

Força simbólica: transicional, cármico e lento. O arcano sucessor é o Seis de Espadas, vazio interior; o arcano ressoante é o Cinco de Copas, frustração pessoal. Os sintomas do *Cinco de Espadas* revelam uma fase negativa baseada no ego e na ambição, mas faltam estrutura material e conhecimento da vida. Essas questões são ignoradas e a tendência é fracassar, terminando por ser a vítima da própria armadilha. Como naqueles casos em que temos dívidas financeiras e emprestamos dinheiro para cobrir os empréstimos passados sonhando que brevemente iremos receber uma promoção. Ledo engano, o buraco negro chegou!

TAROMANCIA

Núcleo

- *Essência*: engano, desequilíbrio, desperdício, desonra.
- *Definição*: derrota, degradação, desamparo, miséria, cancelamento, plágio.

Atributo básico

- Infortúnio, fracasso ou limitação por erro próprio, falta de perspectiva do meio ambiente ou da própria vida; projeto, opinião, acordo ou promessa duvidosa; lutas e sacrifícios inúteis; cuidado: inimigos ou concorrentes poderosos.

Atributo diverso

- *Negativo/invertido*: produtividade, diligência, justiça, segurança, acordo.
- *Obstáculo/oposição*: falta de perseverança, de obstinação ou de luta.

- *Orientação/conselho*: deixar o tempo passar, não fazer nada, nem opinar.

Note e anote

1. Se no *Cinco de Ouros* encontramos prejuízo material ou distanciamento físico, no *Cinco de Espadas* observamos perda de tempo no planejamento, na promessa ou na atitude. Ambos alertam para o fracasso (embora o consulente acredite no sucesso); contudo, indicam que ainda é possível a solução dos fatos mediante uma nova postura.

2. Todo arcano auxiliar de número cinco é um divisor de águas, sendo o limiar entre situações antigas que ainda persistem e mudanças para novas perspectivas (boas ou más), tende a observar somente o presente, o aqui e agora, não avaliando todas as condições futuras.

SEIS DE ESPADAS

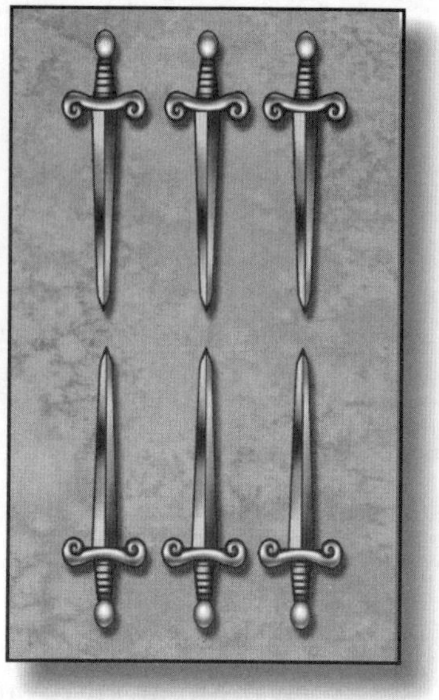

TAROLOGIA

Simbolismo clássico

Seis espadas (*número 6 = equilíbrio da oposição; elemento Espadas = força mental*), geralmente alternadas ou cruzadas (*símbolo de obstinação e rivalidade*); a carta também pode ser ilustrada com alguma situação que resulte em *viajem* ou *repouso*, entre diversas possibilidades.

Analogia

O conjunto simbólico da carta sugere indefinição com o meio ambiente, vazio interior ou preguiça nos projetos de vida que resulta em ansiedade ou nervosismo por não saber do futuro; também indica hesitação e instabilidade do humor sem causa aparente, falta de reflexão nos propósitos. Esse arcano aponta uma fase de mudança e libertação, mas nada é consciente, por isso, pode haver medo, receio, ausência de fé ou de autoestima, negligência com a própria vida, falta de acuro consigo mesmo. Podemos extrair uma reflexão: *a falta de objetivos conduz ao nada.*

Sintoma

Força simbólica: transicional e cármico. O arcano sucessor é o Sete de Espadas, cautela nos objetivos; o arcano ressoante é o Seis de Copas, recordação do passado. Os sintomas do *Seis de Espadas* (arcano emissor) revelam que estamos entrando em um terreno desconhecido, e que essa transição causa embaraço ou resistência. Na realidade todos os obstáculos estão sendo causados pela própria pessoa. Haverá apenas uma saída: autoconfiança, otimismo ou força de vontade para abandonar o passado. Similar aos casos de depressão, negativismo ou apatia decorrente de alguma mudança indesejada, como, por exemplo, uma demissão ou divórcio.

TAROMANCIA

Núcleo

- *Essência*: negligência, inação, impotência, ausência.
- *Definição*: desmazelo, incapacidade, intervenção, suspensão, ineficácia.

Atributo básico

- Ingerência frente a fatos imprevistos, sem definição, desordem; projeto ou proposta indesejável ou irrelevante; suspensão ou adiamento em longo prazo; impossibilidade de encontrar alguma solução, indefinição.

Atributo diverso

- *Negativo/invertido*: labuta, esforço, responsabilidade, vigor, transformações.

- *Obstáculo/oposição*: falta de férias, de lazer ou de despreocupação.
- *Orientação/conselho*: relaxar, meditar e, ainda, tirar férias e passear.

Note e anote

1. Essa carta também pode indicar a necessidade de alguma viagem ou férias obrigatórias. Nada é por prazer, tampouco planejado. Como por exemplo, viajar a trabalho ou por alguma urgência. Às vezes, um compromisso é cancelado e surgem outros mais urgentes, mas todos sem conclusão satisfatória. Tudo é indeterminado.

SETE DE ESPADAS

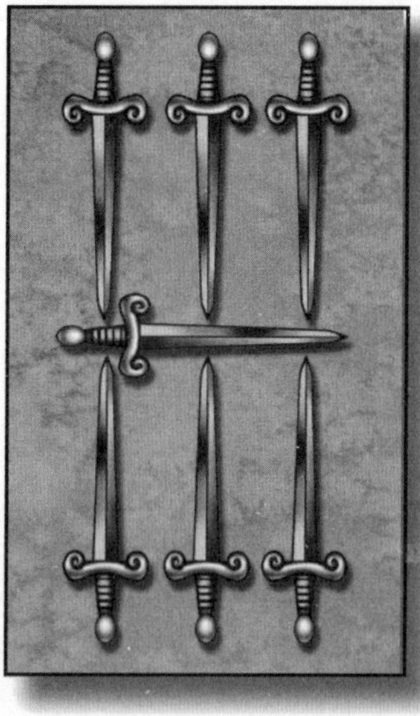

TAROLOGIA

Simbolismo clássico

Sete espadas (*número 7 = princípio do equilíbrio; elemento Espadas = força mental*), geralmente alternadas ou cruzadas (*símbolo de obstinação e rivalidade*); a carta também pode ser ilustrada com alguma situação que resulte em *diplomacia* ou *máscaras*, entre diversas possibilidades.

Analogia

Esse arcano revela um momento muito delicado em meio a inimigos ou a alguma trama prejudicial; no entanto, existe a possibilidade de reversão dessas situações negativas ou de outras que pareciam perdidas. A posição estrutural da carta indica que o ganho é possível se houver malícia, perspicácia e cautela na condução dos fatos; há uma chance de reorganizar a vida e solucionar todos os conflitos e problemas, por isso, sugere atenção com as palavras e as promessas, uma vez que o momento ainda é muito frágil. Podemos extrair uma reflexão: *há uma luz no fim do túnel! Será uma saída ou o trem?*

Sintoma

Força simbólica: transicional, lento, centrípeto. O arcano sucessor é o OITO DE ESPADAS, conflito de ideais; o arcano ressoante é o SETE DE COPAS, devaneio dos desejos. Os sintomas do *Sete de Espadas* (arcano emissor) revelam que devemos ser o mais astutos possível, pois falar pouco é o grande segredo. Na realidade, estamos em meio a pessoas extremamente ciumentas ou invejosas, puritanas ou austeras, inflexíveis ou arrogantes, mexeriqueiras ou inimigas. Assemelha-se a algumas situações em um relacionamento afetivo: por que falar que encontrou o ex-namorado no supermercado? Claro que o melhor é evitar! Omitir não é mentir e, muitas vezes, calar é sinal de inteligência.

TAROMANCIA

Núcleo

- *Essência*: possibilidade, diplomacia, cautela, chance.
- *Definição*: empenho, trabalho, competição, novos planos, esperança.

Atributo básico

- Situações perigosas que demandam diplomacia ou sociabilidade; projetos que podem se realizar caso aja astúcia; novos planos em meio à incerteza e à instabilidade; esperança em meio ao caos; traição que pode ser solucionada.

Atributo diverso

- *Negativo/invertido*: negligência, maledicência, discussão, briga, infidelidade.

- *Obstáculo/oposição*: falta de habilidade, de cautela ou de educação.
- *Orientação/conselho*: ser diplomático, falar o necessário e ter muito cuidado.

Note e anote

1. Considero essa carta uma dádiva em meio ao caos, pois adverte claramente que sejamos comedidos com palavras e atitudes se desejarmos ganhar. Ora, nem sempre a verdade ou a exposição dos fatos reais deve ser dita, por mais branda (e pueril) que pareça ser. O pano de fundo desse momento são energias negativas que desejam interferir na felicidade e necessitam de elementos para coibir o desejo. Se tiver sangue frio, cale-se até para o melhor amigo e passe incólume por essa tempestade; caso contrário, o fracasso ou a briga é inevitável. *Em boca fechada não entra mosquito*, dizia minha querida avó Eugênia.

OITO DE ESPADAS

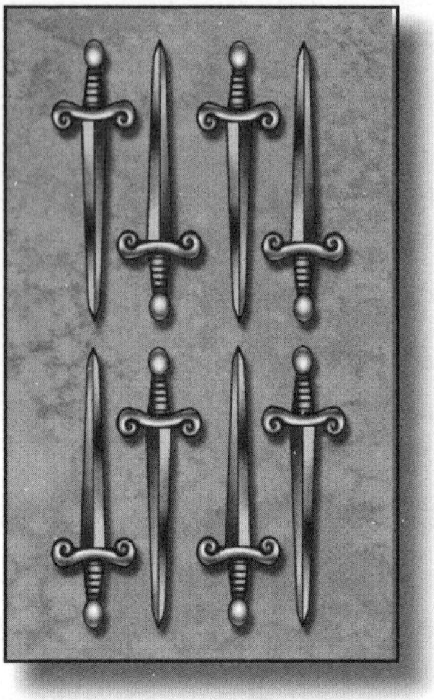

TAROLOGIA

Simbolismo clássico

Oito espadas (*número 8 = oposição ao equilíbrio; elemento Espadas = força mental*), geralmente alternadas ou cruzadas (*símbolo de obstinação e rivalidade*); a carta também pode ser ilustrada com alguma situação que resulte em *fracasso* ou *falecimento*, entre diversas possibilidades.

Analogia

O ornamento e a posição estrutural dessa carta revelam perigo e conflito iminente por traição, fraude ou engodo; essa carta indica o surgimento de más notícias ou perdas acidentais por negligência própria, cujo descuido provocará mais confusão e dificuldades; o arcano sugere censura/crítica social ou familiar, uma vez que erros e mentiras serão descobertos. Indica esforço inútil na libertação dos problemas acumulados, além de limitação ou de dissolução da vontade e do poder pessoal. Podemos extrair uma reflexão: *a verdade destrói o ego, mas cura a alma.*

Sintoma

Força simbólica: retrógrado, evolucional, cármico. O arcano sucessor é o Nove de Espadas, desespero pela derrota; o arcano ressoante é o Oito de Copas, fracasso total. Os sintomas do *Oito de Espadas* (arcano emissor) revelam que tentamos manipular tudo a nossa volta, inclusive o próprio destino, mas essa tentativa de poder será destruída. Esse arcano representa o exato momento da correção de nossas atitudes. Às vezes, o erro não é consciente porque todos nós temos inúmeros motivos para explicar as atitudes! Assemelha-se à situação em que um homem conta ao melhor amigo que está tendo uma relação extraconjugal; este, por sua vez, conta a sua namorada que, então, revela o caso a esposa traída. O homem com certeza absoluta dirá que foi traído pelo amigo — contudo, ele estava errado em ter uma amante!

TAROMANCIA

Núcleo

- *Essência*: perda, traição, perigo, conflito.
- *Definição*: reprovação, fatalidade, perfídia, confusão, condenação, prejuízo.

Atributo básico

- Período delicado com perdas severas e dificuldades por responsabilidade própria; deslealdade (sempre da pessoa consultada) que será revelada; omissão de fatos importantes; resultado sempre frustrante e com prejuízos, desespero.

Atributo diverso

- *Negativo/invertido*: superação, ganhos, controle, dominação, sorte, lucros.
- *Obstáculo/oposição*: falta de verdade, de crítica ou de dissolução.
- *Orientação/conselho*: revelar toda a verdade, não comungar com a injustiça.

Note e anote

1. Vale sempre lembrar que essa carta indica traição, seja de um negócio, de uma amizade ou de um relacionamento (dependerá do método aplicado); outras vezes, pode salientar o calote, a dívida impagável, nome no SPC; também todo tipo de negócio ilícito, mesmo os de menor valor relativo, como, por exemplo, trazer um produto além da cota permitida na alfândega e não declará-lo a Receita Federal.

2. Encontramos a segunda carta cármica de número 8 — se no *Oito de Ouros* havia as benesses do destino sendo ofertadas ao consulente, aqui, no *Oito de Espadas*, o destino fará uma intervenção, mesmo que mínima. A correção é um fator inevitável nesse arcano (desculpem-me os amantes do livre-arbítrio: aqui não há qualquer livre-arbítrio, pois nem sempre se pode ganhar). O mais importante é assumir o erro e ser flexível, pois, insistindo, a vitória é apenas aparente. O fracasso é inevitável. Mudar o paradigma é a chave para o sucesso.

NOVE DE ESPADAS

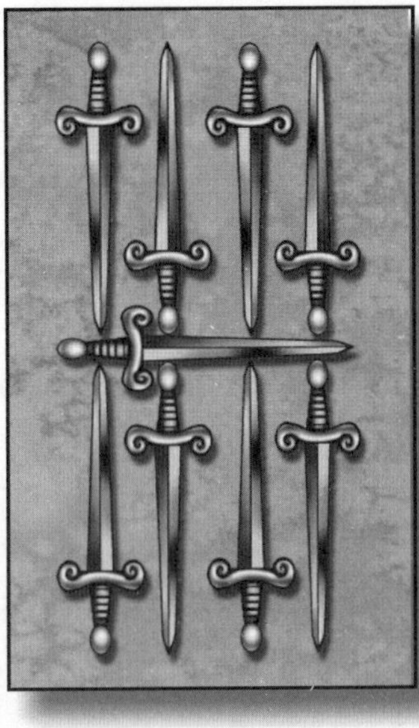

TAROLOGIA

Simbolismo clássico

Nove espadas (*número 9 = equilíbrio do equilíbrio; elemento Espadas = força mental*), geralmente alternadas ou cruzadas (*símbolo de obstinação e rivalidade*); a carta também pode ser ilustrada com alguma situação que resulte em *desespero* ou *desgraça*, entre diversas possibilidades.

Analogia

A simbologia sugere que a situação é repleta de incerteza, dúvida e profunda preocupação com relação ao futuro e, ainda, indica a vontade em realizar uma meta impossível (tudo isso gera angústia, penúria e aflição); esse arcano sugere a existência de algum medo exagerado do abandono ou alguma discórdia iminente, além de negligência no planejamento, cujo investimento resultará em infelicidade, pessimismo e tormento. Pode revelar, ainda, certo temor ou desespero em achar que nunca mais será feliz. Podemos extrair uma reflexão: *viver no passado é se enterrar antes de morrer.*

Sintoma

Força simbólica: retrógrado, lento, centrípeto, cármico. O arcano sucessor é o DEZ DE ESPADAS, fim da dor; o arcano ressoante é o NOVE DE COPAS, solução feliz. Os sintomas do *Nove de Espadas* (arcano emis-sor) revelam que estamos sofrendo por perdas importantes ou que temos medo de enfrentar a cruel verdade: nossa própria culpa pelos prejuízos. O lamento não é pela perda, mas sim, pela forma como tudo ocorreu; contudo, esse arcano é o prenúncio do início de um novo ciclo mais gratificante, o que só é percebido em longo prazo. Similar quando alguém é abandonado pelos próprios erros, não restando qualquer consolo, apenas o sofrimento!

TAROMANCIA

Núcleo

- *Essência*: sofrimento, penúria, desalento, malogro.
- *Definição*: infelicidade, solidão, discórdia, malogro, desespero, ruína.

Atributo básico

- Lágrimas e desespero por alguma situação que julga ser importante; penúria, aflição ou desespero que causa degradação emocional ou material; fatalidade, fracasso ou prejuízo irreparável por imaturidade; isolamento involuntário.

Atributo diverso

- *Negativo/invertido*: crédito, realização, felicidade, ganho, sucesso, verdade.

- *Obstáculo/oposição*: falta de análise, de memória ou de maturidade.
- *Orientação/conselho*: isolar-se para refletir e analisar o próprio erro, já.

Note e anote

1. Essa carta revela que se deseja algo impossível ou a solução de alguma situação perdida; podemos resumir que é um erro seguido de outro. Muitas vezes indica o estado depressivo. Ela é o resultado do arcano antecessor, pois raramente o *Oito de Espadas* representa algum aprendizado, mas sim um futuro pouco promissor e repleto de armadilhas que se instala no *Nove de Espadas*. Esses dois arcanos são partes de um único problema: ego e vaidade; e também possuem um único resultado: fracasso e desespero.

2. *Três de Espadas* e *Nove de Espadas* parecem iguais: ambos sofrem por perdas. Ao se observar duas pessoas, cada qual com um desses arcanos, não será percebida diferença nas palavras ou na quantidade de lágrimas. Realmente a dor é muito similar. O primeiro indica que a situação é recente e, o segundo, que se trata de algo muito antigo, com muita história. O *Três de Espadas* fará uma rápida renovação de conceitos, mas o *Nove de Espadas* demandará de muito tempo para se curar.

DEZ DE ESPADAS

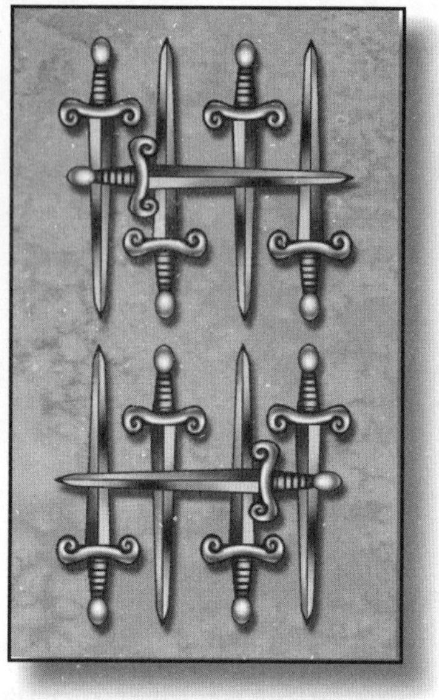

TAROLOGIA

Simbolismo clássico

Dez espadas (*número 10 = evolução; elemento Espadas = força mental*), geralmente alternadas ou cruzadas (*símbolo de obstinação e rivalidade*); a carta também pode ser ilustrada com alguma situação que resulte em *morte* ou *término*, entre diversas possibilidades.

Analogia

O número e o elemento simbólico dessa carta indicam uma importante decisão com conhecimento de causa e efeito, seja dolorida ou prazerosa, que se aplicará para a solução dos problemas; também sugere algum rompimento (necessário) para a vinda do progresso, o término imediato de circunstâncias nocivas em qualquer plano da vida. Revela, ainda, que haverá abandono de convicções para a criação de um novo estilo de vida. Podemos extrair uma reflexão: *o fim é apenas o começo de uma nova etapa.*

Sintoma

Força simbólica: evolucional, dinâmico, conclusivo. *Não há arcano sucessor* e o arcano ressoante é o DEZ DE COPAS, plenitude dos desejos. O sintoma do *Dez de Espadas* (arcano emissor) revela que o conflito terminou e não haverá qualquer tipo de consequência maléfica; mesmo no mais preocupante dos problemas, o conflito simplesmente desaparecerá, sem deixar lembranças. É como se fosse uma faxina e uma reforma em nossa vida, abrindo espaço para novos empreendimentos. Assemelha-se àqueles momentos em que fazemos uma cirurgia para extirpar o apêndice e o problema deixa de existir para sempre.

TAROMANCIA

Núcleo

- *Essência*: rompimento, decisão, definição, finalização.
- *Definição*: fim, dor, infortúnio, revolução, conclusão, ansiedade.

Atributo básico

- Conclusão dolorosa, finalização sem proveito algum; lágrimas e sofrimento que chegam ao fim; término da discórdia sem ganho das partes; desolação após conclusão dos fatos; mágoa pelas perdas, mas com a esperança renovada.

Atributo diverso

- *Negativo/invertido*: sucesso, auxílio, progresso, lucros, desenvolvimento.
- *Obstáculo/oposição*: falta de renovação, de resolução ou de definição;
- *Orientação/conselho*: mudar imediatamente os paradigmas da vida.

Note e anote

1. Essa carta indica o fim de uma situação (sempre por vontade do consulente), podendo ser algo bom ou ruim. Não há mais como suportar ou manter. A transformação é inevitável.

2. No método europeu, essa é uma das raras cartas que finda a utopia ou o obstáculo intransponível do arcano *Pendurado* ou das perdas da *Torre*, em novos caminhos que estarão abertos ao sucesso. De modo similar, também elimina a felicidade quando associada ao *Sol* ou ao *Carro* — como naqueles casos em que adquirimos um produto, não gostamos e o devolvemos ou o jogamos fora. Tudo é renovado.

NAIPE DE COPAS

O naipe de copas simboliza o contato exclusivo com o mundo pessoal interno (alma, âmago, desejo) e repercussões maléficas ou benéficas que o mundo externo (material, social, pessoas, objetos) imprime nos sentimentos. Assim, encontramos o aspecto pessoal desde o *desejo* da posse de um bem até a *aspiração* do contato físico com alguém. Porém, como visto no estudo dos quatro elementos (página 107, volume 1), o naipe de copas não se apropria de elementos mentais (espadas) ou materiais (ouros), mas apenas do sentido amplo do ESTAR tentando SER para TER. O elemento Água pode ser representado por taça, copo, crisol, ânfora, coração, água, peixe, sereia, águia, cor azul. Nesse naipe se classifica tudo o que é sentimental, sensível, imaginativo e abstrato e também todas as formas e sutilezas da alma: o desejo, a vontade, o sonho. A série de copas simboliza nossos sentimentos, nossa vida interior (o que nos conforta e alegra) e tudo o que pode *estar* nos envolvendo emocionalmente em um dado momento, tanto pelo aspecto do prazer quanto da dor, pela relação consigo mesmo, pelas verdades e devaneios pessoais, por estar ou não conectado a algum planejamento para a realização de algum ideal de vida.

Para melhor entendimento geral do ELEMENTO ÁGUA e do NAIPE DE COPAS pesquise em bons dicionários as seguintes palavras: *estar*, *sentir*, *imaginar*, *desejar*, *sonhar*, *querer*, *amar*, *apaixonar-se*, *ofertar*, *achar*, *cobiçar*, *encontrar*, *perceber*, *experimentar*, *pressagiar*, *dedicar*, *consagrar*, *comparecer*, *presenciar*, *esperar*, *intentar*, *basear*, *gozar*, *estranhar*, *ressentir*, *apreciar*, *gostar*, *preferir*, *apetecer*, *pretender*, *fundamentar*, *envolver*, *seduzir*, *cativar*, *prender*, *aliciar*, *atrair*, *encantar*. O que elas têm em comum? Encontre o fio condutor e entenderá o sentido arquetípico desse naipe; depois, *reflita*: **o tempo e o espaço não existem.**

O naipe de copas se traduz em valores pessoais, possuindo parâmetro com a alma e simbolizando exclusivamente os desejos — essa série não observa o mundo prático e objetivo. A abstração nesse naipe é profunda e a busca da felicidade é a única tônica, por isso há dificuldade em avaliar o próprio plano material (ouros) e o mental (espadas) corretamente. Essa é a série mais difícil (embora encantadora), pois as emoções tenderão à irracionalidade. É como estar anestesiado, não enxergar a realidade ou as outras pessoas; sendo o desejo e o próprio coração a expressão máxima da vida. Contudo, não existe a propriedade agressiva e inflexível, que observamos no naipe de espadas. Aqui, temos a característica sonhadora, lírica e poética. Poderíamos dizer que estes dois naipes — espadas e copas — são as polaridades da psique humana (psicoemocional) que buscam o cerne no naipe de paus (equilíbrio, maturidade e evolução).

Ao analisar o naipe de copas, devemos considerar que tudo é emocional e pessoal nessa série — desejo, paixão, imaginação, sonho; portanto, não há condições racionais, tampouco a evidência do poder material, unicamente de valores pessoais. Assim, abrir esse naipe no *plano material* de uma questão significaria durante uma consulta, em primeiro lugar, que há muitos sonhos e promessas para se concretizar (a numeração ou a corte qualificaria o sentido "bom ou mau" desse desejo). Contudo, já saberíamos que se trata de um ponto de vista; no *plano mental* identificaria a imaginação excessiva (a numeração ou a corte qualificaria o tipo racional "bom ou mau"); no *plano espiritual*, em princípio, a busca da espiritualidade (a numeração ou a corte indicaria o estágio). O naipe de copas no plano sentimental é sua excelência (desde que outras cartas favoreçam o plano mental ou material)!

PAJEM DE COPAS

TAROLOGIA

Simbolismo clássico

Um adolescente em pé (*símbolo de inciativa, curiosidade ou imaturidade*) vestindo roupas comuns (*adereço de condição inferior ou sem poder latente*) e segurando uma taça (*elemento Água, força sentimental*); a carta também pode ser ilustrada com alguma situação que resulte em *ternura* ou *sinceridade*, entre diversas possibilidades.

Analogia

A simbologia revela propostas verdadeiras e sinceras, alma em renovação com confiança e tranquilidade; indica motivação bem intencionada para um futuro promissor ou uma experiência que será bem-sucedida, além de recordações agradáveis e um grande sentimento de paz ou desejo de ser feliz (independente do grau de dificuldade). Sugere, ainda, reconciliação com a vida, mesmo com obstáculos presentes; prenúncio de paz em meio aos problemas ou ao caos. Em um plano geral representa propostas ou notícias muito agradáveis. Podemos extrair uma reflexão: *o pensamento positivo atrai oportunidades raras*, dizem os livros de autoajuda.

Sintoma

Força simbólica: unidimensional, aberto. O arcano sucessor é o Cavaleiro de Copas, propostas sedutoras; o arcano ressoante é o Pajem de Paus, sinceridade nas palavras. Os sintomas do *Pajem de Copas* (arcano emissor) revelam que a vida está sob uma influência benéfica e que surgirão muitas ofertas de renovação, de prosperidade e de felicidade em um futuro próximo. A amizade sincera e o profundo afeto são a tônica desse arcano. Assemelha-se àqueles momentos em que se recebe um convite para ser padrinho de casamento, ou, ainda, uma promessa ou um convite para ocupar um bom cargo profissional.

TAROMANCIA

Núcleo

- *Essência*: harmonia, renovação, confiança, suavidade.
- *Definição*: boas notícias, lealdade, sinceridade, acordo, verdade, trabalho.

Atributo básico

- Acordos favoráveis, união feliz; dignidade e confiança mútua; capacidade de realizar tudo em longo prazo; força positiva que anula todas as intrigas e obstáculos; reflexão e meditação para um futuro melhor; sorte nos projetos.

Atributo diverso

- *Negativo/invertido*: intriga, mexerico, dissimulação, discordância, abandono.

- *Obstáculo/oposição*: falta de confiança, de aceitação ou de sinceridade.
- *Orientação/conselho*: ser honesto, ajudar mais e pedir menos.

Note e anote

1. Além da mensagem oracular específica, geralmente essa carta acompanha uma segunda análise, que é o recebimento de algum convite social em breve. O *Pajem de Copas* sempre anuncia uma mensagem positiva por e-mail, carta, contato telefônico. Notícias de gravidez, de casamento, de batizado, de formatura.

CAVALEIRO DE COPAS

TAROLOGIA

Simbolismo clássico

Um homem jovem (*símbolo de vigor e desejo*) com roupas elegantes (*símbolo de status social e médio poder de ação*), montado em um cavalo (*símbolo de força e poder direcionado*) e segurando uma taça (*elemento Água, força sentimental*); a carta também pode ser ilustrada com alguma situação que resulte em *sedução* ou *encantamento*, entre diversas possibilidades.

Analogia

O simbolismo do cavaleiro não está condizente, há um anacronismo de valores (cavaleiro *versus* taça); por isso essa carta sugere uma proposta encantadora, mas duvidosa, uma vez que representa sensibilidade e afeto em demasiada escala. A carta indica profunda atração e sedução com estímulo à fantasia, prosperidade ilusória e progresso enganoso; revela futilidade e armadilha na própria palavra, além de invenção de situações (mesclando verdade, imaginação e mentira) para se chegar onde deseja; paixão alegre com sonhos impossíveis. Podemos extrair uma reflexão: *o sedutor é verdadeiro com a máscara que veste.*

Sintoma

Força simbólica: unidimensional, centrípeto. O arcano sucessor é a RAINHA DE COPAS, enigma das propostas; o arcano ressoante é o CAVALEIRO DE PAUS, ousadia nos objetivos. Os sintomas do *Cavaleiro de Copas* (arcano emissor) revelam que estamos diante de algo encantador, e que as palavras e promessas não poderão ser cumpridas. O momento é de extrema cautela. Embora haja uma sensação de alegria ou de lisura, deve-se agir como se fosse apenas uma possibilidade remota (em qualquer atividade questionada!). Por exemplo, quando um casal de adolescentes apaixonados planeja se casar, com sentimentos verdadeiros naquele momento, mas se esquecendo dos compromissos financeiros para tal envergadura, a demanda do tempo termina por afastar os dois!

TAROMANCIA

Núcleo

- *Essência*: sedução, falsidade, ilusão, volubilidade.
- *Definição*: encanto, atração, fantasia, instabilidade, possibilidade irreal.

Atributo básico

- Amabilidade, atração e sucesso parecem ter chegado, mas a imaturidade ou a falta de estruturas reais tende a não permitir a realização da suposta felicidade; jogo de palavras, promessas não cumpridas, contratos enganosos; prejuízo.

Atributo diverso

- *Negativo/invertido*: sinceridade, seriedade, realização, durabilidade, verdade.
- *Obstáculo/oposição*: falta de sedução, de amabilidade ou de desejo.
- *Orientação/conselho*: entregar-se aos desejos, viver intensamente a vida.

Note e anote

1. A complexidade na análise do *Cavaleiro de Copas* reside no fato de ele ser verdadeiro, realmente desejar cumprir as promessas ou realizar os projetos (com toda sua alma), mas o tempo e a inclusão de outros valores acabaram determinando insucesso, desistência, suspensão, adiamento, fracasso etc. Como diz o ditado popular: *O inferno também está cheio de boas intenções!*

2. Observe a diferença comportamental e oracular destes dois arcanos: o *Pajem de Espadas* seduz intencionalmente com má fé, sua conduta é deliberada, não há amor, nem compaixão, apenas mentiras cruéis para conquistar e vilipendiar quem quer que seja. Já o *Cavaleiro de Copas* seduz com boa fé, acreditando em sua própria lealdade e veracidade, mas não tem estrutura real para cumprir as promessas (emocionais). No primeiro arcano a perda é irreparável e o resultado, nefasto; no segundo, sabendo aproveitar o momento, poderá ter boas recordações no futuro. O melhor exemplo é o de um amante — *muita sedução ou muita promessa e nenhuma conclusão*. O desejo e o amor realmente podem existir, mas não terá chances de materialização social.

RAINHA DE COPAS

TAROLOGIA

Simbolismo clássico

Uma mulher adulta (*símbolo de intuição e inteligência*) vestindo roupas reais (*símbolo de status social e poder pessoal*), sentada em um trono (*símbolo de governo e domínio*), segurando uma taça (*elemento Água, força sentimental*); a carta também pode ser ilustrada com alguma situação que resulte em *mistério* ou *matriarcado*, entre diversas possibilidades.

Analogia

O conteúdo simbólico sugere qualidade matriarcal e protetora com certo segredo ou algum enigma insolúvel, mas sem causar problemas; indica ausência de um sentido claro e preciso nos objetivos, gerando nebulosidade nos projetos, falta de reciprocidade ou de um acordo imediato; aparente insensibilidade ou impossibilidade de ser reconhecida a verdadeira intenção; preservação da vida sem movimento progressivo, *status* inalterado, passividade, introspecção, servidão. Podemos extrair uma reflexão: *nem tudo na vida pode ser revelado, tampouco conhecido*, dizia minha avó Eugênia.

Sintoma

Força simbólica: lento, unidimensional e centrípeto. O arcano sucessor é o Rei de Copas, progresso dos planos; o arcano ressoante é a Rainha de Paus, conduta virtuosa. Os sintomas da *Rainha de Copas* (arcano emissor) revelam que estamos diante de situações agradáveis, mas em que não temos certeza dos acontecimentos. Contudo, a circunstância em si é confiante, as posturas envolvidas serão cumpridas, mas não se deve esperar uma entrega total, pois cada um apenas cumprirá o acordado. O resultado poderá ser positivo se houver autoconfiança e capacidade administrativa; entretanto, será negativo depender de terceiros. Por exemplo: o gerente de um escritório emprega o filho de uma amiga para ajudá-la, mas esse novo empregado não poderá saber que teve tal proteção e deverá mostrar eficiência para não ser demitido.

TAROMANCIA

Núcleo

- *Essência*: mistério, enigma, devoção, imutabilidade.
- *Definição*: altruísmo, dedicação, passividade, inércia, estagnação, suspensão.

Atributo básico

- Dedicação, afeto e sonho, mas sem resultados imediatos; adaptabilidade ao meio ambiente ou aos obstáculos; segredos e mistérios que não podem ser revelados (não são ilegais, nem imorais); pureza de alma, generosidade, paz.

Atributo diverso

- *Negativo/invertido*: clareza, confiança, objetividade, desembaraço, exultação.
- *Obstáculo/oposição*: falta de silêncio, de sinceridade ou de reflexão.
- *Orientação/conselho*: ter paciência, não assumir posição alguma.

Note e anote

1. É interessante observar que em todos os tarôs clássicos o naipe de copas é representado por uma *taça aberta* e a *Rainha de Copas* é a única que segura uma *taça fechada* ou coberta por sua mão, indicando o mistério, o segredo da alma ou do próprio destino.

2. O arcano auxiliar *Rainha de Copas* e os arcanos principais: *Mago*, *Sacerdotisa*, *Enamorado*, *Justiça*, *Roda da Fortuna* e *Julgamento* são cartas que não esclarecem nem revelam se os resultados serão bons ou maus; tudo dependerá da conduta do consulente. Eles indicam que as atuais circunstâncias dependem de outras conjunturas para que o futuro se construa. Aqui não se trata apenas de livre-arbítrio, mas de que terceiros e até o próprio destino atuem igualmente na vida do consulente.

REI
DE COPAS

TAROLOGIA

Simbolismo clássico

Homem adulto (*símbolo de destreza e autocontrole*) vestindo roupas reais (*símbolo de status social e poder pessoal*), sentado em um trono (*símbolo de governo e domínio*), segurando uma taça (*elemento Água, força sentimental*); a carta também pode ser ilustrada com alguma situação que resulte em *altivez* ou *utopia*, entre diversas possibilidades.

Analogia

O ornamento simbólico sugere bondade e generosidade sem se importar com as dificuldades, também, fé e autoconfiança frente aos obstáculos. A carta indica benefício e progresso superando todos os problemas existentes ou paixão profunda e entrega total aos desejos; responsabilidade assumida em meio ao caos, criatividade e aperfeiçoamento dos dons; romantismo, sensibilidade, amabilidade e dedicação, mas fervorosa espera pelo retorno ou pelo reconhecimento da entrega e da labuta. Podemos extrair uma reflexão: *entre agradar a todos, agrado a mim primeiramente.*

Sintoma

Força simbólica: realizador, aberto. O arcano sucessor é o Ás de Copas, desejo realizado; arcano ressoante é o Rei de Paus, produção da vida. Os sintomas do *Rei de Copas* (arcano emissor) revelam que chegou o tempo do amor próprio e da fé na vida. Tudo será realizado com uma confiança inabalável na vitória, mas tende a ter uma situação distorcida da realidade e a pessoa pode até se passar por ingênua. De qualquer forma, a realização é eficaz! Assemelha-se àqueles momentos em que alguém tem absoluta certeza de que comprará um carro (e comprará) sem observar se o padrão de vida lhe permite mantê-lo, e o mantém a qualquer preço! O desejo é maior que o senso de realidade, então, a vaidade suplantará a necessidade.

TAROMANCIA

Núcleo

- *Essência*: felicidade, idealismo, diplomacia, progresso.
- *Definição*: progresso, felicidade, idealismo, hedonismo, vaidade espiritual.

Atributo básico

- Realização e sucesso em meio às dificuldades; magnanimidade e fidelidade, mas espera a reciprocidade; autoconfiança, autoestima, determinação, adaptabilidade, sinceridade; busca do prazer e da alegria mesmo não podendo.

Atributo diverso

- *Negativo/invertido*: instabilidade, perdas, abatimento, hipocrisia, intriga.

- *Obstáculo/oposição*: falta de autoestima, de altivez ou de idealismo.
- *Orientação/conselho*: cuidar de si, manter a vontade e o amor-próprio.

Note e anote

1. Tanto o *Pajem de Espadas* quanto o *Cavaleiro de Copas* e o *Rei de Copas* indicam absoluta vaidade e autoestima acentuada, podendo chegar ao egoísmo; porém, no primeiro, essas características são frívolas e fugazes; no segundo, encantadoras e volúveis; no terceiro, bem consciente e totalmente assumidas perante o social. Qual é o mais confiável? É melhor não apostar em ninguém, principalmente se estiverem acompanhados do *Carro*, da *Morte*, do *Diabo*, da *Lua* ou do *Louco*. É prejuízo garantido, mesmo que não aparente.

ÁS DE COPAS

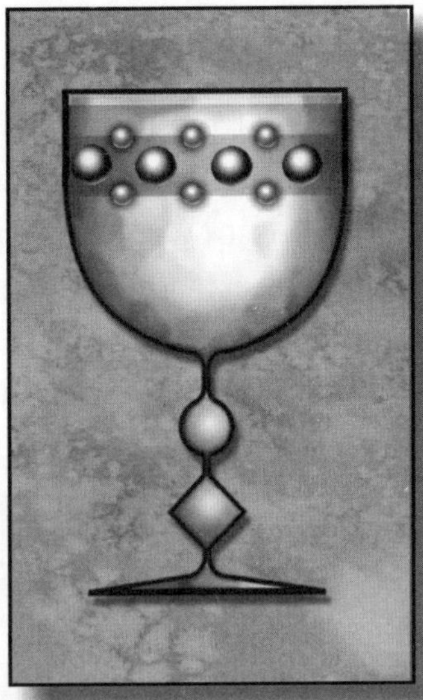

TAROLOGIA

Simbolismo clássico

Uma grande taça (*número 1 = princípio do princípio; elemento Água = força sentimental*); a carta também pode ser ilustrada com alguma situação que resulte em *abundância* ou *felicidade*, entre diversas possibilidades.

Analogia

A singela simbologia indica elaboração completa da felicidade ou supressão da dor, além de alegria pela resolução de todos os problemas; sugere força vital e proteção nos objetivos, aconchego e paz em todos os sentidos; produtividade e recompensa nos investimentos de qualquer natureza; amor, generosidade e plenitude nas diretrizes, sendo que toda forma pessimista de ver a vida é anulada. Podemos extrair uma reflexão: *só o amor constrói*, (máxima da década de 1970).

Sintoma

Força simbólica: realizador, dinâmico, aberto, conclusivo. O arcano sucessor é o Dois de Copas, encontro desejado; arcano ressoante é o Ás de Paus, fertilidade da vida. Os sintomas do *Ás de Copas* (arcano emissor) revelam que a abundância da vida chegou ou que a felicidade está presente, além do surgimento de uma grande oportunidade que nos levará à satisfação do sucesso. Esse arcano é a expressão máxima do amor em todos os níveis: amar alguém, o trabalho, a família, ou a Deus — a alegria e a gratidão serão a tônica. Como por exemplo, o dia do nascimento do primeiro filho; o dia do casamento; o dia da formatura; o dia da compra do carro, ou seja, indica, por excelência, o dia de uma grande e significativa comemoração na vida.

TAROMANCIA

Núcleo

- *Essência*: felicidade, alegria, êxtase, esplendor.
- *Definição*: alegria, amor, esplendor, satisfação, perfeição, plenitude, graça.

Atributo básico

- Ritmos de produtividade e fertilidade em curto prazo; opulência e abundância emocional positiva; perspectivas favoráveis, mesmo em momentos difíceis; restauração, reconciliação, renovação; também: paz, perdão, compreensão.

Atributo diverso

- *Negativo/invertido*: falsidade, desengano, tristeza, decepção, esterilidade.
- *Obstáculo/oposição*: falta de generosidade, de afeto ou de entusiasmo.

- *Orientação/conselho*: buscar a felicidade almejada e a harmonia dos fatos.

Note e anote

1. Os arcanos *Ás de Ouros*, *Ás de Espadas* e o *Ás de Copas* realizam qualquer projeto, cujo resultado é sempre acompanhado de boa sorte. Nessa tríade, somente o *Ás de Copas* traduz felicidade radiante com a realização, pois se reporta aos mais belos valores pessoais, aos sonhos acalentados por muito tempo ou à positividade da alma. Entretanto, o *Ás de Ouros* e o *Ás de Espadas* consistem em valores sociais, objetivos recentes, situações práticas que representam mais uma etapa vencida rumo ao futuro. Vale lembrar que o naipe de ouros não suscita felicidade, mas profunda satisfação; e que o naipe de espadas não contém sentimentos alegres, somente ansiedade e determinação.

DOIS DE COPAS

TAROLOGIA

Simbolismo clássico

Duas taças (*número 2 = oposição ao princípio; elemento Água = força sentimental*); a carta também pode ser ilustrada com alguma situação que resulte em *namoro* ou *amor*, entre diversas possibilidades.

Analogia

O conteúdo simbólico revela um fluxo de desejos recíprocos, troca de afeição e concórdia profunda entre todos os envolvidos, atraindo comunicação e integração; também indica associação, união e cooperação em todos os níveis, tranquilidade e sucesso nos objetivos; ajuda benéfica sob os eflúvios da amizade ou do amor sincero. Sugere, ainda, que todos os problemas serão resolvidos e que a negatividade será afastada, havendo reconciliação, renovação ou novas perspectivas na vida. Podemos extrair uma reflexão: *se pessoas se associam é porque ambas têm algo a oferecer.*

Sintoma

Força simbólica: realizador, dinâmico, aberto. O arcano sucessor é o Três de Copas, resolução dos projetos; o arcano ressoante é o Dois de Paus, surpresa inesperada. Os sintomas do *Dois de Copas* revelam uma sociedade sincera e muito confiável em todos os setores: trabalho, amizade, namoro, noivado, casamento, compra, venda ou negociação (a harmonia, a felicidade e o sucesso serão sempre o resultado final). Talvez não se tenha essa visão tão positiva porque tudo ainda é recente, como naqueles momentos em que diante de grandes problemas, alguém que consideramos apenas um colega se mostra o verdadeiro amigo.

TAROMANCIA

Núcleo

- *Essência*: encontro, união, amor, sociedade.
- *Definição*: união, amor, sociedade, harmonia, acordo, cooperação, contrato.

Atributo básico

- Associação verdadeira ou acordo estável; promessas que serão cumpridas ou relação satisfatória; equilíbrio e harmonia em todos os níveis; amor, afeto, carinho, regozijo, reciprocidade; tendência ao sucesso e à felicidade desejada.

Atributo diverso

- *Negativo/invertido*: desorientação, desamor, obstáculo, falsidade, separação.
- *Obstáculo/oposição*: falta de harmonia, de reconciliação ou de amor.
- *Orientação/conselho*: ser sincero, ter amizade e afeição por todos.

Note e anote

1. Tanto o *Cavaleiro de Copas* quanto o *Dois de Copas* oferecem e prometem sociedades e uniões, fazem muitos planos para o futuro e desejam ardentemente honrar as promessas. Ambos são sinceros e verdadeiros, porém, o *Cavaleiro de Copas* irá se *dispersar e não cumprirá o prometido*, e o *Dois de Copas* irá se *concentrar e realizar plenamente tudo o que foi idealizado.*

TRÊS DE COPAS

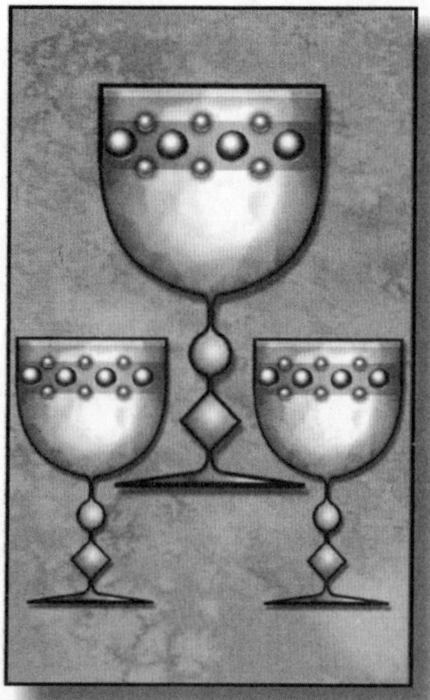

TAROLOGIA

Simbolismo clássico

Três taças (*número 3 = equilíbrio do princípio; elemento Água = força sentimental*); a carta também pode ser ilustrada com alguma situação que resulte em *alegria* ou *união*, entre diversas possibilidades.

Analogia

O ornamento simbólico indica a alegria em obter algo, prazer ou alívio na solução de obstáculos, pois aponta para o término definitivo de situações tensas ou problemáticas; sugere o cumprimento da palavra e das promessas, a cura de todo tipo de enfermidade, a satisfação profunda em realizar um antigo sonho, além de amor abundante e sincero; a carta revela uma grande negociação ou associação com resultado bem-sucedido ou muito satisfatório. Podemos extrair uma reflexão: *a alegria deve ser compartilhada com todos aqueles que amamos*.

Sintoma

Força simbólica: realizador, dinâmico, aberto, conclusivo. O arcano sucessor é o QUATRO DE COPAS, expectativa do futuro; o arcano ressoante é o TRÊS DE PAUS, união de forças. Os sintomas do *Três de Copas* (arcano emissor) revelam que estamos diante de nosso grande sonho e desejo sendo realizados em sua plenitude; indicam o nascimento feliz de qualquer atividade: filho, trabalho, amizade, amor, casamento, profissão, projeto; e também a conclusão satisfatória de uma fase importante na vida que representará no futuro um divisor de águas. Assemelha-se ao exato momento em que se pega a chave de um carro novo; em que se entrega a aliança no altar.

TAROMANCIA

Núcleo

- *Essência*: prazer, alívio, paz, resolução.
- *Definição*: resolução, paz, alívio, prazer, alegria, fertilidade, acordo, fé.

Atributo básico

- Caminhos abertos a realizações, tudo se encontra ao lado do consulente; promessas e acordos com resultados positivos; circunstâncias favoráveis às relações de forma geral: casamento, gravidez, namoro, venda, promoção.

Atributo diverso

- *Negativo/invertido*: vaidade, ambição, frivolidade, insatisfação, obstáculo.
- *Obstáculo/oposição*: falta de prazer, de reciprocidade ou de verdade.
- *Orientação/conselho*: aceitar tudo o que a vida oferece e ser otimista.

Note e anote

1. O *Ás de Copas* e o *Três de Copas* são muito semelhantes no âmbito da realização, abundância e felicidade, mas encontramos uma sutil diferença: o *Ás de Copas* se reporta ao tempo futuro e o *Três de Copas* ao tempo presente — como se o primeiro fosse o dia marcado da comemoração e, o outro, a própria festa! Em todo caso, o *Ás de Copas* oferece maior durabilidade das alegrias, uma vez que o *Três de Copas* também é prenúncio natural da vida, incluindo as coisas boas e más que decorrem após o desenvolvimento de qualquer situação.

QUATRO DE COPAS

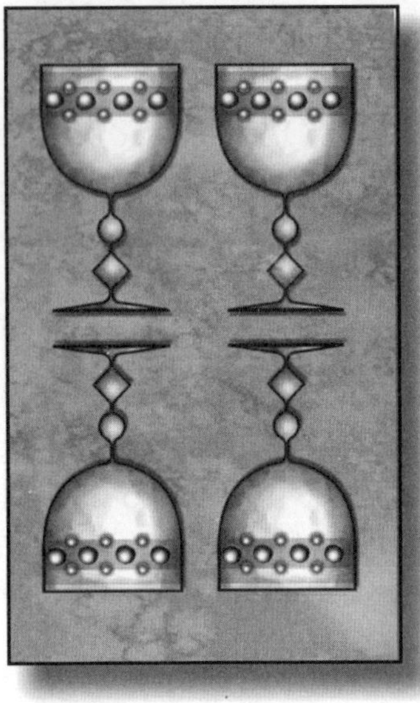

TAROLOGIA

Simbolismo clássico

Quatro taças (*número 4 = princípio da oposição; elemento Água = força sentimental*); a carta também pode ser ilustrada com alguma situação que resulte em *declínio* ou *parada*, entre diversas possibilidades.

Analogia

O simbolismo e a posição estrutural revelam desânimo em algo que era importante; também indicam maus humores, pensamentos equivocados, estagnação ou adiamento sem perspectiva de conclusão (por falta de compreensão). Tudo é temporariamente negado, resultando em um período de tédio e marasmo; a carta sugere que há ideias erradas, sensações ruins e metas desordenadas em relação à rotina preestabelecida; aversão ou rejeição de ofertas e oportunidades, ignorando os sentimentos e desejos alheios. Podemos extrair uma reflexão: *o medo de perder tira a alegria de ganhar*, diz o ditado popular.

Sintoma

Força simbólica: lento, unidimensional, centrípeto. O arcano sucessor é o Cinco de Copas, frustração dos sentimentos; o arcano ressoante é o Quatro de Paus, harmonia no conflito. Os sintomas do *Quatro de Copas* (arcano emissor) revelam que existe aborrecimento ou desânimo porque nada ocorre como idealizado; então, tudo parece estar tortuoso ou errado. Deve-se tomar cuidado, pois esse estado emocional é estritamente subjetivo (e não é real). Assemelha-se àqueles momentos em que achamos que o trabalho não nos agrada mais, cremos que não temos chances para o progresso; entretanto, a empresa continua promovendo os funcionários, dando chances a quem realmente se esforça.

TAROMANCIA

Núcleo

- *Essência*: aborrecimento, desânimo, dúvidas, insatisfação.
- *Definição*: insatisfação, desconfiança, estagnação, desesperança, aversão.

Atributo básico

- Sensação de amargura, desapontamento, falta de convicção ou de energia para solucionar os problemas; acúmulo negativo das emoções ou falta de perspectiva favorável (embora não existam obstáculos); desânimo, descrença.

Atributo diverso

- *Negativo/invertido*: prazer, satisfação, disposição, verdade, alegria, promoção.
- *Obstáculo/oposição*: falta de crítica, de análise ou de prevenção dos fatos.
- *Orientação/conselho*: deve parar, refletir e analisar os fatos envolvidos.

Note e anote

1. O *Quatro de Ouros*, o *Quatro de Espadas* e o *Quatro de Copas* revelam suspensão e inércia de todas as atividades, são indicadores naturais de obstáculos criados pelo próprio consulente; a diferença é que o primeiro se reporta ao ato da posse; o segundo, à falta de planejamento; o terceiro, à ausência de satisfação. Todos se lançam ao estado do livre-arbítrio e ao desejo pessoal. O melhor conselho para o *Quatro de Copas* é esperar e não mudar nada; caso contrário, poderá perder algo importante em um futuro próximo! Ou seja, a visão estreita é pessoal, pois a situação ainda é viável — distorção da realidade.

CINCO DE COPAS

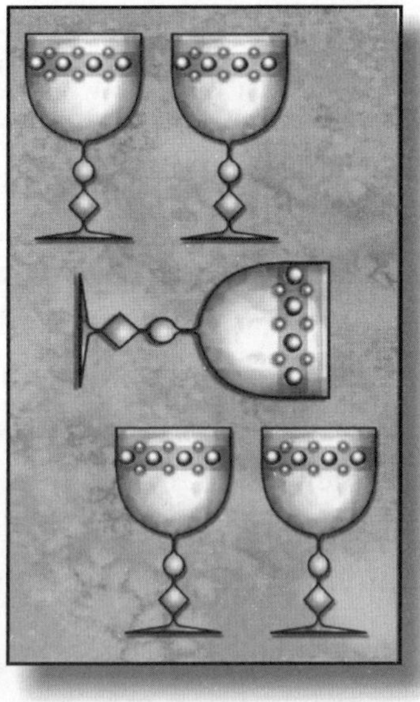

TAROLOGIA

Simbolismo clássico

Cinco taças (*número 5 = oposição à oposição; elemento Água = força sentimental*); a carta também pode ser ilustrada com alguma situação que resulte em *tristeza* ou *abandono*, entre diversas possibilidades.

Analogia

O produto simbólico sugere um resultado frustrante, agonia, declínio emocional, sinal de maus momentos com algum prejuízo irreparável; também indica união ou sociedade sem valor, imperfeição nas metas e falta de amor-próprio ou de autoestima. A carta revela, ainda, amargura, melancolia, vontade enfraquecida ou perda da motivação em decorrência das más escolhas; prenúncio de erros e de total incapacidade. Podemos extrair uma reflexão: *aceitar o erro é a única saída para uma possível solução*, ditam os livros de autoajuda.

Sintoma

Força simbólica: transicional, lento, unidimensional, centrípeto. O arcano sucessor é o Seis de Copas, lamentação da vida; o arcano ressoante é o Cinco de Paus, retomada do livre-arbítrio. Os sintomas do *Cinco de Copas* (arcano emissor) revelam que estamos perdendo algo que foi ou seria muito importante para nós, mas que o egoísmo nos tornou senhores absolutos crendo que tudo ocorreria como fora planejado. Entretanto, não se trata de um fracasso total, mas de um resultado frustrante ou incompleto. Assemelha-se àqueles momentos em que achamos não ser necessário estudar para uma prova escolar, pensamos saber de tudo e somos reprovados. Contudo, ainda teremos outra chance para continuar o período escolar.

TAROMANCIA

Núcleo

- *Essência*: arrependimento, perdas, desgosto, frustração.
- *Definição*: frustração, desgosto, arrependimento, distanciamento, defeito.

Atributo básico

- Decepção, desilusão, angústia, remorso ou falta de paz interior; fracasso, perda, isolamento ou afastamento parcial; planejamento ou conduta equivocada, rivalidade inútil ou revolta sem sentido; erro, tristeza, amargura.

Atributo diverso

- *Negativo/invertido*: reconciliação, objetividade, segurança, amizade, união.
- *Obstáculo/oposição*: falta de amor-próprio, de afastamento ou de perdão.

- *Orientação/conselho*: manter a calma, afastar-se dos problemas.

Note e anote

1. O *Cinco de Ouros*, *Cinco de Espadas* e o *Cinco de Copas* indicam perdas de algo importante (presente) e o resultado é sempre frustrante (futuro). No primeiro arcano há o distanciamento físico e o prejuízo material; no segundo, a falta de criatividade e de objetivos; no terceiro, a desilusão e o arrependimento. Nos três, a perda no *presente* momento é parcial, podendo permanecer nesse prejuízo por algum tempo; contudo, poderá ser doloroso e poderá ocorrer uma perda total no *futuro*. Eles também sugerem que é possível reorganizar a situação para encontrar alguma satisfação em médio prazo, mas é necessária a renovação do paradigma.

SEIS DE COPAS

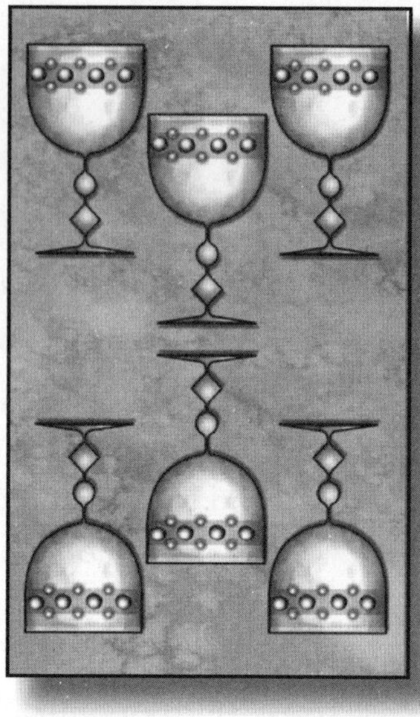

TAROLOGIA

Simbolismo clássico

Seis taças (*número 6 = equilíbrio da oposição; elemento Água = força sentimental*); a carta também pode ser ilustrada com alguma situação que resulte em *recordação* ou *tristeza*, entre diversas possibilidades.

Analogia

O simbolismo desse arcano indica esperanças inúteis em sonhos ou situações antigas, recordação ou saudade em demasia, comparação entre o passado e o presente. A carta revela angústia, tormento, lamento ou lágrimas por situações antigas ou por perdas recentes; também sugere avidez nos desejos, amor e luxúria enganosa, realização por conveniência, mas sempre com resultado infeliz (por melhor que pareçam as situações, não há projeção de sucesso). Podemos extrair uma reflexão: *recordar nem sempre é viver, indica sofrer.*

Sintoma

Força simbólica: retrógrado, lento, unidimensional, cármico. O arcano sucessor é o SETE DE COPAS, devaneio nos objetivos; o arcano ressoante é o SEIS DE PAUS, reclassificação das ideias. Os sintomas do *Seis de Copas* (arcano emissor) revelam que estamos vivendo no passado, seja por intermédio de uma antiga situação ou pela famosa frase "se tivesse ocorrido..."; porém, indicam que a conclusão desejada nunca acontecerá. Decididamente, tudo é passado. Assemelha-se àqueles momentos em que após um relacionamento afetivo ficamos recordando ou lastimando a perda, comparando com a relação atual.

TAROMANCIA

Núcleo

- *Essência*: saudade, nostalgia, lamentação, recordação.
- *Definição*: saudade, nostalgia, lamúria, angústia, tristeza, melancolia, prejuízo.

Atributo básico

- Insucesso ou perdas que devem ser esquecidos; obstáculo ou longo atraso; tristeza e lamento ou lembrança negativa que parece não ter fim; dualidade, hesitação ou incerteza no futuro; tentativa inútil em recuperar algum prejuízo.

Atributo diverso

- *Negativo/invertido*: esperança, entusiasmo, renovação, acertos e bons acordos.
- *Obstáculo/oposição*: falta de memória, de recordação ou de reflexão.
- *Orientação/conselho*: resolver ou eliminar situações pendentes, avançar.

Note e anote

1. Essa carta indica que não há saída para nada e, mesmo havendo alguma realização, não indica felicidade ou lucros. Temos de aceitar que nada será como antes, sendo necessário recondicionar a vida para um novo futuro e novas metas. Renovar a vida, transcendendo ou perdoando a todos ou a si mesmo, é fundamental para o retorno à prosperidade.

2. *Quatro de Espadas*, *Seis de Espadas*, *Nove de Espadas*, *Quatro de Copas* e *Seis de Copas* são arcanos que se reportam ao passado de forma negativa, podendo representar desesperança, lamento ou falta de perspectiva. Não importa se esses sentimentos são visíveis ou não, eles indicam o sofrimento da alma, a dificuldade em aceitar transformações e reconstruir a vida. Essas cartas se tornam mais amargas e angustiantes se acompanhadas dos arcanos que compõem o caminho da dor; porém, muito mais complexas se estiverem com outros arcanos principais, sugerindo que a dor está mascarada por falsa alegria ou indicando imaturidade, soberba ou vaidade.

SETE DE COPAS

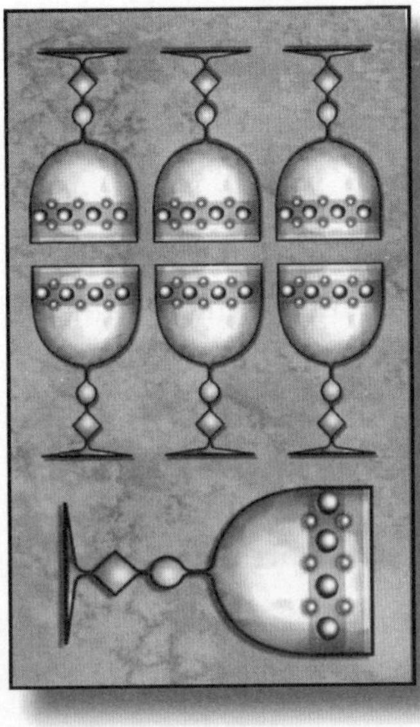

TAROLOGIA

Simbolismo clássico

Sete taças (*número 7 = início do equilíbrio; elemento Água = força sentimental*); a carta também pode ser ilustrada com alguma situação que resulte em *deleite* ou *sonho*, entre diversas possibilidades.

Analogia

O conjunto simbólico indica fantasia excessiva ou imaginação destrutiva, otimismo em excesso e capricho pessoal com resultado negativo; desejo e ideia tola que somente dizem respeito aos valores pessoais. Sugere sucesso ilusório que tende ao fracasso ou um prejuízo/dano irreparável; além de revelar palavras e promessas que não serão cumpridas por imaturidade; ilusão, autoindução, autocompaixão e autossuficiência que levarão à derrota. Podemos extrair uma reflexão: *mais vale um pássaro na mão do que dois voando*, dizia minha avó Maria, repetindo um ditado popular.

Sintoma

Força simbólica: retrógrado, lento, unidimensional, centrípeto. O arcano sucessor é o OITO DE COPAS, fracasso dos objetivos; o arcano ressoante é o SETE DE PAUS, perseverança e conquista. Os sintomas do *Sete de Copas* (arcano emissor) revelam que perseguimos um grande desejo, mas estamos em um ambiente destrutivo: tudo é ilusão. Estamos embriagados por alguma paixão, seja profissional, social ou afetiva, sem observar a realidade. Assemelha-se àqueles casos em que uma pessoa solteira tem uma relação duradoura com uma casada; ela se ilude na suposta felicidade quando não passa de uma amante, um passatempo para os problemas conjugais da outra.

TAROMANCIA

Núcleo

- *Essência*: devaneio, fantasia, obsessão, utopia.
- *Definição*: ilusão, fantasia, vaidade, utopia, soberba, capricho, irrealidade, ambição.

Atributo básico

- Felicidade enganosa, desejo em possuir o que não é possível; miragem ou falsidade não perceptível; inveja, cobiça, obstinação nos projetos para suprir a vaidade; sentimento superficial, erros afetivos, engodo; esperança inútil; ambição.

Atributo diverso

- *Negativo/invertido*: sucesso, trabalho, veracidade, contentamento, sorte.
- *Obstáculo/oposição*: falta de vontade, de sonhos ou de criatividade.
- *Orientação/conselho*: ter mais ambição nos projetos, buscar sempre o melhor.

Note e anote

1. Esse arcano é um alerta urgente contra as imagens falsas da realidade ou do caráter, sendo necessária uma mudança imediata de paradigma, caso contrário a dor da desilusão será insuportável. A carta *Sete de Copas* indica forte tendência para a autodestruição, cuidado.

2. Os arcanos *Sete de Copas* e o *Cavaleiro de Espadas* têm algo em comum: são obstinados! Ambos lutarão até o fim para realizar os desejos; no entanto, no primeiro, as bases são falsas e, no segundo, verdadeiras. Portanto, um é muito frágil e tende a perdas e o outro é bem sólido e tende aos ganhos.

OITO DE COPAS

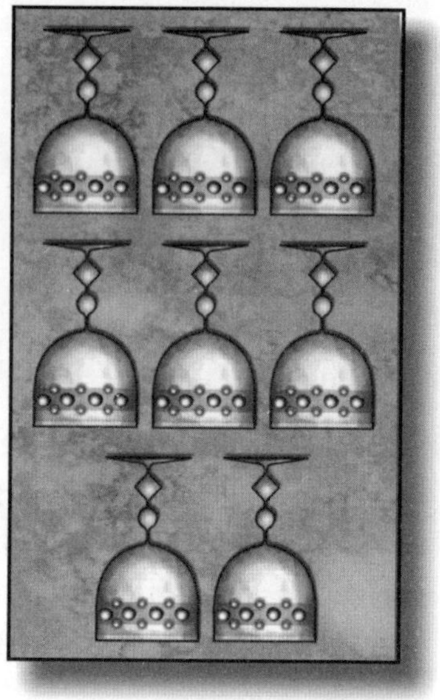

TAROLOGIA

Simbolismo clássico

Oito taças (*número 8 = oposição ao equilíbrio; elemento Água = força sentimental*); a carta também pode ser ilustrada com alguma situação que resulte em *perdas* ou *desgraça*, entre diversas possibilidades.

Analogia

A estrutura simbólica indica perdas e prejuízos, erros e delitos que são descobertos, escândalo iminente; sugere desperdício de recursos em algo fadado ao fracasso, despedida pesarosa e involuntária de algo que muito se acalentou. A carta também revela o mergulho na parte mais negativa da alma, no mundo sombrio e devastador do inconsciente ou no desejo profundo de manter algo que não existe mais; o orgulho e a vaidade se sobrepõem à realidade, ocasionando autodestruição. Podemos extrair uma reflexão: *quem muito quer, nada tem*, diz um ditado popular.

Sintoma

Força simbólica: retrógrado, evolucional, cármico. O arcano sucessor é o Nove de Copas, solução amigável; o arcano ressoante é o Oito de Paus, término dos objetivos. Os sintomas do *Oito de Copas* (arcano emissor) revelam que insistimos em um erro do qual estamos conscientes há muito tempo ou que tentamos manipular a própria vida; indicam que estamos sendo extremamente egoístas e que tudo será corrigido por terceiros/destino, sendo o resultado sempre: perda, fracasso, desespero. Similar, por exemplo, à esposa que descobre a vida dupla do marido e que não se dispõe a um acordo: o divórcio é iminente! Ou, ainda, a um empresário que sonega impostos: a autuação é inevitável.

TAROMANCIA

Núcleo

- *Essência*: fracasso, escândalo, delito, desilusão.
- *Definição*: malogro, decepção, perda, equívoco, desapontamento, azar.

Atributo básico

- Investimento errado e negativo; abandono de projetos, prejuízos iminentes; crise, depressão, doença, divórcio, demissão (tudo originado pelo consulente); a lei e a moral como limites instransponíveis (correção inadiável do destino).

Atributo diverso

- *Negativo/invertido*: felicidade, união, sinceridade, honestidade, perseverança.
- *Obstáculo/oposição*: falta de verdade, de esforço ou de amizade sincera.

- *Orientação/conselho*: revelar a verdade, mesmo que implique em prejuízos.

Note e anote

1. O *Oito de Espadas* e o *Oito de Copas* indicam rompimentos irreversíveis, a perda ou o prejuízo é inevitável; o primeiro revela (infelizmente) que não irá aprender com o fracasso e continuará errando da mesma forma; o segundo que tentará nunca mais cometer a mesma falha, sugerindo o aprendizado diante do fracasso. Entenda: o arcano *Oito de Espadas* perde o projeto e não o desejo, razão pela qual insistirá em um caminho alternativo (e irá perder novamente); ao contrário do *Oito de Copas*, que rompe com todos os planos (material, mental e sentimental), surgindo um novo ser.

2. O *Pajem de Espadas*, a *Rainha de Espadas*, o *Oito de Espadas* e o *Oito de Copas* apontam as análises mais negativas dos arcanos auxiliares (mesmo em situações aparentemente positivas). O conselho é ter extremo *cuidado* e *cautela*. A única saída para o progresso é assumir o erro, eliminar a vaidade e o orgulho, desistir das ideias obsoletas e aceitar as propostas de reconstrução de uma nova vida! Será muito difícil, o retorno ao equilíbrio poderá levar algum tempo, mas essa é realmente a única saída para o paraíso.

NOVE DE COPAS

TAROLOGIA

Simbolismo clássico

Nove taças (*número 9 = equilíbrio do equilíbrio; elemento Água = força sentimental*); a carta também pode ser ilustrada com alguma situação que resulte em *felicidade* ou *noivado*, entre diversas possibilidades.

Analogia

O simbolismo indica uma relação harmoniosa consigo mesmo e com o meio social, lealdade e promessa de sucesso, vantagem e bem-estar; sugere dignidade afetiva e material, recompensa de todos os esforços. Os problemas são superados, ocorrendo uma situação agradável; também revela promoção desejada, renovação dos projetos, felicidade de viver; sonhos possíveis de serem realizados; aspirações e metas corretas. Podemos extrair uma reflexão: *a felicidade se encontra em todos os lugares*, pregam os livros de autoajuda.

Sintoma

Força simbólica: realizador, conclusivo. O arcano sucessor é o Dez de Copas, vida feliz; o arcano ressoante é o Nove de Paus, adiamento necessário. Os sintomas do *Nove de Copas* (arcano emissor) revelam que estamos no caminho certo da felicidade, que aprendemos com nossos erros e estamos prontos para uma nova vida, repleta de alegrias! Indicam que tudo será realizado sem grandes dificuldades e na medida certa! Com esse arcano se deve pensar grande, porque tudo se concretizará! Assemelha-se àqueles momentos em que desejamos comprar um imóvel e os recursos seriam suficientes para uma casa de dois quartos; mas por que não fazer um esforço e adquirir uma de três quartos? Sim, é possível!

TAROMANCIA

Núcleo

- *Essência*: acordo, realização, renovação, solução.
- *Definição*: alegria, vitória, sucesso, vantagem, altruísmo, bem-estar, sorte.

Atributo básico

- Ideias e projetos verdadeiros, fase alegre que se aproxima; realização material com profundo valor emocional; obstáculos que serão superados ou amigos que ajudarão nos novos caminhos; felicidade iminente, sociedade, união, acordo.

Atributo diverso

- *Negativo/invertido*: ardil, separação, rivalidade, insucesso, abandono, azar.
- *Obstáculo/oposição*: falta de acordo, de paz ou de solução.
- *Orientação/conselho*: ser leal, honesto e cumprir com a palavra.

Note e anote

1. *Três de Ouros* e *Nove de Ouros* estão para a satisfação e a segurança emocional como o *Três de Copas* e o *Nove de Copas* estão para a felicidade e a alegria. As quatro cartas representam realização e o sucesso, mas em proporções diferentes. O primeiro conjunto se revela mais sólido e duradouro, enquanto no segundo não há como garantir essas características, uma vez que se reporta aos valores pessoais e não recíprocos. Vale lembrar que sentimentos são voláteis, ninguém sorri 24 horas, tampouco o estado eufórico é eterno. Copas anuncia, sim, a felicidade que todos desejamos, mas é importante entender que o ponto de vista é pessoal.

DEZ DE COPAS

TAROLOGIA

Simbolismo clássico

Dez taças (*número 10 = evolução; elemento Água = força sentimental*); a carta também pode ser ilustrada com alguma situação que resulte em *riqueza* ou *fartura*, entre diversas possibilidades.

Analogia

Os símbolos dessa carta indicam a felicidade na alma por conseguir realizar o que almeja, com a segurança emocional, riqueza de sentimentos ou verdade nos objetivos. A carta também revela amizade e sentimento sincero, honra e virtude nas palavras, bem como confiança e estima na vida; sugere a expressão máxima da união harmoniosa em qualquer sociedade, associação, casamento, namoro, amizade. Podemos extrair uma reflexão: *o sol nasce para todos!* — isso, todos os otimistas sabem!

Sintoma

Força simbólica: realizador, evolucional, aberto, conclusivo. Não há arcano sucessor e o arcano ressoante é o DEZ DE PAUS, evolução para uma nova vida. O sintoma do *Dez de Copas* (arcano emissor) revela que a vida é bela porque se aprendeu a lidar com os prós e contras; tudo é próspero e garantido. Esse arcano é uma dádiva que deve ser abraçada com todo o carinho, pois indica um passo na evolução. Assemelha-se àqueles momentos em que conseguimos tudo o que desejamos depois de ter passado por vários dissabores; poderíamos dizer que é a reconstituição da felicidade, o retorno do prazer depois de muito tempo sem esperanças. Um bom exemplo é uma pessoa que, após muito tempo desempregada, arruma um trabalho capaz de recompor o seu *status*, por ter aprendido a valorizar o dinheiro e a profissão!

TAROMANCIA

Núcleo

- *Essência*: plenitude, felicidade, desejo, bodas.
- *Definição*: plenitude, abundância, amor, felicidade, prazer, paz.

Atributo básico

- Honra e virtude é a tônica desse arcano, por isso a felicidade suprema é garantida pelo destino; sucesso e prosperidade em curto prazo, no qual a paz, o equilíbrio e a satisfação são abonados; união, comemoração, festa, regozijo.

Atributo diverso

- *Negativo/invertido*: inimizade, egoísmo, amargura, separação, infelicidade.
- *Obstáculo/oposição*: falta de amor, de reciprocidade ou de júbilo.

- *Orientação/conselho*: buscar a felicidade em harmonia com o meio ambiente.

Note e anote

1. Diferente da felicidade estritamente pessoal do *Três de Copas* e do *Nove de Copas*, podemos interpretar o *Dez de Copas* como a reconstrução para uma nova etapa de vida. O júbilo existe nesse arcano e a consciência emocional está madura o suficiente para entender a diferença entre *sentir* (espadas-copas) e *possuir* (ouros-paus). Um grande avanço, indicando a maturidade do consulente.

NAIPE DE PAUS

O naipe de paus simboliza o intercâmbio sincero com o mundo interior (alma, âmago ou desejo) tanto quanto o exterior (situações, terceiros, fatos); além da relação integral com os três principais mundos: *material*, *mental* e *sentimental* em todos os níveis, desde a *vontade* e a *realização* de um bem ao *desejo* e *contato físico* com alguém. Esse naipe revela o equilíbrio entre o "eu" e o "outro", personificando o "nós" — continuar em uma determinada situação por capacidade pessoal. Pode ser representado por vareta, condão, cajado, trevo, leão, fogo, salamandra, chaleira, cadinho, cor vermelha ou branca. Nessa série se classifica tudo o que é transcendental, evolutivo, produtivo, verdadeiro e todas as formas de desenvolvimento com confiança e sucesso. Esse conjunto simboliza nossas lutas e ações honradas, empreendimentos e tudo o que pode FICAR por direito humano e divino em nosso poder pessoal.

Para melhor entendimento do ELEMENTO FOGO e do NAIPE DE PAUS pesquise em bons dicionários as seguintes palavras: *ficar*, *permanecer*, *ajustar*, *combinar*, *harmonizar*, *evoluir*, *empreender*, *conciliar*, *produzir*, *persistir*, *equilibrar*, *compreender*, *prometer*, *resignar*, *converter*, *meditar*, *conservar*, *preservar*, *convir*, *concordar*, *perseverar*, *aspirar*, *intuir*, *perdurar*, *proceder*, *resultar*, *ajustar*, *afiançar*, *assegurar*, *continuar*, *converter; durar*, *restar*, *convencionar*, *trocar*, *honrar*, *prometer*, *orar.* O que elas têm em comum? Encontre o fio condutor e entenderá o sentido arquetípico desse naipe; depois, *reflita*: **tempo e espaço estão coesivos.**

O sentido oracular dos naipes de paus, copas e espadas têm por objetivo atingir a energia do naipe de ouros, ou seja, tudo na vida é aspirado, acalentado e planejado para ser realizado. Tanto o naipe de espadas quanto o de paus simbolizam as ações sociais, a realização das metas, a luta pelo desejo, a força e a conduta pessoal. Entretanto, na série de espadas reside a visão exclusiva da vaidade e do ego, tendendo à incompreensão da vida e à agressividade e, na série de paus, se consagram a sabedoria, a compreensão do destino e a aceitação dos limites — por isso há facilidade de ambientação e de sucesso. Tanto o naipe de copas quanto o de paus indicam transitoriedade; porém, o primeiro se reporta em *estar passivo e emocionalmente envolvido* e, o segundo, *estar ativo, mental e espiritualmente envolvido*. Já o naipe de ouros e o naipe de paus realizam os objetivos com maestria; a série de ouros sugere insensibilidade a terceiros e observa somente os direitos, e a de paus indica força ilimitada, observando o meio ambiente, os direitos e os deveres.

Quando analisamos o naipe de paus devemos entender que tudo é harmônico e equilibrado — integração, verdade, evolução — e, mesmo quando há problemas e obstáculos, tudo é visto como parte integrante da vida, diferentemente das outras séries, que os observam como algo pessoal e inaceitável. Assim, ao se abrir esse naipe em uma questão *material* durante uma consulta significaria, em primeiro lugar, que há muita verdade e luta para a realização (a numeração ou a corte qualificaria a meta); entretanto, já teríamos a certeza do sucesso; no plano *sentimental* identificaria a emoção equilibrada (a numeração ou a corte qualificaria o tipo emocional); no plano *mental* identificaria, em princípio, completa compreensão dos limites pessoais (a numeração ou a corte indicaria o estágio). O naipe de paus no plano *espiritual* é sua excelência!

PAJEM DE PAUS

TAROLOGIA

Simbolismo clássico

Um adolescente em pé (*símbolo de inciativa, curiosidade ou imaturidade*) vestindo roupas comuns (*adereço de condição inferior ou sem poder latente*) e segurando um bastão de madeira (*elemento Fogo, força transcendental*); a carta também pode ser ilustrada com alguma situação que resulte em *gentileza* ou *amizade*, entre diversas possibilidades.

Analogia

O simbolismo indica dedicação e ajuda com toda sinceridade, boas intenções e lealdade nos envolvimentos; sugere promessas e negociações importantes para o futuro, honestidade e verdade nos ideais; essa carta também revela que haverá oportunidade atraente, novas perspectivas, impulso para novos caminhos ou o surgimento de novos amigos. Podemos extrair uma reflexão: *a dedicação sempre tem suas recompensas.*

Sintoma

Força simbólica: unidimensional, aberto. O arcano sucessor é o Cavaleiro de Paus, futuro promissor; o arcano ressoante é o Pajem de Ouros, investimento em uma ideia. Os sintomas do *Pajem de Paus* (arcano emissor) revelam que haverá uma importante notícia com a promessa de sucesso. Talvez, por ser algo tão diferente, provoque pequena desconfiança; contudo, esse arcano é o impulso da verdade e deve ser entendido como uma boa proposta para um futuro promissor! Assemelha-se àqueles casos em que estamos estruturados em uma empresa e somos convidados por outra; em princípio, pensamos em não trocar o certo pelo duvidoso, mas, nesse caso, a troca seria vantajosa.

TAROMANCIA

Núcleo

- *Essência*: honestidade, dedicação, sinceridade, devoção.
- *Definição*: sinceridade, devoção, confiança, integridade, renovação.

Atributo básico

- Lealdade e persistência nos projetos, capacidade de solução dos problemas, ajuda sincera de amigos ou parentes; início de alguma atividade benéfica, caminhos abertos para o sucesso (mas com muito trabalho); impulso, energia.

Atributo diverso

- *Negativo/invertido*: ingratidão, incapacidade, mentira, traição, fofoca.
- *Obstáculo/oposição*: falta de respeito, de honestidade ou de confiança.
- *Orientação/conselho*: ajudar o próximo sem esperar nada em troca, ter fé.

Note e anote

1. Todos os pajens são prenúncios de notícias, sejam verbais ou por intermédio de telefone, e-mail, jornal, revista, panfleto. Porém, o *Pajem de Ouros* revela boas mensagens para a própria vida financeira, profissional, afetiva ou espiritual; o *Pajem de Espadas* apresenta péssimos avisos em qualquer plano, tais como perda, prejuízo, falecimento, doença; já o *Pajem de Copas* traz bons convites sociais, como festa, aniversário, batizado, casamento; por fim, o *Pajem de Paus* surge com importantes notícias em qualquer plano para a vida futura, como um aviso do progresso, promoção, prêmios, medalhas.

CAVALEIRO DE PAUS

TAROLOGIA

Simbolismo clássico

Um homem jovem (*símbolo de vigor e desejo*) com roupas elegantes (*símbolo de status social e médio poder de ação*), montado em um cavalo (*símbolo de força e poder direcionado*) e segurando um bastão de madeira (*elemento Fogo, força transcendental*); a carta também pode ser ilustrada com alguma situação que resulte em *ousadia* ou *bravura*, entre diversas possibilidades.

Analogia

O conjunto simbólico revela disposição arrojada para mudar a vida com planos e ações perfeitas, mudança consciente para melhor ou realização de um antigo sonho; o momento é de muita chance e oportunidade para realizar projetos importantes na vida, com um futuro promissor no avanço para o desconhecido. A carta indica ímpeto e sagacidade nos ideais e nas metas, superação dos obstáculos por iniciativa própria, sorte inesperada ou ajuda de amigos. Podemos extrair uma reflexão: *a autoconfiança é o apoio de qualquer transformação.*

Sintoma

Força simbólica: evolucional, dinâmico e aberto. O arcano sucessor é a RAINHA DE PAUS, habilidade nos planos; o arcano ressoante CAVALEIRO DE OUROS, persistência da dedicação. Os sintomas do *Cavaleiro de Paus* (arcano emissor) revelam que estamos diante de um antigo sonho pronto para ser realizado e que estamos eufóricos com a possibilidade da mudança; contudo, essa atmosfera tórrida deve ser moderada, pois tudo se concretizará naturalmente. Chegou a hora da mudança e a autoconfiança é fundamental para o progresso. Assemelha-se àqueles casos em que alguém muda de cidade para conseguir uma nova forma de viver em um lugar desconhecido, reconstruindo tudo perfeitamente!

TAROMANCIA

Núcleo

- *Essência*: arrojo, sagacidade, ousadia, avanço.
- *Definição*: ousadia, inteligência, sagacidade, mudança, renovação, sorte.

Atributo básico

- Grande impulso para o sucesso; alterações importantes na vida, mudança benéfica em qualquer plano; novas expectativas que podem ser realizadas; prosperidade em questões inesperadas; solução de qualquer obstáculo, ganhos.

Atributo diverso

- *Negativo/invertido*: hesitação, temor, interrupção, desavença, perdas, azar.

- *Obstáculo/oposição*: falta de ousadia, de arrojo ou de sagacidade.
- *Orientação/conselho*: avançar para o novo, não ter medo de nada.

Note e anote

1. O *Cavaleiro de Espadas* e o *Cavaleiro de Paus* têm algo em comum: arrojo, bravura e sagacidade; ambos indicam caminhos abertos com plena possibilidade de sucesso. O primeiro contém planos e ideais (plano material e mental) bem definidos; já o segundo segura o desejo e a aspiração (plano sentimental e espiritual) bem equilibrados. Um é coordenado pela razão e, o outro, pela intuição.

RAINHA DE PAUS

TAROLOGIA

Simbolismo clássico

Uma mulher adulta (*símbolo de intuição e inteligência*) vestindo roupas reais (*símbolo de status social e poder pessoal*), sentada em um trono (*símbolo de governo e domínio*), segurando um bastão de madeira (*elemento Fogo, força transcendental*); a carta também pode ser ilustrada com alguma situação que resulte em *virtude* ou *matriarcado*.

Analogia

O ornamento simbólico sugere vantagens adicionais em todos os projetos e garantia total da conquista, autodeterminação e autoconfiança, prosperidade e desenvolvimento nos projetos; também indica habilidade e boa sorte em tudo, realização por causa do amadurecimento emocional ou da compreensão das intenções envolvidas. A carta sugere que promessas, negociações ou relacionamentos estão estruturados com sentimento verdadeiro. Podemos extrair uma reflexão: *um mundo sem virtudes é igual a uma fruta sem sementes.*

Sintoma

Força simbólica: realizador, aberto, conclusivo. O arcano sucessor é o Rei de Paus, fertilidade da vida; o arcano ressoante é a Rainha de Ouros, preservação dos ideais. Os sintomas da *Rainha de Paus* (arcano emissor) revelam que temos o poder verdadeiro nas mãos, uma vez que estamos no mais alto grau da honra e da capacidade administrativa; representa a rara situação em que não somos influenciados pelas circunstâncias. Assemelha-se àqueles momentos em que a nossa posição e palavra são únicas, sabemos de todos os resultados bons e maus que poderão ocorrer, mas nossa dignidade está acima de qualquer chantagem ou valor pessoal de terceiros.

TAROMANCIA

Núcleo

- *Essência*: virtude, poder, escambo, integridade.
- *Definição*: honra, sinceridade, integridade, reciprocidade, acordo, sucesso.

Atributo básico

- Inteligência e dignidade como base para o sucesso; tudo é perfeito, leal e recíproco; acordo, contrato, amizade ou união feliz; capacidade de organização e conclusão; êxito em todos os planos, com benefícios e lucros; fidelidade, paz.

Atributo diverso

- *Negativo/invertido*: ciúme, inveja, incoerência, falsidade, infidelidade.

- *Obstáculo/oposição*: falta de honra, de virtude ou de integridade.
- *Orientação/conselho*: ser honesto, manter a palavra e a conduta.

Note e anote

1. Os arcanos *Rainha de Espadas* e *Rainha de Copas* estão para a estagnação, assim como os arcanos *Rainha de Ouros* e *Rainha de Paus* estão para o progresso. O primeiro grupo aparenta poder, mas a natureza psicoemocional em desarmonia com a realidade detém todo sucesso desejado; o segundo grupo, por sua vez, consegue mediar os valores pessoais com o meio ambiente, por isso, há sucesso.

REI DE PAUS

TAROLOGIA

Simbolismo clássico

Homem adulto (*símbolo de destreza e autocontrole*) vestindo roupas reais (*símbolo de status social e poder pessoal*), sentado em um trono (*símbolo de governo e domínio*), segurando bastão de madeira (*elemento Fogo, força transcendental*); a carta também pode ser ilustrada com alguma situação que resulte em *patriarcado* ou *fartura*, entre diversas possibilidades.

Analogia

O simbolismo indica mérito e reconhecimento em todas as atividades, fertilidade em qualquer nível, período de produtividade e empreendimento, êxito em todos os negócios e atividades; sugere determinação que terá sucesso, convicção e empenho idealista em uma causa nobre, honestidade e juízo perfeito nas palavras e atitudes; a carta também indica reconciliação com a felicidade, apoio incondicional de todos, afirmação da vontade pessoal. Podemos extrair uma reflexão: *somente um líder consegue avançar além do necessário.*

Sintoma

Força simbólica: realizador, aberto, conclusivo. O arcano sucessor é o Ás de Paus, realização dos projetos; o arcano ressoante é o Rei de Ouros, abundância do poder. Os sintomas do *Rei de Paus* (arcano emissor) revelam que somos honestos, generosos, bem intencionados, temos o poder pessoal e a capacidade de justeza para tudo e todos; também indicam um período de muito sucesso em todas as atividades. Como naquelas situações em que um empresário abre uma loja e termina por ter várias filiais! Ou, ainda, quando uma pessoa quer apenas o prazer de namorar e termina maravilhosamente casada!

TAROMANCIA

Núcleo

- *Essência*: produtividade, progresso, persuasão, equilíbrio.
- *Definição*: produção, avanço, equilíbrio, desenvolvimento, paternalismo.

Atributo básico

- Progresso e prosperidade, poder inquestionável para o sucesso, autoridade e domínio com justeza e honestidade, liderança positiva que abre caminhos; força magnética, impulsiva, criadora rumo à satisfação plena e à felicidade.

Atributo diverso

- *Negativo/invertido*: ruína, desestabilização, arrogância, austeridade, avareza.

- *Obstáculo/oposição*: falta de capacidade, de poder ou de produtividade.
- *Orientação/conselho*: ter fé e convicção nos ideais e se reconciliar com a vida.

Note e anote

1. Diferentemente das rainhas, nas quais apenas duas detém o sucesso, as quatro cartas com denominação *rei* pressagiam o pleno êxito. A diferença entre eles se encontra apenas na forma de aquisição e não no produto final; e o *Rei de Paus* é o único que indica haver, além da realização desejada, algum progresso ou maior desdobramento positivo no futuro.

2. Vale lembrar que os *reis* (denominação clássica para a última carta da corte) equivalem aos *cavaleiros* no tarô de Crowley e na maior parte dos tarôs baseados na corrente cabalística inglesa (princesa, príncipe, cavaleiro, rainha).

ÁS DE PAUS

TAROLOGIA

Simbolismo clássico

Um grande bastão de madeira (*número 1 = princípio do princípio; elemento Paus = força transcendental*); a carta também pode ser ilustrada com alguma situação que resulte em *frutificação* ou *produção*, entre diversas possibilidades.

Analogia

O simbolismo indica energia criadora e oportunidade ímpar na vida, período de sorte e muita produtividade, mensagem de sucesso e êxito nas atividades empreendidas; também sugere notícias alegres e importantes, segurança e crescimento, condições materiais para realizar o que desejar. A carta revela fertilidade e fecundidade em todos os níveis, início de uma situação altamente próspera e feliz. Podemos extrair uma reflexão: *a criatividade é o elo para a bem-aventurança*.

Sintoma

Força simbólica: realizador, dinâmico, aberto, conclusivo. O arcano sucessor é o Dois de Paus, reflexão dos projetos; o arcano ressoante é o Ás de Ouros, sucesso dos desejos. Os sintomas do *Ás de Paus* (arcano emissor) revelam que temos uma grande oportunidade para investir ou descobrir um enorme sucesso; também indicam que temos força moral, entusiasmo e muita convicção para realizar o desejo, pois a energia produtora é intensa e eficaz. Assemelha-se àqueles momentos em que investimos na melhoria de nossa carreira profissional fazendo cursos de aperfeiçoamento e, depois, conseguimos uma promoção.

TAROMANCIA

Núcleo

- *Essência*: fertilidade, oportunidade, poder, desejo.
- *Definição*: produtividade, oportunidade, crescimento, criação, sorte.

Atributo básico

- Ganhos e desenvolvimento acima do esperado; origem de estrutura sólida ou início da bem-aventurança; harmonia com o meio ambiente, união ou bons acordos; invenção, criatividade ou iniciativa que gera sucesso em longo prazo.

Atributo diverso

- *Negativo/invertido*: esterilidade, decadência, abandono, estrago, prejuízo.
- *Obstáculo/oposição*: falta de coragem, de impulso ou de forte desejo.
- *Orientação/conselho*: manter a ideia latente, buscar a criação dos projetos.

Note e anote

1. Os arcanos *Ás de Ouros* e *Ás de Copas* estão para a sorte e a satisfação, assim como os arcanos *Ás de Espadas* e *Ás de Paus* estão para a sorte e o desenvolvimento. O primeiro conjunto tende a realizar exatamente o que se deseja; já, o segundo, traz maiores possibilidades ou situações além do esperado. Portanto, ao aplicar o método europeu, o *Ás de Paus* expande os valores do arcano principal. Por exemplo, uma questão do plano material: *Imperatriz* + *Ás de Paus* = prosperidade além do imaginado, lucros estupendos, reconhecimento súbito; *Torre* + *Ás de Paus* = perda maior que o esperado, compreensão do erro e do prejuízo, surgindo chances de reposição por outros caminhos (toda associação com o naipe de paus não gera sentimentos maiores que o necessário).

DOIS DE PAUS

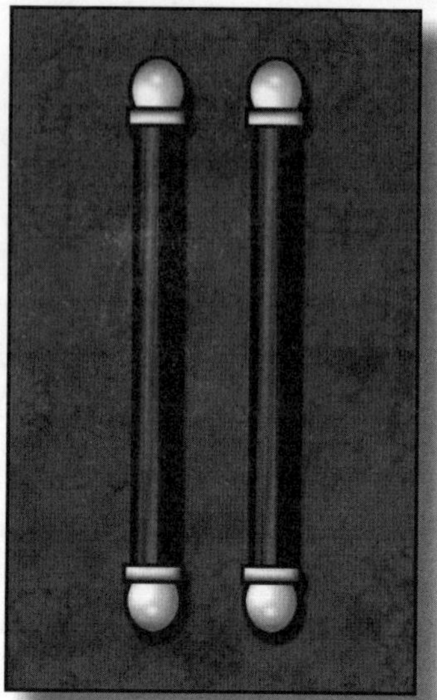

TAROLOGIA

Simbolismo clássico

Dois bastões (*número 2 = oposição ao princípio; elemento Paus = força transcendental*), geralmente alternados ou cruzados (*símbolo de obstinação e rivalidade*); a carta também pode ser ilustrada com alguma situação que resulte em *reflexão* ou *observação*, entre diversas possibilidades.

Analogia

O conteúdo simbólico indica algum impasse imprevisto para solucionar coisas importantes antes do sucesso, confronto nos projetos e obstáculo superável, fatos inesperados com melhoria nos resultados. A carta também sugere o potencial interior em direção à justeza da vida, reflexão e meditação necessárias para a evolução dos fatos e, ainda, paralisia ou letargia momentânea da situação causada por terceiros. Podemos extrair uma reflexão: *nem tudo acontece como planejamos.*

Sintoma

Força simbólica: transicional, lento. O arcano sucessor é o Três de Paus, descobertas de caminhos; o arcano ressoante é o Dois de Ouros, impasse superável. Os sintomas do *Dois de Paus* (arcano emissor) revelam que apesar de estarmos no caminho correto é necessária uma pequena pausa para resolver problemas; também indicam que podemos dispersar caso não haja a fé e a autoconfiança necessária. Assemelha-se àqueles casos em que contamos com a ajuda de um amigo para ser avalista e que, por razões comerciais, ele não é aceito; então, adiamos o negócio para buscar outro fiador, e conseguimos.

TAROMANCIA

Núcleo

- *Essência*: prorrogação, imaginação, julgamento, dualidade.
- *Definição*: adiamento, reflexão, avaliação, surpresa, suspensão, obstáculo.

Atributo básico

- Atraso ou adiamento por razões de ordem superior; solução dos obstáculos em breve, tudo é superável; sucesso garantido em longo prazo; coragem em enfrentar os desafios; contradição, promessa não cumprida, acordos desfeitos.

Atributo diverso

- *Negativo/invertido*: antecipação, contrato, acordo, desenvolvimento, sorte.
- *Obstáculo/oposição*: falta de ponderação, de análise ou de observação.
- *Orientação/conselho*: deve meditar e rever os caminhos e desejos.

Note e anote

1. Observe que os arcanos *Dois de Ouros*, *Dois de Espadas* e *Dois de Paus* indicam empecilhos, adiamentos ou desacordos inesperados. Contudo, o *Dois de Ouros* representa um obstáculo material, previsível e *transponível* em curto prazo, como orçamento, datas, locais, disponibilidade. O *Dois de Espadas* indica um obstáculo imprevisto e *intransponível* entre duas situações ou pessoas, como convicções, dogmas, planejamento, que refletem negativamente no plano material. Já o *Dois de Paus*, por sua vez, revela um obstáculo imprevisto, aceitável e *transponível* em curto prazo, como quebra de promessa ou de acordo, adiamento de um encontro ou cancelamento de contrato. Nesta carta, por motivo de força maior, as pessoas são obrigadas a descumprir/adiar o compromisso.

2. Qual a razão do arcano *Dois de Copas* (felicidade, união) não se encontrar no mesmo plano de análise dos outros arcanos menores de número 2 (obstáculos, adiamentos)? Na introdução deste capítulo e na obra anterior abordamos amplamente a estrutura do tarô — cada arcano auxiliar deve ser observado como um capítulo de uma história (reveja *Estrutura decenária*, página 165, volume 1), cada arcano sucessor é resultado direto do antecessor. Volto a aludir aos elementos associados aos números; no caso, o número 2 (dualidade) associado ao elemento Água (naipe de copas) resulta em harmonia, pois o arcano antecessor simboliza a paz e o amor (Ás de Copas). Em oposição, encontramos o *Dois de Espadas* cuja leitura é rivalidade, uma vez que o *Ás de Espadas* é o poder pessoal (não há reciprocidade).

TRÊS DE PAUS

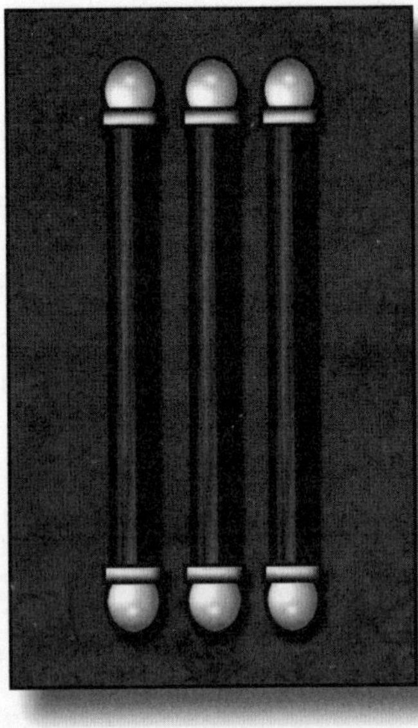

TAROLOGIA

Simbolismo clássico

Três bastões (*número 3 = equilíbrio ao princípio; elemento Paus = força transcendental*), geralmente alternados ou cruzados (*símbolo de obstinação e rivalidade*); a carta também pode ser ilustrada com alguma situação que resulte em *negociação* ou *satisfação*, entre diversas possibilidades.

Analogia

A simbologia revela união de forças e intercâmbio nos objetivos, coordenação e ação dos planos pessoais junto aos sociais, conhecimento prático da situação; igualmente revela um período de grandes esforços e trabalho honesto, com bons resultados e oportunidade de crescimento. Indica, ainda, união e sociedade vantajosas, bem estruturadas e com êxitos futuros; ideias criativas, arrojo e sagacidade em novos projetos. Podemos extrair uma reflexão: *a reciprocidade é a origem da prosperidade.*

Sintoma

Força simbólica: aberto, conclusivo. O arcano sucessor é o Quatro de Paus, reunião de paz; o arcano ressoante é o Três de Ouros, habilidade de solução. Os sintomas do *Três de Paus* (arcano emissor) revelam que estamos construindo uma base sólida, tanto emocional quanto material, e também que teremos confiança no futuro. Esse estado de graça sugere que estamos autoconfiantes e sabendo lidar inteligentemente com as pessoas e os nossos objetivos. Assemelha-se àqueles momentos em que propomos um pedido de casamento por saber que temos condições tanto materiais quanto emocionais para assumir uma família.

TAROMANCIA

Núcleo

- *Essência*: cooperação, inovação, permuta, união.
- *Definição*: inovação, cooperação, união, permuta, negociação, contrato.

Atributo básico

- Empreendimento e projetos bem-sucedidos, evolução e melhorias garantidas; início vantajoso, caminhos abertos e ajuda de terceiros; favorecimentos nos relacionamentos, união ou solução dos obstáculos; compreensão, perdão, paz.

Atributo diverso

- *Negativo/invertido*: deslealdade, rompimento, desacordo, dissimulação, azar.

- *Obstáculo/oposição*: falta de cooperação, de intercâmbio ou de acordos.
- *Orientação/conselho*: momento de coordenar os planos com o meio ambiente.

Note e anote

1. Se o número três representa *equilíbrio* no plano místico e os arcanos auxiliares *Três de Ouros*, *Três de Copas* e *Três de Paus* simbolizam *prosperidade e alegria*, qual a razão de o arcano *Três de Espadas* indicar *perdas e sofrimento*? Equilíbrio não é sinônimo de satisfação, mas de balanceamento de forças opostas (o bem e o mal), indica o resultado ou o controle de conflitos, confrontos, acordos. Não há azar que dure para sempre, tampouco sorte que permaneça. Além disso, que na numerologia o algarismo três indica equilíbrio, sendo o resultado da união do um/início e dois/dualidade. Por isso, poderíamos dizer que todos os arcanos auxiliares de número três representam o resultado dos arcanos auxiliares de número dois! Assim, se antecessor (*Dois de Espadas*) simboliza rivalidade e obstáculo intransponível, o sucessor (*Três de Espadas*) determinará perda e sofrimento! Ora, então se o *Dois de Paus* sugere adiamento e superação dos obstáculos, podemos assegurar que o *Três de Paus* indica a própria superação e a reorganização! Cada naipe é sempre uma cadeia de acontecimentos, nada é aleatório.

QUATRO DE PAUS

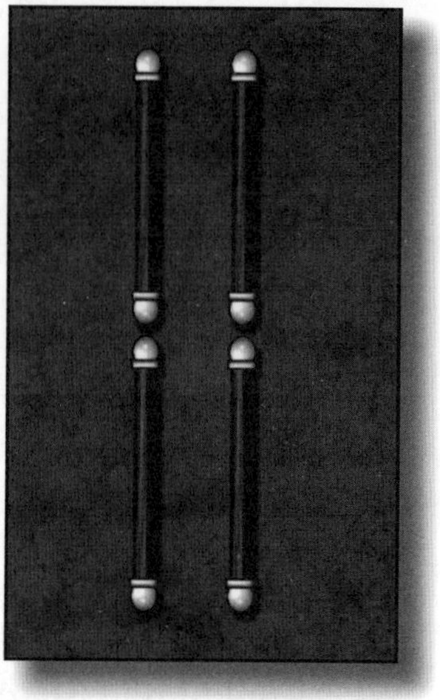

TAROLOGIA

Simbolismo clássico

Quatro bastões (*número 4 = princípio da oposição; elemento Paus = força transcendental*), geralmente alternados ou cruzados (*símbolo de obstinação e rivalidade*); a carta também pode ser ilustrada com alguma situação que resulte em *harmonia* ou *paz*, entre diversas possibilidades.

Analogia

O conjunto simbólico revela a existência do equilíbrio com perspectivas favoráveis ou um momento de paz em meio aos conflitos; também, satisfação e momentos agradáveis em meio a turbulências. A carta sugere união, reunião, contrato ou sociedade que serão muito bem acertadas, situação com resultados positivos para o futuro. Indica, ainda, a compreensão dos problemas presentes para o progresso futuro, busca de repouso para encontrar a paz e tranquilidade, férias.

Podemos extrair uma reflexão — *o sucesso está no autocontrole, não adianta reclamar.*

Sintoma

Força simbólica: transicional, lento. O arcano sucessor é o Cinco de Paus, recuperação dos projetos; o arcano ressoante é o Quatro de Ouros, retenção do desejo. Os sintomas do *Quatro de Paus* (arcano emissor) revelam que estamos administrando a vida com perfeição ou que direcionamos as forças negativas e positivas de forma equilibrada. A autoconfiança sugerida reforça a ideia de que há muitos problemas em atuação, mas que é possível contê-los com sabedoria. Assemelha-se àqueles momentos em que estamos ao mesmo tempo com problemas no trabalho e no casamento, mas continuamos com otimismo, acreditando em um futuro melhor.

TAROMANCIA

Núcleo

- *Essência*: aliança, favorecimento, superação, harmonia.
- *Definição*: harmonia, aliança, superação, administração, descanso, sorte.

Atributo básico

- Período de solução dos conflitos, encontro do ponto de equilíbrio; harmonia e paz nas situações, mesmo que aparentemente negativas; desejo de prosperar ou encontrar novos caminhos de felicidade; união, contrato, trocas, reciprocidade.

Atributo diverso

- *Negativo/invertido*: insatisfação, insegurança, desarmonia, descontrole, azar.

- *Obstáculo/oposição*: falta de aliança, de harmonia ou de paciência.
- *Orientação/conselho*: ter calma e compreensão do presente para o futuro.

Note e anote

1. Todos os arcanos menores de número *um*, *dois* e *três* revelam a *fase primária* ou os movimentos iniciais de um desejo ou realização, indicando sempre certa fragilidade. A partir do grupo de números *quatro*, *cinco* e *seis*, se inicia a *fase secundária* ou a continuidade do que se desejou ou almejou, mas de forma fragmentada ou repleta de obstáculos e modificações. Logo, temos nos arcanos de número *quatro* uma fase que identifica continuidade do passado por não haver objetivos futuros. Independente da leitura oracular, também é um prenúncio que maus tempos virão, caso não haja mudança de paradigmas.

2. Vimos em observações anteriores que o *Quatro de Ouros*, *Quatro de Espadas* e o *Quatro de Copas* identificam um período de retenção deliberada ou estagnação por conveniência, no qual devemos observar e reavaliar rapidamente os conceitos para o progresso futuro. O *Quatro de Paus* sugere a existência de muitos problemas que não podem ser resolvidos imediatamente; porém, diferentemente das outras três cartas, essa inércia não é originada pelo consulente. O arcano revela que estamos administrando as dificuldades de forma coerente e que conseguiremos resolvê-las.

CINCO DE PAUS

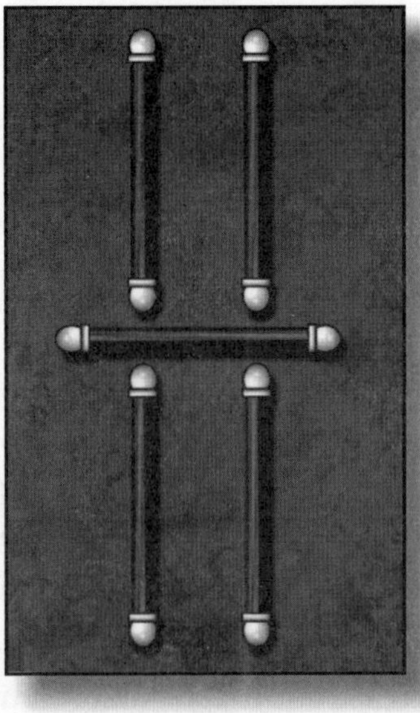

TAROLOGIA

Simbolismo clássico

Cinco bastões (*número 5 = oposição à oposição; elemento Paus = força transcendental*), geralmente alternados ou cruzados (*símbolo de obstinação e rivalidade*); a carta também pode ser ilustrada com alguma situação que resulte em *reunião* ou *trabalho*, entre diversas possibilidades.

Analogia

O simbolismo indica a retomada do livre-arbítrio, disposição e esforço para a solução de problemas, dificuldades que serão sanadas, início da reconstrução ou da renovação em diversas áreas. A carta sugere um lance de sorte ou de circunstâncias favoráveis para a realização dos objetivos; divergências ou discussões construtivas, lutas pelos interesses pessoais, mas com ganhos futuros. Revela, ainda, que não é um momento confortável, mas as ideias estão corretas. Podemos extrair uma reflexão: *nem tudo é fácil, mas perseverando tudo se resolve.*

Sintoma

Força simbólica: dinâmico, unidimensional. O arcano sucessor é o Seis de Paus, benefício do investimento; o arcano ressoante é o Cinco de Ouros, perdas parciais. Os sintomas do *Cinco de Paus* (arcano emissor) revelam que estamos em meio a uma competição e os desafios nos colocam à prova, mas devemos continuar lutando. A máxima é enfrentar tudo com dignidade, pois, somente por intermédio dos esforços, as metas são realizadas! Assemelha-se àqueles momentos em que iniciamos um novo trabalho, devendo provar a capacidade profissional, independente da experiência. O mesmo em questões afetivas: não basta dizer "eu te amo", é preciso provar o amor!

TAROMANCIA

Núcleo

- *Essência*: empenho, trabalho, reconstrução, sorte.
- *Definição*: recuperação, reconstrução, esforço, abertura, chance, sorte.

Atributo básico

- Trabalho árduo com resultado satisfatório, antagonismo que será vencido; sacrifício e esforço com bons resultados; aparente má-sorte, mas os obstáculos são superáveis; reorganização, recuperação, futuro positivo, ganhos.

Atributo diverso

- *Negativo/invertido*: dificuldade, obstrução, insolubilidade, injustiça, trapaça.

- *Obstáculo/oposição*: falta de superação, de livre-arbítrio ou de renovação.
- *Orientação/conselho*: ter disposição e muita fé para solucionar os obstáculos.

Note e anote

1. Observamos que todos os arcanos menores de número cinco identificam que estamos em meio a um processo de evasão e dificuldades no tempo presente. Assim, enquanto nos arcanos *Cinco de Ouros* (afastamento material), *Cinco de Espadas* (negligência mental) e *Cinco de Copas* (definhamento emocional) revelam turbulência que precisa ser contida com urgente mudança de metas, no *Cinco de Paus* (superação em breve) todos os obstáculos e problemas devem ser enfrentados com autoconfiança sem alterar os objetivos, pois o que se almeja está correto e é possível.

SEIS DE PAUS

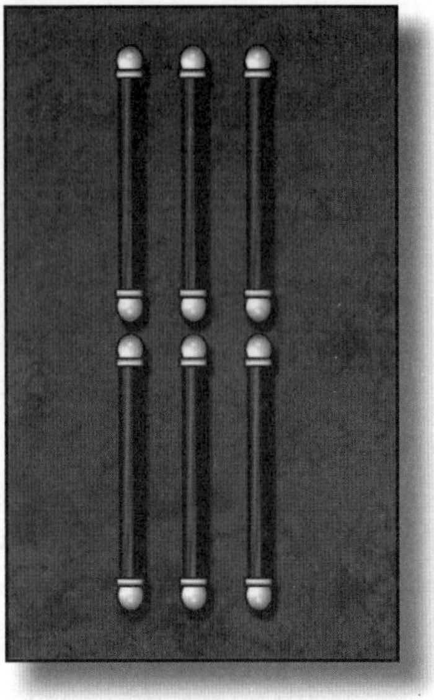

TAROLOGIA

Simbolismo clássico

Seis bastões (*número 6 = equilíbrio da oposição; elemento Paus = força transcendental*), geralmente alternados ou cruzados (*símbolo de obstinação e rivalidade*); a carta também pode ser ilustrada com alguma situação que resulte em *felicidade* ou *triunfo*, entre diversas possibilidades.

Analogia

A estrutura simbólica sugere obtenção de recursos, retorno dos investimentos ou resultado positivo dos projetos, prosseguimento favorável das metas; também indica ganho, gratificação, promoção, boas expectativas, obtenção de recursos ou cumprimento de palavras e promessas. A carta revela uma fase de elevação social ou de autoconfiança, recebimento de notícias importantes e boas ofertas para o futuro; contrato, sociedade ou união feliz. Podemos extrair uma reflexão: *no verão se colhem os frutos mais doces.*

Sintoma

Força simbólica: realizador, aberto. O arcano sucessor é o Sete de Paus, triunfo dos esforços; o arcano ressoante é o Seis de Ouros, decisão promissora. Os sintomas do *Seis de Paus* (arcano emissor) revelam que estamos diante de um período importante, pois os esforços serão reconhecidos e agraciados com o triunfo; eles indicam a libertação de todo tipo de opressão, sofrimento ou problema, o futuro só terá vantagens! Assemelha-se àqueles casos em que recebemos uma promoção por reconhecimento profissional ou a aquisição da aposentadoria.

TAROMANCIA

Núcleo

- *Essência*: recompensa, benefício, segurança, recursos.
- *Definição*: benfeitoria, segurança, reconhecimento, realização, promoção.

Atributo básico

- Reclassificação dos objetivos, disciplina da vida e segurança do futuro; agraciamento pelo trabalho ou perseverança reconhecida; conquista planejada com resultado feliz, progresso em andamento; sucesso e ganho garantido.

Atributo diverso

- *Negativo/invertido*: ilusão, distração, desonestidade, apreensão, prejuízo.
- *Obstáculo/oposição*: falta de autoconfiança, de recursos ou de finalização.

- *Orientação/conselho*: fazer a reclassificação de seus objetivos ou ideais.

Note e anote

1. Todos os arcanos menores de número *seis* devem ser observados como uma *ponte* entre o passado e o futuro, uma nova fase de vida que surgirá trazendo novas perspectivas e diretrizes (a partir do número *sete*). Os arcanos menores de *um* a *cinco* simbolizam a visão limitada da vida, consciente ou inconsciente, e os arcanos menores de *seis* a *dez* indicam o desenvolvimento da consciência plena, seja por intermédio da alegria ou do sofrimento. Observe a temporalidade implícita em cada estágio: *Quatro de Paus* indica que no *futuro* os problemas serão dominados com harmonia; *Cinco de Paus*, que no *presente* há domínio dos reveses e será encontrada a solução; o *Seis de Paus*, que no *passado* foram resolvidos os conflitos e no futuro haverá favorecimentos e prosperidade.

2. Enquanto no *Seis de Ouros* (incertezas sobre o futuro causadas por ações do passado), no *Seis de Espadas* (inatividade de objetivo presente ou futuro por algum motivo antigo) e no *Seis de Copas* (apenas recordação e nostalgia) encontramos a necessidade de renovação ou transcendência para continuar a vida, podemos assegurar que no *Seis de Paus* o passado surge como um aprendizado que servirá como base sólida para o futuro.

SETE DE PAUS

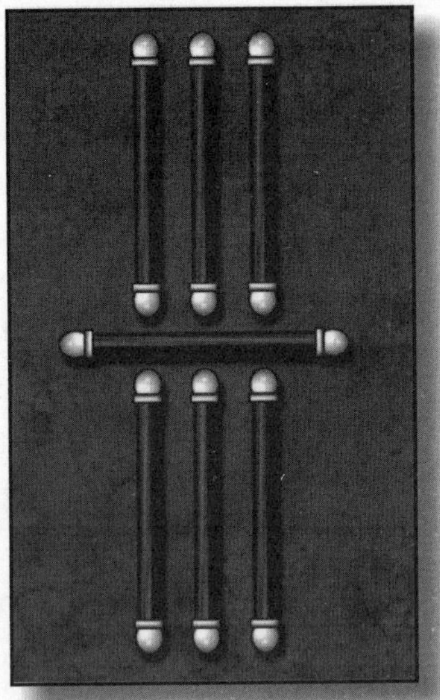

TAROLOGIA

Simbolismo clássico

Sete bastões (*número 7 = princípio do equilíbrio; elemento Paus = força transcendental*), geralmente alternados ou cruzados (*símbolo de obstinação e rivalidade*); a carta também pode ser ilustrada com alguma situação que resulte em *vantagem* ou *confronto*, entre diversas possibilidades.

Analogia

A simbologia indica sucesso por intermédio da perseverança, obstáculos que serão vencidos com integridade, vantagem e capacidade para enfrentar qualquer adversidade; também sugere reunião e resoluções importantes que afetam terceiros, luta e determinação que atingirão o êxito, desafios superáveis e prenúncio da satisfação. A carta também revela que mesmo se houver alguma perda, ela será aparente, pois logo haverá a recuperação por intermédio de outro caminho muito melhor e mais próspero! Podemos extrair uma reflexão: *somente os que ousam sabem a dimensão do abismo*.

Sintoma

Força simbólica: realizador, dinâmico. O arcano sucessor é o Oito de Paus, nova oportunidade; o arcano ressoante é o Sete de Ouros, expansão dos projetos. Os sintomas do *Sete de Paus* (arcano emissor) revelam que estamos em um processo de combate no qual aparentemente estamos em desvantagem; contudo, temos a melhor posição, ataque e defesa! Indicam, ainda, que devemos agir com absoluta honestidade. Assemelha-se àqueles casos em que há uma concorrência profissional parecendo que não tem as chances adequadas; contudo, se houver o fracasso da função almejada, receberá outra bem superior.

TAROMANCIA

Núcleo

- Superação, ganho, benefício, luta.
- *Definição*: vantagem, superação, capacitação, chance, êxito, sorte, persevernaça.

Atributo básico

- Triunfo sobre toda adversidade, benfeitoria em todos os projetos; capacidade de realizar as metas, as provas e os desafios com resultados positivos; ideias claras e poder decisório irreversível, vantagem e conquista em todos os atos e planos.

Atributo diverso

- *Negativo/invertido*: incerteza, timidez, insegurança, decadência, prejuízo.
- *Obstáculo/oposição*: falta de determinação, de arrojo ou de labuta.

- *Orientação/conselho*: ter determinação para atingir o êxito, não dispersar.

Note e anote

1. Encontramos nos arcanos de número sete o início da *fase terciária*, que abrange o grupo de números *sete*, *oito* e *nove*, revelando a mudança dos objetivos iniciais ou da fase primária (um, dois, três), também o rumo ao progresso efetivo e feliz, seja por intermédio da dor ou da alegria. A partir desse grupo não existe mais o erro ou a ignorância dos fatos como ocorreu na fase primária e secundária; nesse conjunto de arcanos tudo o que se vivencia é profundo, conhecido, consciente, real — seja pela boa ou pela má fé.

2. O *Sete de Ouros* indica o sucesso futuro; o *Sete de Espadas*, a possibilidade de ganho; o *Sete de Copas*, a ilusão nos objetivos; o *Sete de Paus*, a superação dos obstáculos. Embora sejam situações diferentes, transitando do sucesso ao obstáculo, é interessante observar que de maneira geral, todos os arcanos menores de número *sete* sugerem consciência e autoconfiança para a continuidade dos objetivos; no entanto, hesitam diante da nova vida que se aproxima. A partir dos arcanos de número *oito*, tudo é claro e redirecionado para uma solução: positiva ou negativa.

OITO DE PAUS

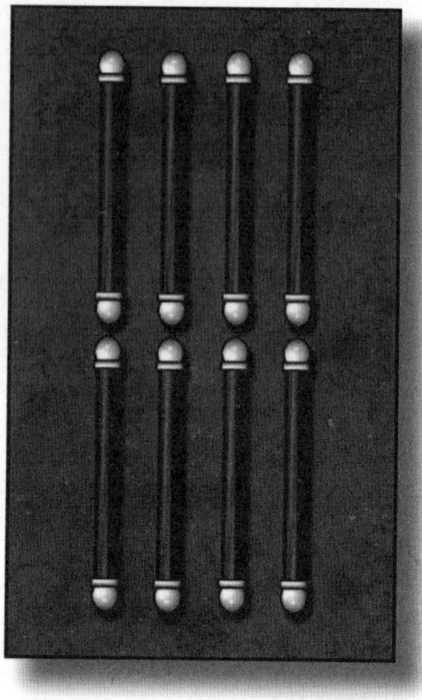

TAROLOGIA

Simbolismo clássico

Oito bastões (*número 8 = oposição ao equilíbrio; elemento Paus = força transcendental*), geralmente alternados ou cruzados (*símbolo de obstinação e rivalidade*); a carta também pode ser ilustrada com alguma situação que resulte em *término* ou *abismo*, entre diversas possibilidades.

Analogia

O conjunto simbólico indica transformação, mudança geral ou atividade inesperada para a prosperidade, diligência e perfeição final, transformação natural ou conclusão desejada; também sugere realização por novos caminhos e oportunidades, evolução pessoal e social sem planejamento, nova fase de vida. A carta indica novas oportunidades e progresso promissor, decisão inusitada que será sucedida de muita sorte. Podemos extrair uma reflexão: *todos odeiam mudanças, mas é o único evento que traz evolução.*

Sintoma

Força simbólica: evolucional, dinâmico, conclusivo, cármico. O arcano sucessor é o Nove de Paus, pausa necessária; o arcano ressoante é o Oito de Ouros, novo aprendizado. Os sintomas do *Oito de Paus* (arcano emissor) revelam que estamos em um ponto chave da vida, simplesmente o fim natural de alguma coisa, indicando que estamos ansiosos pelo futuro, pois há muito tempo buscamos novas oportunidades. Assemelha-se àqueles momentos em que o casamento anda meio enfadonho, sem paixão, e tudo se renova para uma fase excitante do matrimônio ou, ainda, o próprio casal chega à decisão natural pela separação.

TAROMANCIA

Núcleo

- *Essência*: finalização, perfeição, conclusão, evolução.
- *Definição*: renovação, término, mudança, progresso, prosperidade, sorte.

Atributo básico

- Mudança repentina, mas com resultados positivos; sucesso imprevisto por caminhos inusitados; avanço social ou progresso rápido por ajuda de terceiros; vantagens, ganhos, oportunidades ou bem-aventurança que se inicia na vida.

Atributo diverso

- *Negativo/invertido*: autodestruição, autocomiseração, discórdia, estagnação.
- *Obstáculo/oposição*: falta de mudança, de renovação ou de aperfeiçoamento.
- *Orientação/conselho*: buscar novos caminhos, renovar a vida.

Note e anote

1. Todos os arcanos menores de número *oito* indicam uma mudança irreversível das metas e o surgimento de um novo caminho (aceitável ou não pela razão). Vale lembrar que diferentemente do primeiro e de segundo grupo (Ás/2/3 e 4/5/6), a partir desse estágio (8) se tem a verdadeira consciência dos fatos; portanto, tanto a felicidade quanto a dor são mais intensas e ativas. Por exemplo: *o lamento e o sofrimento* indicados no *Oito de Espadas,* no *Nove de Espadas* e no *Oito de Copas* são mais profundos, aflitivos e desesperadores, se comparados ao arcano *Três de Espadas* e ao arcano *Seis de Copas*, nos quais as dores são passageiras, não causam danos ou estragos emocionais. *A oportunidade* e o *progresso* revelados no *Oito de Paus*, no *Oito de Ouros,* no *Nove de Ouros* e no *Nove de Copas* são mais progressivos e chegam ao regozijo máximo em médio prazo, se comparados à energia oracular dos quatro *Ases*, do *Três de Ouros*, do *Três de Paus* e do *Seis de Paus*.

2. Em todos os arcanos menores, corte e numerados, somente duas cartas revelam o *fim* ou a *mudança definitiva por livre-arbítrio*: o *Dez de Espadas*, que aponta o término necessário com ou sem dor consciente, e o *Oito de Paus*, que indica o fim natural e em paz. Somente quatro cartas revelam o *fim* ou *a mudança definitiva e indesejável.* Duas causadas por terceiros — o *Três de Espadas*, revelando que alguém não cumpriu a palavra (causando-nos decepção); o *Nove de Espadas*, indicando que fomos abandonados em meio a uma vida cheia de projetos (causando-nos desespero). As outras duas cartas apontam nossos próprios erros — o *Oito de Espadas*, desvelando que manipulamos a verdade dos fatos para benefício próprio, e o *Oito de Copas*, indicando que nos entregamos ao extremo de nossa vaidade deturpando a realidade. Em ambos, sofremos porque somos obrigados a aceitar para sempre algo que nunca desejamos: a perda.

NOVE DE PAUS

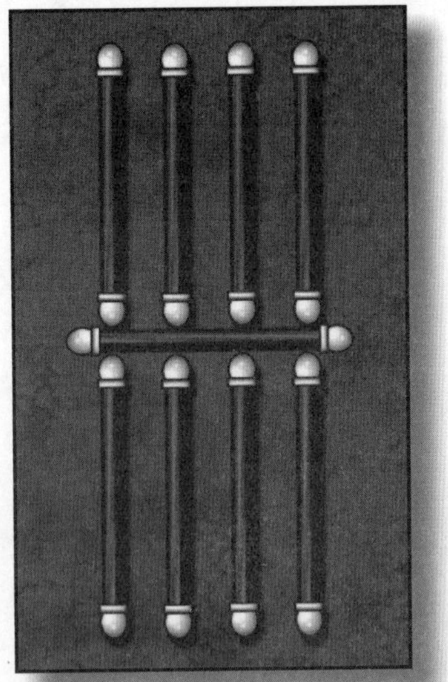

TAROLOGIA

Simbolismo clássico

Nove bastões (*número 9 = equilíbrio do equilíbrio; elemento Paus = força transcendental*), geralmente alternados ou cruzados (*símbolo de obstinação e rivalidade*); a carta também pode ser ilustrada com alguma situação que resulte em *obstáculo* ou *opressão*, entre diversas possibilidades.

Analogia

A simbologia revela adiamento, atrasos, obstáculos transponíveis (causados por intempéries, burocracia etc.) ou algum ajuste necessário antes de qualquer conclusão, mas tudo com expectativas favoráveis; indica disputa e hesitação para recomeçar algum projeto, momento de opressão marcada pela incerteza. A carta revela introversão, receio, recordação do passado ou dificuldade que deve ser enfrentada com toda dignidade. Podemos extrair uma reflexão: *se há limitação, não avance, reveja os pontos falhos.*

Sintoma

Força simbólica: transicional, lento e centrípeto, cármico. O arcano sucessor é o Dez de Paus, recomeço de uma nova era; o arcano ressoante é o Nove de Ouros, recompensa dos esforços. Os sintomas do *Nove de Paus* (arcano emissor) revelam que tudo é possível manter aquilo que construímos ou desejamos, mas encontramos obstáculos que, por sua vez, nos fazem ter medo dos resultados. Isso ocorre porque já vivenciamos de alguma forma esses problemas e não queremos reabrir velhas feridas. Assemelha-se àqueles casos em que encontramos um novo amor, mas temos receio de nos entregar com medo de sofrermos novamente.

TAROMANCIA

Núcleo

- *Essência*: adiamento, disputa, dúvidas, entrave.
- *Definição*: obstáculo, pendência, expectativa, dúvida, hesitação, decepção.

Atributo básico

- Suspensão ou prorrogação causada por força maior, empecilho momentâneo em qualquer realização; desventura ou barreira que precisa ser vencida, adversidade que será derrotada; azar, desengano ou calamidade passageira.

Atributo diverso

- *Negativo/invertido*: liberdade, auxílio, conclusão, alívio, conforto, sorte.

- *Obstáculo/oposição*: falta de perseverança, de recomeço ou de adiamento.
- *Orientação/conselho*: ter responsabilidade e amadurecimento nos ideais.

Note e anote

1. Observamos que alguns arcanos auxiliares revelam paralisação, suspensão ou adiamento. Então, qual a diferença nos *obstáculos*? A carta *Dois de Espadas* indica um obstáculo intransponível e sem resultado, no qual as partes envolvidas lutam pela verdade pessoal; *Dois de Paus* sugere obstáculo transponível causado por terceiros, algum contratempo; *Quatro de Copas* revela insatisfação no resultado presente, a pessoa não reage, fica passiva e negativa; *Quatro de Espadas* alude à suspensão dos objetivos por falta de estímulo: a própria pessoa coloca o obstáculo; *Nove de Paus* diz que todo obstáculo é transponível e foi causado pela natureza, pelo tempo, pela agenda ou pela burocracia.

DEZ DE PAUS

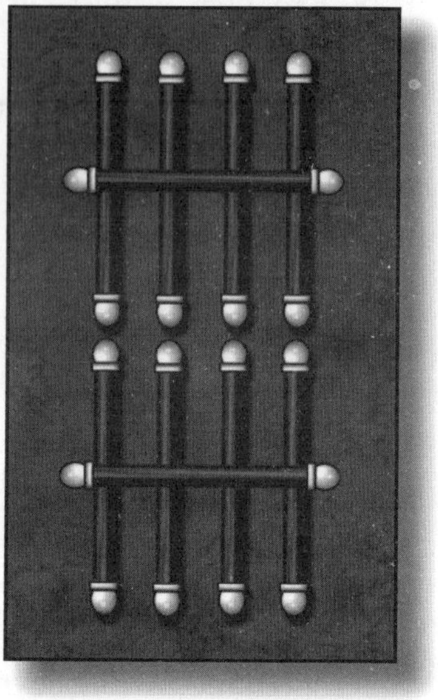

TAROLOGIA

Simbolismo clássico

Dez bastões (*número 10 = evolução; elemento Paus = força transcendental*), geralmente alternados ou cruzados (*símbolo de obstinação e rivalidade*); a carta também pode ser ilustrada com alguma situação que resulte em *recomeço* ou *fim*, entre diversas possibilidades.

Analogia

O conteúdo simbólico indica lutas para alcançar um objetivo importante ou permanecer em uma posição, palavras e promessas que serão cumpridas no futuro, investimentos em longo prazo com independência progressiva; também sugere o fim dos problemas ou algum esforço com resultado positivo, dedicação e recompensa dos investimentos, chegada do progresso ou de uma nova fase de vida. Podemos extrair uma reflexão: *alguns obstáculos são necessários para o verdadeiro êxito.*

Sintoma

Força simbólica: evolucional, conclusivo. *Não há arcano sucessor* e o arcano ressoante é o Dez de Ouros, glória do poder. O sintoma do *Dez de Paus* (arcano emissor) revela que estamos assoberbados, cansados e preocupados, objetivando uma saída para satisfazer a vida pessoal. Dedicando-nos com afinco para atingir as metas, a satisfação surgirá através dos esforços. Assemelha-se àqueles momentos em que estamos cursando uma faculdade e nos é exigido o estudo de muitas matérias, provas, ano após ano, para obter o diploma. Qual seria o resultado deste investimento? Um futuro garantido! Não vale a pena o sacrifício? Claro!

TAROMANCIA

Núcleo

- *Essência*: recomeço, reestruturação, independência, evolução.
- *Definição*: redefinição, renovação, reconstrução, reorganização, inovação.

Atributo básico

- Momento de reconstrução ou de solução dos obstáculos; pressão ou opressão excessiva que logo se resolverá; luta para alcançar um objetivo (e conseguirá), aviso do destino do surgimento de uma nova fase de vida, evolução, sorte.

Atributo diverso

- *Negativo/invertido*: derrota, intriga, traição, obstáculo, retrocesso, perda, azar.
- *Obstáculo/oposição*: falta de investimento, de redefinição ou de investimento.
- *Orientação/conselho*: permanecer em uma única posição, ideia ou palavra.

Note e anote

1. Com os arcanos auxiliares de número *nove* terminamos a *fase intermediária* (7/8/9) e atingimos a *fase final* (10) com toda e qualquer forma de conclusão. Todos esses arcanos revelam a efetivação dos objetivos. No entanto, os arcanos *Dez de Espadas* e *Dez de Paus* apontam para uma nova fase na vida em um futuro próximo ou mudanças importantes de paradigmas. Por sua vez, o arcano *Dez de Ouros* e o arcano *Dez de Copas* indicam que tudo se manterá no mesmo caminho por muito tempo ou que as situações poderão prosperar como idealizado.

2. O naipe de paus é o único que contém dois arcanos indicando transformação, progresso ou renovação: *Oito* e *Dez*. Ambos alavancam novos caminhos, outros patamares, devido ao planejamento coerente e as ações construtivas. Pelo engendramento adotado na estrutura, essas duas cartas identificam tanta revolução quanto o arcano sem número. Aliás, no método europeu, a combinação do Louco com um desses arcanos auxiliares representaria transformações significativas que o próprio consulente poderia fazer, como, por exemplo, vender tudo o que possui (e ainda pedir um empréstimo) para investir em um novo negócio.

PERSONALIDADE DA CORTE

Retomando as ponderações do primeiro volume, no qual relatei que os arcanos da corte foram os mais duvidosos durante a leitura, abordaremos aqui um assunto delicado na taromancia: *quando identificar pai, mãe, filho(a), namorado(a)*? Mesmo estruturando as cartas da corte e seus significados adivinhatórios, uma particularidade ficava à deriva: *como identificar a ajuda ou a interferência de alguém*? Nos diversos cursos que fiz no Rio de Janeiro com renomados tarólogos à época (1988-1990), infelizmente, apenas os arcanos maiores[25] eram ensinados e, novamente, o grande mestre Olafajé foi o que mais se aproximou do que [eu] desejava: estruturar o tarô completo! Com peculiar didática, ele abordou aspectos junguianos (quatro tipos psicológicos) agregados à cartoman-

---

[25] Sobre as deduções estruturais dos arcanos principais (22 arcanos) e dos auxiliares (56 arcanos) releia o capítulo *Estrutura do tarô*, páginas 75-139, no livro *Tarô, simbolismo e ocultismo*. Se havia revisado o saber dos **22 arcanos maiores** com alguns renomados tarólogos da década de 1980, asseguro que foram o mestre e ocultista Ozâmpin Olafajé (Domingues Marques) e a cigana Strada (Helena Rêgo) que me tiraram todas as dúvidas sobre os **56 arcanos menores**. Posso garantir que no Brasil, até meados da década de 1990, Ozâmpin Olafajé era o único do qual temos notícias a ministrar *regular e abertamente* um curso de arcanos menores na visão clássica (análise dos símbolos) e na visão cabalista (escola francesa). Depois, em 1992, surgiu um grupo da Ordo Templi Orientis (OTO) divulgando *thelema* no Brasil e, pela primeira vez, houve um curso específico do tarô de Thot (Crowley), ministrado no espaço cultural *Esoteric Center* (administrado pelo magista Kaanda Ananda). Fui aluno dessa primeira turma que aprendeu diretamente com os *thelemitas* os 56 arcanos menores sob uma visão cabalística (escola inglesa) e todo processo de *magick* relacionado ao tarô (22 arcanos maiores). Entre 1996 e 2006 no Rio de Janeiro e em São Paulo, fui um dos raros, senão o único, a oferecer abertamente um curso de arcanos menores e, passados tantos anos, ainda há certa dificuldade em encontrar tarólogos dispostos a ensiná-los. Sinceramente, não sei quem teve a infeliz ideia de propagar que arcanos menores eram desnecessários. Isso se encontra à boca miúda, mas sinto que essa concepção está se dissolvendo. Espero que daqui alguns anos, esta nota de rodapé seja unicamente um dado histórico e que todos os tarotistas saibam usar os 78 arcanos. Avante, tarólogos!

cia antiga de Etteilla e à cabala de Papus. Ora, se já havia sido um passo difícil estruturar os 56 arcanos menores, imagine iniciar novos estudos sobre personagens empregando as cartas da corte?

Debrucei-me, então, sobre os meus diversos livros nacionais e estrangeiros. Algumas obras *excluíam* a análise da personalidade, outras a enfatizavam, mas estas não esclareciam como interpretá-las ou raramente observei serem usadas pelos tarotistas brasileiros[26]. A maioria (eu, inclusive) tentava entender intuitivamente quem seria o tal personagem. Contudo, tenho um sério problema: *não consigo ministrar uma aula ou uma palestra sem ter argumentação*; assim, dizer apenas que o tarô é "tradição ou intuição", como lemos em diversos livros, é evasivo demais para algo que "funcione" com maestria. Reportar a centenas de símbolos de outras áreas também é muito erudito para o iniciante que não pertence ou não deseja (nunca) participar de alguma fraternidade oculta — por isso sempre busquei explicar de forma coerente e objetiva os arcanos.

Toda minha análise ou crítica é sobre o que está publicado essencialmente em livros, aquilo que todos nós lemos e estudamos; nesse contexto, busco equacionar as informações conflitantes e mostrar ao leitor os caminhos que existem, mas é livre-arbítrio de cada um estudar o que bem desejar. Eu acredito que é possível aprender profundamente o tarô sem falar uma única palavra sobre cabala, mitologia, astrologia ou numerologia; assumo tal posição pela formação de mais de mil alunos (1990-2000), que permaneceram comigo em média um ano cada e, principalmente, pela taromancia durante as aulas, cujas interpretações devem estar o mais próximo possível da realidade do consulente-aluno. Acrescento outra impressionante experiência on-line com o *Curso Introdutório de Tarô* ministrado para mais de 5 mil

[26] Participei de dezenas de feiras esotéricas para atestar tal afirmação (1989-1995). Geralmente via pessoas jogando o tarô egípcio da Kier, o tarô Mitológico ou o tarô Rider-Waite, que possuem os 56 arcanos menores ilustrados e de fácil entendimento; contudo, mesmo assim, preferiam apenas o uso dos 22 arcanos maiores. Encontrei pouquíssimos tarotistas jogando o tarô completo, e ainda hoje tenho a mesma impressão.

alunos virtuais em apenas um ano (1999) e a venda de mais de 120 mil exemplares do livro *Curso completo de tarô*, todos com um fantástico retorno de aprendizado na taromancia. Apesar de tudo isso, é livre-arbítrio do estudante se aproximar daquilo que bem entender; inclusive, estudar por intermédio da cabala ou da numerologia. Sabemos que esse caminho é mais longo, mas se chegará ao mesmo local: a leitura espiritual do tarô.

Sempre me chamou a atenção o fato de a maior parte das literaturas (de cunho adivinhatório, que é sempre meu objetivo) posicionar o arcano *Mago* como representação do consulente masculino e o arcano *Sacerdotisa* identificando a consulente feminina. Comecei a refletir sobre o conceito principal dos arcanos: *o arcano maior é a substância e o arcano menor, sua forma;* então, analisei *qual* dentre os arcanos maiores poderia gerar a *forma* de uma personalidade e de que maneira isso ocorreria. Paralelamente a essa reflexão, observava as tiragens entre as consultas novas e as antigas (catalogadas), sendo estudados, ao todo, 2.500 lançamentos/leituras — Roda Astrológica, Cruz Celta, Peladan — de 1989 a 1993.

Por muito tempo, após a consulta com o tarô completo[27], eu informava ao consulente que estava realizando uma pesquisa e que retomaria alguns pontos da tiragem. Realmente, toda vez que surgia o Mago (em uma consulta cujo consulente era um homem), a posição ou a casa relacionada sempre indicava a principal *preocupação* ou o grande *desejo* dele; o mesmo ocorria com a Sacerdotisa quando se tratava de uma mulher, era o foco dela. Assim, estavam certos ao declarar esses dois arcanos como a *questão* do cliente; porém, eu estava preocupado com as cartas da corte que nem sempre surgiam representando uma pessoa (aliás, nem sabia como identificar corretamente).

---

[27] Vale lembrar que uso o método europeu com configuração simultânea de um arcano maior e um menor, aos pares, para análise oracular; assim, de agora em diante estaremos observando o significado desse conjunto.

MAGO = consulente masculino
SACERDOTISA = consulente feminino

Então, em todas as perguntas ao consulente, comecei a observar que ele apontava com frequência certas configurações — *Imperatriz*, *Imperador*, *Sacerdote* e *Justiça* acompanhados de um *arcano da corte*; também apareceram em ínfima proporção Carro, Força e Eremita. Achei interessante nunca surgir outro arcano maior acompanhado da corte quando supostamente, até então, representavam pessoas. Reli alguns livros de tarô baseados da psicologia junguiana e todos se reportavam à Imperatriz como Mãe arquetípica e ao Imperador como Pai arquetípico; alguns apontavam o Sacerdote, a Justiça e o Eremita como Manás arquetípicos (instrutores, mestres); já o Carro e a Força como imagens do Herói arquetípico. Pensemos. Pela lógica, há somente dois tipos básicos da ligação humana: *familiar* e *social*; então, não poderia usar os arcanos 7, 9 e 11, uma vez que se reportam aos valores pessoais já expressos nos arcanos 1 e 2. Assim, encontrei algum sentido simbólico nas configurações que haviam sido apontadas regularmente pelos clientes.

No meio dessa investigação, comecei a estudar somente as configurações de maior frequência, classificando-as de acordo com a própria simbologia: MAGO e SACERDOTISA acrescidas de um arcano menor indicariam o próprio consulente; IMPERATRIZ e IMPERADOR sucedidos de um arcano da corte representariam pessoas da família; Sacerdote e Justiça em conjunto com um arcano da corte simbolizariam pessoas do meio social. Quanto aos arcanos 1, 2, 3 e 4 ficou óbvia a analogia. Muitos alunos, entretanto, começaram a questionar o 5 e o 8 — a qual sempre respondo: *dentre os arcanos maiores, esses dois arcanos são os únicos que se reportam ao meio ambiente em seu estado moral, social e jurídico*; portanto, indicam que condutas estabelecidas por terceiros interagem conosco.

<table>
<tr><th colspan="5">QUANDO LER UM PERSONAGEM?</th></tr>
<tr><td>ARCANO MAIOR</td><td rowspan="5">+</td><td>ARCANO MENOR</td><td rowspan="5">=</td><td rowspan="5">PESSOAS</td></tr>
<tr><td>Imperatriz</td><td>Pajem</td></tr>
<tr><td>Imperador</td><td>Cavaleiro</td></tr>
<tr><td>Papa</td><td>Rainha</td></tr>
<tr><td>Justiça</td><td>Rei</td></tr>
</table>

Nesse tipo de leitura (quando houver personagens), os arcanos maiores servem unicamente para apontar o meio ambiente (social ou familiar), sendo o arcano da corte que determinará o tipo, o aspecto e a personalidade. *Qualquer outra combinação se reporta somente a situações*. Por exemplo: *Imperatriz + Cavaleiro de Ouros* — indica uma pessoa da família; *Justiça + Cavaleiro de Ouros* — uma pessoa do meio social; *Imperatriz + Três de Copas* — uma situação; *Enamorado + Cavaleiro de Ouros* — uma situação.

<table>
<tr><th colspan="3">QUAL O VÍNCULO SOCIAL?</th></tr>
<tr><td>Imperatriz</td><td rowspan="2">FAMILIAR</td><td>Mãe, esposa, filha, irmã, tia etc.</td></tr>
<tr><td>Imperador</td><td>Pai, esposo, filho, irmão, tio etc.</td></tr>
<tr><td>Papa</td><td rowspan="2">SOCIAL</td><td>Amigo, vizinho, empregado etc.</td></tr>
<tr><td>Justiça</td><td>Amiga, vizinha, empregada etc.</td></tr>
</table>

Fechados os conceitos iniciais, comecei a utilizar as correspondências comuns aos arcanos menores ditados em livros. Logo de início me deparei com um problema: identificar corretamente o **gênero** sexual. A maior parte da literatura revela que os *pajens* são sempre a imagem de uma criança ou de um adolescente, e que não tinham o sexo. *Como uma pessoa não teria os órgãos genitais?* Indagava-me, rindo. Ora, a genitália não surge na maturidade, nascemos com ela! O mesmo ocorria na literatura com relação aos *cavaleiros*: não indicavam necessariamente a personalidade de um homem, poderia ser a de uma mulher — mais dor de cabeça! Ai, ai! — Somente as informações das rainhas e dos reis são confirmadas pelos livros como referência a uma mulher e a um homem, respectivamente. Melhor assim!

Porém, como tinha partido de minha premissa clássica — ***o arcano maior é a ideia, e o arcano menor sua forma*** — entendi que no caso do arcano *Imperatriz*, por conter a energia feminina familiar, projetaria essa mesma qualidade ao arcano menor, ou seja, essa carta associada ao pajem identificaria uma *pessoa feminina da família*; então, o mesmo ocorreria com o cavaleiro: *pessoa feminina da família*. Mas como ficaria a energia feminina da Imperatriz associada à energia masculina dos *reis*? Ou, a energia masculina do arcano Imperador associado à energia feminina das rainhas? Representariam bissexuais ou homossexuais? Para não partir para outra direção (a sexualidade), mas sim buscar a definição do gênero (macho-fêmea), deixei de lado essa ideia, analisando a combinação como se ela envolvesse situações e não pessoas — na prática essa concepção se revelou ser a mais coerente, uma vez que em todas essas combinações nunca foi relatada a presença de personagens por parte do consulente.

HOMEM OU MULHER?				
	PAJEM	CAVALEIRO	RAINHA	REI
IMPERATRIZ	Feminino	Feminino	Feminino	*Situação*
IMPERADOR	Masculino	Masculino	*Situação*	Masculino
SACERDOTE	Masculino	Masculino	*Situação*	Masculino
JUSTIÇA	Feminino	Feminino	Feminino	*Situação*

No quesito **idade** tive algumas decepções na relação teoria-prática, pois, todos os livros antigos e alguns modernos classificavam a idade como similar à própria imagem-símbolo: Pajens = 0-20 anos; Cavaleiro = 20-30 anos; Rainhas e Reis = 30-60 anos; contudo, tais conceitos, nem sempre correspondiam aos fatos. Tudo começou em 1990 com uma cliente de 55 anos para com qual eu havia interpretado a combinação *Sacerdote + Cavaleiro de Ouros* como uma pessoa de 20 a 30 anos (de acordo com os livros antigos) que ela iria se enamorar; contudo, após seis meses, soube que o parceiro afetivo tinha 51 anos! Também houve uma experiência e uma combinação similares com um cliente de 65 anos que se casou com uma mulher de 66! Já com outras clientes, uma de 40 anos e outra de 52, interpretei o pajem como uma pessoa de 15 a 20 anos, mas que na verdade tinham 29 e 35 anos, respectivamente! *Porém, a partir dessa pesquisa percebi que as idades eram realmente relativas, não ao símbolo do arcano (jovem-velho), mas sim às pessoas que consultavam (qual a idade do consulente?)*! Então:

1. Por um ano refleti sobre aqueles erros e lembrei de velhos conceitos esotéricos: a *lei do ternário* — início, meio, fim; pai, mãe, filho; juventude, maturidade, velhice; masculino, feminino, andrógino; heterossexual, homossexual, bissexual; menor, igual, maior; — revi os conceitos **idade** e **gênero**. *"Na minha família ou no meio social somente existem na relatividade uma pessoa do gênero feminino e outra do masculino em estado jovem, adulto, idoso! Há dois gêneros e três idades relativas. Então, o tarô que se encontra estruturado nesses conceitos deve seguir a mesma lógica!"*

2. Depois conclui: a *Imperatriz* (que possui a energia feminina fixa) associada a um Pajem (que não determina um gênero fixo) indicaria, então, uma pessoa da família, **jovem** e do sexo **feminino**; essa mesma carta associada a um cavaleiro identificaria uma pessoa da família, da **mesma idade** e do sexo **feminino**; já associada a uma rainha, seria uma pessoa da família, **mais velha** e do sexo **feminino.**

3. Por fim, descartei definitivamente o conceito associativo da *Imperatriz e da Justiça com as cartas dos reis, e do Imperador e do Sacerdote com as cartas das rainhas* porque no quaternário não haveria definição coerente para a divisão de idade ou de gênero; portanto, jamais representariam bissexualidade! O mais interessante é que terminei formulando um conjunto de três faixas etárias para cada tipo sexual e em todas as classes sociais quando me reportei aos pensamentos clássicos do ocultismo.

QUAL A IDADE?				
	PAJEM	CAVALEIRO	RAINHA	REI
IMPERATRIZ	+ Jovem	+- Mesma	+ Velha	*Situação*
IMPERADOR	+ Jovem	+- Mesma	*Situação*	+ Velho
SACERDOTE	+ Jovem	+- Mesma	*Situação*	+ Velho
JUSTIÇA	+ Jovem	+- Mesma	+ Velha	*Situação*

Finalmente, relato o quesito **aparência** e ***status***, embora não mais o use em consulta — por opção, não por insegurança — irei tecer mais comentários do que explicações. Quando o tarô surgiu na Europa no período renascentista, as raças e as classes sociais eram distintas: pele branca, negra ou parda; cabelos loiros, ruivos ou negros; olhos azuis, verdes ou negros; assim também era o *status*: realeza, nobreza, militar, plebeu. O rico era eternamente rico e o pobre para sempre pobre; as profissões eram nutridas geração após geração: pai alfaiate, filho alfaiate, neto alfaiate; pai militar, filho militar, neto militar! Era rara a interação entre as raças, as profissões ou a ascensão livre entre as classes sociais.

A maior parte da literatura sobre os arcanos da corte faz clara alusão ao estado social e à aparência humana condizentes com os séculos XIII a XIX, são compilações que não acompanharam a evolução do tempo; porém, tudo o que observamos no século XX foi a miscigenação de raças e de classes sociais, a troca do poder político e do religioso! *Não existe mais uma única linha de evolução na sociedade*. Assim, o que os tarotistas dos séculos passados podiam descrever com assertividade sobre a aparência de uma pessoa, ainda pode ser tentado. O que os livros dizem serem olhos azuis ou verdes, podemos traduzir como olhos claros; o que diziam ser negros, descreveríamos como escuros. O mesmo acontece com relação aos cabelos: aquilo que dizem ser loiro e ruivo poderíamos analisar como cabelos claros; negro, como cabelos escuros. Assim, o mais coeso para nossos dias seria ponderar claro ou escuro para pele, cabelo e olhos. Agindo dessa forma, não nos comprometeríamos com detalhes desnecessários; afinal, quantas pessoas pintam o cabelo todo mês, usam lentes de contato coloridas, fazem plásticas?

Quanto ao *status*, também houve enorme mudança social — em vez de descrever a pessoa como um nobre, diríamos culto e elegante ou, talvez, financeiramente estabilizado; em vez de ponderar ser um plebeu, que tal considerar ser um trabalhador ou alguém sem grandes recursos financeiros? Enfim, devemos tentar empregar uma linguagem contemporânea. Embora tenha opinado sobre tal questão, não faço mais uso da aparência por não encontrar lógica simbólica para os tempos atuais. Hoje, mesmo que considere a suposta linguagem "clara" ou "escura" para a pele, os olhos e os cabelos, a cartomancia antiga estabelece, por exemplo, que a corte do naipe de ouros tem pele branca, cabelos loiros e olhos azuis e a corte do naipe de espadas com pele branca, cabelos castanhos e olhos negros. Ora! Esses conceitos são de uma Europa medieval onde os povos tinham a mesma constituição genética; hoje, nós encontramos pessoas loiras de olhos castanhos e pessoas negras de olhos verdes! Creio, sinceramente, que esta seja análise perdida; mas talvez um bom vidente-tarólogo ainda possa captar tais características com maestria. No entanto, nada impede que ainda se tente desvendar, *o tarô é uma fonte inesgotável de estudos*.

Vamos finalizar com a parte mais agradável da corte: **personalidade!** Invariavelmente, em todas as pesquisas e consultas, esta foi a única questão para a qual os resultados foram idênticos — *graças a Deus!* —, pois o que estava descrito nos livros se encaixava perfeitamente nas análises combinatórias que havia desenvolvido. Voltando à questão dos três clientes que iniciaram minhas reflexões sobre a corte. Eles me disseram que embora eu tenha errado a faixa etária, confiaram plenamente na leitura, uma vez que o principal foi revelado: as características da personalidade. Em minha prática profissional, com atendimento a mais de 5 mil clientes (até aquele período), conclui que o mais importante nesse tipo de análise é o caráter! Em segundo lugar, se desejarmos, o contexto (familiar, social), o gênero (masculino, feminino) e a idade relativa (mais jovem, a mesma, mais velho).

RESUMO DA PERSONALIDADE				
	PAJEM	**CAVALEIRO**	**RAINHA**	**REI**
Ouros	*Amigável* *Confiável* *Falante* *Atencioso* *Observador*	*Gentil* *Paciente* *Metódico* *Produtivo* *Confiável*	*Objetiva* *Generosa* *Prática* *Laboriosa* *Maternal*	*Sistemático* *Equilibrado* *Dominador* *Líder* *Paternal*
Espadas	*Vaidoso* *Evasivo* *Impassível* *Egoísta* *Falastrão*	*Sagaz* *Intenso* *Intelectual* *Perseverante* *Audacioso*	*Racional* *Intolerante* *Egoísta* *Fria* *Ambiciosa*	*Lógico* *Austero* *Insensível* *Controlador* *Estrategista*
Copas	*Leal* *Introvertido* *Educado* *Meigo* *Mimado*	*Afetuoso* *Flexível* *Sedutor* *Sensual* *Sonhador*	*Abnegada* *Indolente* *Reservada* *Misteriosa* *Fantasiosa*	*Culto* *Generoso* *Egocêntrico* *Tempestuoso* *Romântico*

RESUMO DA PERSONALIDADE				
	PAJEM	**CAVALEIRO**	**RAINHA**	**REI**
Paus	*Inteligente* *Prestativo* *Honesto* *Inquieto* *Impulsivo*	*Arrojado* *Sociável* *Perspicaz* *Charmoso* *Verdadeiro*	*Encantadora* *Maternal* *Virtuosa* *Habilidosa* *Amorosa*	*Educado* *Paternal* *Honrado* *Ponderado* *Organizado*

Por vezes, é possível indicar o **grau de parentesco** dependendo do contexto ou do método aplicado (o europeu é o mais garantido). Por exemplo, Roda Astrológica (Mandala) para uma pessoa casada. Se houvesse a combinação do arcano *Imperatriz* + *Rainha de Paus* na casa 4, poderia ser a própria mãe. Se estivesse na casa 10, talvez fosse a sogra; na casa 3, a irmã mais velha. Já a mesma configuração na tiragem Cruz Celta ou Peladan não se poderia deduzir tão rapidamente, mas se afirmaria ser de uma mulher da família, mais velha, com característica meiga, amorosa, atenciosa. Observe que tudo isso seria uma conjectura, jamais uma afirmação; pois os graus exatos de parentesco são muito difíceis de antever de forma tão técnica.

Embora essa leitura seja muito interessante (determinar a característica de uma pessoa da vida do consulente) também deve ser observada de maneira superficial, apenas como um complemento ou breve indicação. Ela serve apenas para identificar melhor a pessoa a ser tratada; como, por exemplo, se a combinação ou posição na tiragem indicou "irmãs", qual delas teria tais características de personalidade? Em todo caso, não considero pretexto de maiores especulações da personalidade porque em nada acrescentará ao real motivo dessa pessoa ser sinalizada em um lançamento. A forma de uso (leitura) ou a significação desses personagens nos lançamentos (qual a influência na vida do consulente?) é parte de estudo do último volume: *Tarô, oráculo e métodos*.

Exemplos

Vale lembrar que este trabalho será eficaz apenas no método europeu (arcano maior em conjunto com o menor), não tenho como validar essas mesmas análises no método americano, que utiliza apenas uma carta (maior *ou* menor, nunca juntos) ou em qualquer outro sistema. Contudo, nada impede que se tente empregar tais conceitos, **o tarô é um sistema oracular aberto**, nenhum conceito se encontra fechado.

1. **Mago** representa o consulente (homem), revelando a área de poder ou problema, que acrescido da corte indicará sempre uma situação, nunca a personalidade ou alguém na vida do consulente.

2. **Sacerdotisa** indica a consulente (mulher), apontando a área de poder ou problema, que junto com a corte resultará em um fato, jamais em uma personalidade ou alguém na vida do consulente.

3. **Imperatriz + Pajem de Paus =** mulher da família, mais jovem que o consulente; é uma pessoa inteligente, dedicada, honesta, inquieta.

4. **Imperatriz + Rei de Ouros =** não é uma pessoa, é uma situação.

5. **Imperador + Cavaleiro de Ouros =** homem da família, de idade similar ao consulente; é uma pessoa gentil, habilidosa, paciente, metódica.

6. **Imperador + Rainha de Paus =** não é uma pessoa, é uma situação.

7. **Sacerdote + Rei de Ouros** = homem do meio social, mais velho que o consulente; é uma pessoa realista, líder, experiente, dominadora.

8. **Sacerdote + Rainha de Espadas** = não é uma pessoa, é uma situação.

9. **Justiça + Rainha de Paus** = mulher do meio social, mais velha que o consulente; é uma pessoa virtuosa, habilidosa, encantadora e gentil.

10. **Justiça + Rei de Paus** = não é uma pessoa, é uma situação.

Tarot Dorado de Klimt
Lo Scarabeo, Itália.

Tarot Dorado de Klimt
Lo Scarabeo, Itália.

TRIBUTO AOS MEUS ALUNOS

Tenho aplicado com muita eficácia as estruturas e os sistemas apresentados nesta trilogia. Meus alunos, ao aprenderem o DIAGRAMA DA VIDA (volume 1), conseguem melhorar diversos conceitos da vida pessoal além de desenvolverem leituras apropriadas em uma consulta. Creio que o diagrama da vida é, antes de tudo, uma técnica para o autoconhecimento ou um exercício de aplicação prática do arcano. A associação do tarô com os fatos da vida é fundamental para sua assimilação arquetípica, pois as considerações eruditas e metafísicas apresentadas em períodos anteriores (e ainda muito em voga) estão defasadas com relação à linguagem contemporânea, pois a semântica do mundo mudou drasticamente no século XX; por isso, defendo uma linguagem mais compreensível tanto aos neófitos quanto ao consulente. Geralmente, nos cursos básicos, solicito composições sobre os arcanos; isso aproxima o tarólogo-estudante de uma locução mais próxima do cotidiano. Qual a razão de se aprender tarô com o estudo de algum mito se posso relacioná-lo com a vida prática? Sem contar que o consulente entenderá muito mais uma mensagem direta (ao revelar: *você terá sucesso e prosperidade, a sorte está ao seu lado, continue com seus planos*) do que indireta (ao expor: *o arcano 19 é maravilhoso! Uma das melhores cartas do tarô, o verdadeiro sol de Apolo que trará o sucesso*).

Entre 1992 e 1997 arquivei aproximadamente 400 redações de meus alunos sobre o tarô: um conto imaginário, um artigo publicado, uma música ou simplesmente uma frase; o resultado final é sempre alegria para todos, pois percebem como estão pensando sobre a linguagem simbólica. Foi difícil escolher quais trabalhos deveriam compor este capítulo, pois todos estão perfeitos. Houve momentos em que pensei em realizar um único livro com essas composições, mas o conteúdo ficaria repetitivo demais, embora os exercícios fossem diferentes. Terminei por optar pelo que sempre faço em minhas aulas durante as práticas de tarô, *meus alunos já conhecem essa técnica de escolha*, sabem que sou impessoal, mas que amo a todos, e os que não estiverem citados irão entender essa posição.

1. Durante vários cursos foi solicitada a criação de frases com expressões positivas ou negativas a partir da seguinte sequência: Roda da Fortuna — Sacerdote — Carro.

MARILDA FITTIPALDI CARNEIRO

- *Mudança e ordem resultam em progresso.*
- *Instabilidade e dogmatismo impedem a vitória.*

MARIA HELENA DA SILVA BASTOS

- *Transformações bem analisadas levarão a ótimos caminhos.*
- *Falta de reflexão levará à ignorância com agressividade.*

YONARA FERREIRA CHAVES

- *Uma vida de altos e baixos necessita de organização para que se possa progredir.*
- *Ganhar ou perder, tudo depende da maneira com que se organiza a vida para obter sucesso.*

2. Sugeri uma redação livre, em forma de conselhos, sobre três arcanos: Imperatriz — Enamorados — Diabo.

ROBERTO SANTOS DE CARVALHO

- A Imperatriz, observadora atenta, senhora de si, plena de sabedoria, guiada essencialmente pela indução, atividade mental que busca a verdade, pode encontrar dificuldades e desaguar na ansiedade. Quando ansiosa, ela se desinteressa e vacila. Não obstante os percalços, ela é bondosa, justa, confiante e busca também a beleza, tratando de reunir a habilidade, a justiça e a confiança. Reúne a habilidade do Mago e a intuição da Sacerdotisa. O homem que assimilou os ensinamentos da Imperatriz julga-se, então, suficientemente sábio. Prossegue e se depara com dois caminhos à sua frente. Diante dos Enamorados ele se pergunta de que maneira decidirá por onde seguir. O homem se vê no dilema: razão ou emoção? Raciocínio ou intuição? Lógica ou instinto? A partir deste momento, ele, que já percorreu os arcanos de 1 a 5, terá possivelmente, à mão, a consciência dos seus verdadeiros objetivos e poderá romper com padrões e normas. Se assim não o fizer poderá pecar duas vezes: distrair-se demais ou tomar resoluções apressadas. Toda experiência é benéfica, pois quem fugir ao sofrimento percorrerá uma via que leva ao nada. Dentro do caminho escolhido o homem se defrontará com as mentiras alheias, as intrigas, com o instinto descontrolado, a sedução e, principalmente, com seus próprios erros por intermédio do Diabo. O homem não poderá mais negar seu lado sombrio. A imagem que ele fazia de si, de possuir magnetismo e proteção oculta, foi por terra, e o momento é de domínio dos próprios instintos. Foi dado o alerta, e após reconhecer e vencer a desordem, o homem seguirá seu caminho, afinal, a Torre o espera!

3. Solicitei uma redação sobre o naipe de espadas, em ordem sequencial, de acordo com os valores arquetípicos.

MARIA LUIZA BASTOS ANDRADE DA SILVA

- Ela escolheu um artigo publicado na Revista Veja nº 1467, de 23/10/96. *Sexo, Tédio e Casamento. Corrida dos obstáculos. As etapas do casamento que nem todos conseguem — ou querem — superar.*

1º ANO. Os pombinhos contam as horas para voltar a seu ninho, e a vida sexual é intensíssima (ÁS DE ESPADAS). Para os casais mais jovens, no entanto, essa fase de encantamento costuma acabar por volta dos quatro meses de união. Como em geral ganham pouco e dependem dos pais para bancar parte das despesas, as contas mensais tornam-se motivo de ansiedade e discussão (DOIS DE ESPADAS).

2º ANO. Para muitos homens e mulheres que enfrentam problemas conjugais desde o início do casamento, completar um ano juntos é questão de honra (TRÊS DE ESPADAS). Sob os eflúvios das bodas de papel, eles viveram seis meses de calmaria, até que as desavenças voltam com toda a força. Ultrapassar o segundo ano de casamento pode ser um objetivo inatingível (QUATRO DE ESPADAS).

4º ANO. A barra pesa porque, ao arrefecimento da paixão, somam-se o nascimento do primeiro filho, que desbanca o marido como centro das atenções da mulher, e a rotina desgastante (CINCO DE ESPADAS). Surge o que especialistas chamam de "ataques de individualidade". A frase mais ouvida nesse período é "Somos mesmo diferentes em tudo" (SEIS DE ESPADAS).

7º ANO. A famosa crise dos sete anos é detonada pelos ressentimentos acumulados ao longo do tempo, que finalmente vêm à tona, e pela frustração das expectativas em relação ao parceiro (SETE DE ESPADAS). O tédio do dia a dia torna-se pesadíssimo para ambos. O terreno está fértil para que brote uma paixão extraconjugal (OITO DE ESPADAS).

15º ANO. É o momento em que o marido e a mulher fazem um balanço da vida a dois. Na virada dos 40, eles olham o passado com a sensação de que desperdiçaram seus melhores anos e vislumbram o futuro com angústia (NOVE DE ESPA-

DAS). A estrada comum pode encontrar uma bifurcação e cada um pode seguir para seu lado (DEZ DE ESPADAS).

4. Pedi uma redação livre, um conto, sobre o naipe de copas, em sua sequência arquetípica.

HELENA RIBEIRO DA SILVA

▫ *O amor de Maria e João.*

ÁS DE COPAS — Maria está transbordando de amor, exuberante de felicidade, cheia de expectativas otimistas para com seu futuro pessoal.

DOIS DE COPAS — Surge o início do romance com João. Seu desejo maior parece tomar forma, realidade, pois está tocando o ser amado, trocando informações e emoções.

TRÊS DE COPAS — Com propostas de noivado, Maria está feliz ao lado de João, eles programam o futuro, a casa, os móveis, os filhos; tudo parece um maravilhoso conto de fadas: seu casamento.

QUATRO DE COPAS — Com o passar do tempo, decepcionada com a demora, tem a impressão de estar sendo traída, sem saber que suas expectativas são irreais. A origem deste equívoco é apenas a falta da consumação do casamento que tanto almeja.

CINCO DE COPAS — A desconfiança de Maria começa a originar brigas no casal, e apesar de João jurar seu amor, ela não acredita nele. Quer o casamento já! O clima de insatisfação, por parte de Maria, origina brigas e separação; angustiada, ela implora por uma prova de amor: o casamento!

SEIS DE COPAS — João partiu, foi embora, não suportava o clima de desconfiança. Apesar de sua paixão por ela, não acreditava que o cartório fosse uma prova de amor, tinha outros valores afetivos. Maria não vê mais a chance de retorno, ama-o desesperadamente, e não entende porque foi tão possessiva. Lamenta a perda do noivado e vive em completa nostalgia.

SETE DE COPAS — Agora, Maria se encontra diante do dilema da vida afetiva: alimentar um amor que parece impossível ou partir para um novo romance e esquecer João? A paixão falou mais forte: irá lutar por ele! Fará tudo para que ele acredite nela e no amor deles!

OITO DE COPAS — A difícil tarefa de reconquistar João é extenuante, ele solicita várias promessas, ela faz juramentos, em falso, para tê-lo novamente. Voltam por um curto período, mas Maria não cumpre a palavra, ele parte novamente. Já em completa depressão, ela começa a desistir de seu sonho, tenta esquecer João e fica muito tempo só, não procura ninguém, não sai, não fala. O amor se torna cruel em seu coração, quer esquecer, mas não consegue. Sofre, e a frustração se instala em sua mente atordoada pelos sonhos não consumados.

NOVE DE COPAS — Passado muito tempo, Maria, apesar de ainda amar João, é outra pessoa, mais confiante, menos egoísta, serena, compreensiva com a vida e com todos. Sabe que não pode ter tudo da forma como deseja e a vontade do outro também é importante. João, que ainda ama Maria, vê uma chance de volta. Ele pede que façam uma experiência de namoro novamente; felizes e maduros conseguem equilibrar os conflitos do passado. Maria, apesar de radiante, compreende que o amor tem que ser vivido pelos dois, e que ambos devem decidir em comum acordo.

DEZ DE COPAS — Harmonia, compreensão e encantamento são as melhores expressões para Maria e João neste momento. Decidem finalmente se casar, com data, local e festa. O amor de ambos se tornou uma realidade: estão juntos para sempre e felizes pelo amadurecimento afetivo. Hoje é a noite de núpcias.

5. Foi solicitada uma pesquisa com letras de música brasileiras que expressassem de algum modo o arcano 16.

MARIZE CARVALHO DE ARAÚJO

- Percebeu nesta música a vivência máxima da Torre, com todas as suas nuanças. *Atrás da Porta* (Chico Buarque e Francis Hime)

Quando olhaste bem nos olhos meus
E o teu olhar era de adeus
Juro que não acreditei
Eu te estranhei, me debrucei
Sobre teu corpo e duvidei
E me arrastei, e te arranhei
E me agarrei nos teus cabelos
Nos teus pelos, teu pijama
Nos teus pés ao pé da cama
Sem carinho, sem coberta
No tapete atrás da porta
Reclamei baixinho
Dei pra maldizer o nosso lar
Pra sujar teu nome, te humilhar
E me vingar a qualquer preço
Te adorando pelo avesso
Pra mostrar que ainda sou tua
Só pra mostrar que ainda sou tua
Só pra provar que ainda sou tua

Tarô Místico
Editora Pensamento, Brasil

MARIA DA GLORIA PINHEIRO OLIVEIRA

- Na música *Tente outra vez* (Raul Seixas, Paulo Coelho e Marcelo Motta), observou ter um grande conselho para quem está vivendo o arcano 16.

Veja!
Não diga que a canção está perdida
Tenha fé em Deus, tenha fé na vida
Tente outra vez!
Beba!
Pois a água viva ainda está na fonte
Você tem dois pés para cruzar a ponte
Nada acabou
Tente!
Levante sua mão sedenta e recomece a andar
Não pense que a cabeça aguenta se você parar
Não, não.
Há uma voz que canta
uma voz que dança
uma voz que gira bailando no ar
Queira!
Basta ser sincero e desejar profundo
Você será capaz de sacudir o mundo
Vai, tente outra vez!
Tente!
E não diga que a vitória está perdida
Se é de batalha que se vive a vida
Tente outra vez!

6. Foi solicitada uma redação livre com a sequência do naipe de ouros.

TELMA LUCIA RUSSO DO AMARAL

- Ela criou um poema rimado, que me surpreendeu bastante!

SOLDADOS DE OURO

ÁS DE OUROS
Sou uma energia atuante,
buscando me realizar.
Propicio felicidade,
para quem me concretizar.

DOIS DE OUROS
Sou cara e coroa,
que surgem de toda ação.
Balanço uma ideia à toa,
levando sentir o chão.

TRÊS DE OUROS
Sou início do concreto,
necessário à construção.
Exijo talento, trabalho,
e boa dose de ambição.

QUATRO DE OUROS
Sou a obra realizada,
o retrato de uma ambição.
Já não quero é mais nada!
Não me bote o olho não!

CINCO DE OUROS
Sou a cara do fracasso,
a vida me encolheu.
Não sei sair do buraco,
peço ajuda, amigo meu!

SEIS DE OUROS
Sou o ponto crucial,
o momento de decisão.
Fazer uma escolha leal,
esta é uma opção.

SETE DE OUROS
Sou o raiar de um novo dia,
a glória de um renascer.
Venho saudar com alegria,
convido todos a crescer!

OITO DE OUROS
Sou o caminho aberto,
a quem souber caminhar.
Aponto para o sucesso,
agora é só confiar.

NOVE DE OUROS
Sou a lei da recompensa,
para quem sabe investir.
Crescendo com segurança,
é mais difícil cair.

DEZ DE OUROS
Sou a marca da vitória,
sobre tudo que sonhei.
Grito forte, aleluia!
Agradeço o que ganhe

Sempre que possível, procuro acompanhar uma novela de audiência, para dar exemplos práticos dos conceitos dos arcanos com seus personagens; qual a personalidade e suas possíveis consequências. A trama de uma novela pode até ser alterada, mas os perfis dos personagens, invariavelmente, continuarão os mesmos; inclusive muitos aspectos arquetípicos são comuns em todas as novelas. Abaixo uma análise da novela Por Amor, escrita por Manuel Carlos, produzida e exibida, em 1997, pela Rede Globo. Os personagens principais mudaram o modelo arquetípico durante a trama, outros permaneceram com as mesmas características. Talvez alguns se lembrem dessa história e, outros, sequer terão contato, mas vale o exemplo de modelos de personagens, suas características e projeções.

- Helena (Regina Duarte) — 1ª fase, Pajem de Copas; 2ª fase, Rainha de Copas.
- Atílio (Antônio Fagundes) — 1ª fase, Cavaleiro de Copas; 2ª fase, Rei de Copas.
- Eduarda (Gabriela Duarte) — 1ª fase, Pajem de Ouros; 2ª fase, Rainha de Paus.
- Marcelo (Fábio Assunção) — 1ª fase, Cavaleiro de Paus, 2ª fase, Cavaleiro de Ouros.
- Laura (Viviane Pasmanter) — 1ª fase, Pajem de Espadas; 2ª fase, Rainha de Espadas.
- Branca (Suzana Vieira) — 1ª fase, Rainha de Ouros, 2ª fase; Rei de Espadas.
- Arnaldo (Carlos Eduardo Dolabella) — Imperador.
- Leonardo (Murilo Benício) — Pendurado.
- Milena (Carolina Ferraz) — Estrela.
- Nando (Eduardo Moscovis) — Sol.
- Orestes (Paulo José) — Lua.
- Lídia (Regina Braga) — Sacerdote.
- César (Marcelo Serrado) — Temperança.
- Isabel (Cassia Kiss Magro) — Diabo.

- Rafael (Odilon Wagner) — Força.
- Virgínia (Ângela Vieira) — Mundo.
- Meg (Françoise Fourton) — Imperatriz.

7. *Otelo, o mouro de Veneza*, é uma obra de William Shakespeare escrita por volta do ano 1603. A história tem como eixo central a inveja e a vingança, que são seguidas por manipulação, traição e morte. Inicia-se com o alferes Iago tramando a desmoralização do general Otelo, pois se sentia preterido ao perder a promoção para o jovem soldado Cássio. Incialmente, a vingança foi infrutífera; depois, maquinou com o amigo Rodrigo a aproximação de Cássio com Desdêmona, esposa de Otelo, lançando sementes da discórdia na mente do mouro. Apaixonado e ciumento, ao ver a esposa em colóquio com o jovem soldado, o general se enche de ódio pelo possível adultério. Em uma conversa íntima, Otelo estrangula a esposa durante um beijo. No entanto, Emília, mulher de Iago e serva de Desdêmona, ao saber da tragédia, revela tudo a Otelo, que se mata de tanto remorso. Vejamos a concepção arquetípica de cada personagem:

   - Iago — Diabo + Rainha de Espadas.
   - Otelo — Lua + Cavaleiro de Espadas.
   - Cássio — Carro + Cavaleiro de Paus.
   - Rodrigo — Mago + Pajem de Espadas.
   - Desdêmona — Estrela + Pajem de Copas.
   - Emília — Eremita + Pajem de Paus.

Assim se resume o tarô: uma linguagem poética, cheia de imaginação, real, mística, moderna, sagrada, terapêutica, filosófica, mágica, mítica, profana; cada uma tem algo a acrescentar e a desenvolver. Temos um vasto campo a explorar dentro desse alfabeto simbólico; ele é, seguramente, o diagrama da vida, no qual qualquer pensamento ou situação poderão ser analisados pelos seus arcanos. Para se chegar a tal envergadura é preciso conhecer seus símbolos, valores corretos e conceitos estruturais.

Estude, estude, estude e encontrará!

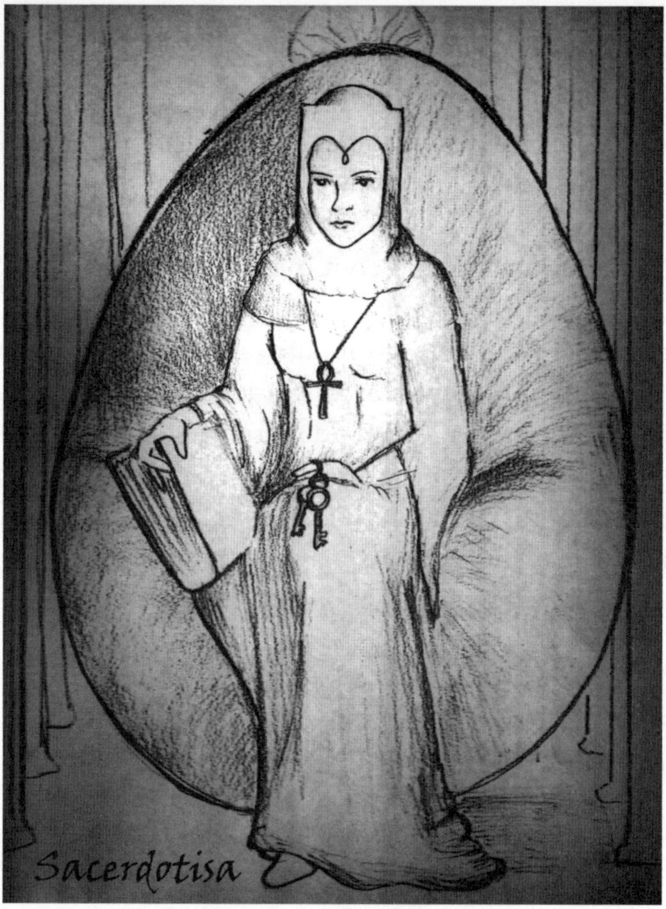

Estudo do arcano Sacerdotisa por Drika Voivodik e Nei Naiff.
Impressão original em litografia, Rio de Janeiro: 1999.

REFERÊNCIAS

BANZHAF, Hajo. *Manual do tarô*. São Paulo: Pensamento, 1992.

As chaves do tarô. São Paulo: Pensamento, 1995.

Guia completo do tarô. São Paulo: Pensamento, 1996.

O tarô e a viagem do herói. São Paulo: Pensamento, 2003.

BARRET, Clive. *The Norse Tarot*. Londres, Inglaterra: The Aquarian Press, 1989.

BARROS OLIVEIRA, Eunice de. *O tarô moderno*. Rio de Janeiro: Rosa dos Tempos, 1998.

BUTLER, Bill. *Dictionary of the Tarot*. Nova York, EUA: Schocken Books, 1992.

CAGNO, Edelweiss. O *segredo do tarô de Marselha*. São Paulo: Pensamento, 1996.

CAMARGO, Pedro. *Iniciação ao tarô*. Rio de Janeiro: Nova Era, 1992.

CARONE, Claudio. *Tarot egípcio*. São Paulo: Sol Nascente, 1990.

CICERO, Chic e THABATA, Sandra. *Tarot Talismans*. Woodbury, EUA: Llewellyn, 2006.

COSTA RIBEIRO, Anna Maria. *Prática de tarô*. Rio de Janeiro: Independente, 1995.

COUSTÉ, Alberto. *Tarô ou a máquina de imaginar.* São Paulo: Ground, 1989.

CROWLEY, Aleister. *The Book of Thoth*. Maine, EUA : Samuel Weiser, 1996.

D'ÁVILA, Wagner. O *que devemos saber sobre o tarô*. São Paulo: Zohar, 1992.

DAY, Paula. *Tarô*. São Paulo: Avatar, 1997.

DECKER, Ronald; DEPAULIS, Thierry; DUMMETT, Michael. *A Wicked Pack of Cards: The Origins of the Occult Tarot*. Nova York, EUA: St. Martin's Press, 1996.

DECKER, Ronald; DUMMETT, Michael. *A History of the Occult Tarot, 1870-1970*. Londres, Inglaterra: Gerald Duckworth & CO., 2008.

DICTA e FRANÇOISE. *Mitos e tarô*. São Paulo: Pensamento, 1990.

DIVERSOS autores.

Guia da sorte. São Paulo: edição especial da *Revista Nova* 29A, 1976.

Tarô adivinhatório. São Paulo: Pensamento, 1978.

Tarô. São Paulo: edição especial da *Revista Planeta*, 1982.

A sua sorte, tarô. São Paulo: Nova Cultural, 1986.

Meditações com o tarô. Rio de Janeiro: Paulineas, 1990.

Naipes, juego de cartas. Barcelona, Espanha: Altaya, 1998.

DOANE, Doris & KING, Keyes. *O tarô do Antigo Egito*. São Paulo: Pensamento, 1988.

DORÉ, Gustave. O *tarô da Bíblia*. Brasília: Thot, 1990.

DRUZIAN, Angela. *Tarô, instrumento da autoajuda*. São Paulo: Mystic Space, 1994.

Tarô, a solução. São Paulo: Mystic Space, 1997.

FARBER, Mary Zimmer e Monte. O *tarô encantado*. São Paulo: Siciliano,1991.

FARELLI, Maria Helena. *Como adivinhar o futuro*. Rio de Janeiro: Record, 1984.

FERNANDES, Patrícia. *Desvendando o tarô*. São Paulo: Madras, 1996.

FIEBIG, Johannes; BÜRGER, Evelin. *Tarô, como prever o futuro*. Rio de Janeiro: Ediouro, 1988.

FIORAVANTI, Celina. O *Tarô da prosperidade*. São Paulo: Ground, 1995.

O *Tarô da saúde*. São Paulo: Ground, 1996.

O *Tarô do amor*. São Paulo: Ground, 1998.

O *Tarô místico*. São Paulo: Pensamento, 2002.

FRANKLIN, Anna; MASON, Paul. *The Sacred Circle Tarot: A Celtic Pagan Journey*. Woodbury, EUA: Llewellyn, 1998.

FRANKLIN, Sthepen E. *Origins of the Tarot Deck*. Londres, Inglaterra: McFarland & CO., 1988.

FRAZÃO, Fernanda. *História das cartas de jogar em Portugal e da Real Fábrica de Cartas de Lisboa — do século XV até a actualidade*. Lisboa, Portugal: Apenas Livros, 2010.

GAD, Irene. *Tarô e individuação*. São Paulo: Mandarim, 1996.

GASPAR, Eneida Duarte. *Tarô dos orixás*. São Paulo: Ground, 1996.

GÉBELIN, Antoine Court de. *Monde Primitif, Analysé et Comparé avec le Monde Moderne*, Vol. VIII. Boston, EUA: Elibron Classics, 2006 (fac-símile da versão original de 1781).

GIBSON, Litzka; GIBSON, Walter. *Manual completo de adivinhação*. São Paulo: Pensamento, 1986.

GILES, Cynthia. *O tarô, uma história crítica*. São Paulo: Livraria Pioneira Editora, 1994.

GODO, Carlos. *O tarô de Marselha*. São Paulo: Pensamento, 1985.

GRAY, William. *Tarô de Sangreal*. Rio de Janeiro: Nova Fronteira, 1995.

GWAIN, Rose. *Descobrindo seu interior através do tarô*. São Paulo: Cultrix, 1996.

HADÉS. *Cartas e destino*. Lisboa, Portugal: Edições 70, 1976.

HAICH, Elizabeth. *A sabedoria do tarô*. São Paulo: Pensamento, 1989.

HETMANN, Frederik. *Madru, a lenda da grande floresta*. São Paulo: Pensamento, 1988.

HEYSS, Johann. *O livro de Thot*. Rio de Janeiro: Nova Era, 2001.

HOELLER, Stephan. *Os arcanos maiores do Tarô e a Cabala*. São Paulo: Pensamento,1988.

ISHITAR. *A arte do tarô*. Porto Alegre: Independente, 1997.

JAYANTI, Amber. *Tarot for Dummies*. Nova York, EUA: Hungry Minds, 2001.

KAPLAN, Stuart R. *Tarô clássico*. São Paulo: Pensamento, 1989.
Encyclopedia of Tarot, Vol. I. Stanford, EUA: U.S. Games Systems, 1985.
Encyclopedia of Tarot, Vol. II. Stanford, EUA: U.S. Games Systems, 1989.
Encyclopedia of Tarot, Vol. III. Stanford, EUA: U.S. Games Systems, 1990.
Encyclopedia of Tarot, Vol. IV. Stanford, EUA: U.S. Games Systems, 2003.

KELLY, Dorothy. *Tarot Cards Combination*. Newburyport, EUA: Weiser Books, 1995.

KNIGHT, Gareth. *The Magical World of the Tarot*. Londres, Inglaterra: The Aquarian Press, 1991.

KONRAAD, Sandor. *Classic Tarot Spreads*. Nova York, EUA: Schiffer, 1983.

KUPERMAM, Priscila. *Tarô, uma linguagem feiticeira*. Rio de Janeiro: Mauad, 1995.

LAURENCE, Theodor. O *significado sexual do tarô*. Rio de Janeiro: Livros do Mundo Inteiro, 1978.

LERNER, Isha; LERNER, Mark. *Tarô da criança interior*. São Paulo: Pensamento, 1997.

LIND, Frank. *Como interpretar o tarô*. São Paulo: Hemus, 1983.

LYLE, Jane. *Tarô do amor*: São Paulo: Siciliano, 1994.

MACGREGOR, Trish; VEJA, Phyllis. *Power Tarot*. Nova York, EUA: Fireside Book, 1998.

MANTHEIA, Lorena. *Ocultismo sem mistérios*. São Paulo: IBRASA, 1996.

MARQUES, Ednamara B.Vasconcelos. *O tarô*. Itaúna: Florais de Minas, 2004.

MARTEAU, Paul. *O tarô de Marselha*. Rio de Janeiro: Objetiva, 1990.

MARTINS, Vera. *O tarô de Marselha, espelho meu*. São Paulo: Madras, 2000.

MATTOS, Mariza. *Tarô, um caminho*. Rio de Janeiro: Hipocampo, 1989. *O amor e o tarô*. Rio de Janeiro: Rosa dos Tempos, 1997.

MAYER, Hugo. *Les Tarots*. Paris, França: De Vecchi Poche, 1987.

MCLEOD, John; DUMMETT, Michael; *A History of Games Played with TarotPack*: *The Game of Triumphs*, Vol. 1. Lampeter, Inglaterra: The Edwin Mellen Press, 2004, vol. 1.

A History of Games Played with Tarot Pack: *The Game of Triumphs*, Lampeter, Inglaterra: The Edwin Mellen Press, 2004, vol. 2.

A History of Games Played with Tarot Pack: *The Game of Triumphs, Suplement*. Lampeter, Inglaterra: The Edwin Mellen Press, 2009.

MEBES, G. O. *Os arcanos maiores do tarô*. São Paulo: Pensamento, 1987.
Os arcanos menores do tarô. São Paulo: Pensamento, 1989.

MERTZ, Bernd A. *O tarô egípcio*. São Paulo: Pensamento, 1991.

MOLINERO, Yogakrisnanda. *O tarô alquímico*. São Paulo: Mandala, 1990.

MONTANARO, Mário. *Tarô, espelho da alma*. Rio de Janeiro: Nova Fronteira, 1996.

MONTEIRO, Adriano Camargo. *Tarô carbônico*. São Paulo: IBRASA, 2007.

MORAES, Regina. O *tarô dos salmos*. Rio de Janeiro: Nova Era, 1994.

MOSCARDÓ, Margarida Arnal. *El gran livro del tarot*. Barcelona: Obelisco, 2004.

NICHOLS, Sallie. *Jung e o tarô*. São Paulo: Cultrix, 1987.

NOBLE, Vicki. *Mae paz*. Rio de Janeiro: Nova Era, 1994.

NUNES, Myrian. *Magia do tarô, livro da autodescoberta*. Rio de Janeiro: Independente, 1996.

OLAFAJÉ, Ozâmpin; PADILHA, Maria. *Oráculos do tarô*. Rio de Janeiro: Independente, 1997.

OSHO. *Osho Zen Tarot*. Nova York, EUA: Saint Martins Press, 1994.

OUSPENSKY, P.D. *El simbolismo del Tarot*. Barcelona: Obelisco, 2007.

PAPUS. *O tarô dos boêmios*. São Paulo: Martins Fontes, 1992.

The tarot of the bohemians. Califórnia: Wilshire Book Company , 1973.

POLLACK, Raquel. *78 degraus de sabedoria*, Parte I. Rio de Janeiro: Nova Fronteira, 1991.

78 degraus de sabedoria, Parte II. Rio de Janeiro: Nova Fronteira, 1991.

PRAMAD, Veet. *Curso de tarô*. São Paulo: Independente, 1993.

Curso de tarô e seu uso terapêutico. São Paulo: Madras, 2003.

RABBEN, Mascha. O *tarô da Nova Era*. São Paulo: Pensamento, 1995.

RILEY, Jana. *Tarô, dicionário & compêndio*. Rio de Janeiro: Jorge Zahar Editor, 2000.

RENEE, Janina. *Tarot Spells*. Woodbury, EUA: Llewellyn, 1997.

RODÉS, Daniel; SÁNCHES, Encarna. *Tarot y constelaciones familiares*. Barcelona: Oceano, 2009.

SALAS, Emilio. *El Gran Libro del Tarot*. Barcelona, Espanha: Robinbook, 1992.

SARZENA, Sílvia. *O tarô egípcio*. São Paulo: Ground, 1995.

SHARMAN-BURKE, Juliet; GREENE, Liz. O *tarô mitológico*. São Paulo: Siciliano, 1988.

SILVESTRE, Colette H. *ABC do tarô*. Rio de Janeiro: Nova Fronteira, 1992.

SIMON, Sylvie; PIEARD, Mareel. *A linguagem secreta do tarô*. São Paulo: Pensamento, 1992.

The Tarot: art, mysticism, divination. Rochester, EUA: Inner Traditions, 1988.

STEINER-GERINGER, Mary. *O tarô e o autoconhecimento*. São Paulo: Pensamento, 1989.

VAYNES, Julia e SUMMERS, Catherine. *O tarô e você*. São Paulo: Saraiva, 1995.

VILELA, Beatriz. *Tarô hipocampo*. Rio de Janeiro: Hipocampo, 1990.

VIVARTA, Veet. *O caminho do mago*. São Paulo: Francisco Alves, 1996.

WAITE, Arthur E. *Tarô, a sorte pelas cartas*. Rio de Janeiro: Record, 1987.

The Pictorial Key to the Tarot. Londres, Inglaterra: Rider & CO., 1989.

WALDHERR, Kris. *The Goddess Tarot Workbook*. Stamford, EUA: U.S. Games Systems, 2000.

WALKER, Barbara. *The Secrets of the Tarot*. Nova York, EUA: Harper & Row, 1984.

WANG, Robert. *The Qabalistic Tarot*. Maine, EUA: Samuel Weiser, 1990.

WILLIS, Tony. *Magick and the Tarot*. Londres, Inglaterra: The Aquarian Press, 1988.

WIRTH, Oswald. *The Tarot of the Magicians*. Maine, EUA: Samuel Weiser, 1990.

ZIEGLER, Gerd. *Tarot: Mirror of the Soul*. Maine, EUA: Samuel Weiser, 1988.
O tarô e o amor. Rio de Janeiro: Jorge Zahar Editor, 2002.

ZOLRAK. O *tarô sagrado dos orixás*. São Paulo: Pensamento, 1997.

Crédito

As ilustrações dos capítulos 2 e 3 são reproduções das cartas do tarô clássico Nei Naiff, parte integrante do livro *Curso Completo de Tarô*, editora Alfabeto. Sob a orientação de Nei Naiff, o tarô foi esboçado e produzido digitalmente pela artista plástica Thaís Linhares. *Qualquer reprodução é proibida sob pena.*

AUTOR

NEI NAIFF, nome espiritual de Claudinei dos Santos, significa "*aquele que vence pela verdade e pureza*", nasceu em Jundiaí, São Paulo, Brasil, em 04/11/1958, e reside na cidade do Rio de Janeiro desde década de 1980. **Tarólogo, astrólogo** (associado ao Sindicato dos Astrólogos), **terapeuta** (membro da Associação de Medicina Complementar) e **escritor** (agremiado ao Sindicato dos Escritores), possui formação técnica em arquivologia e química industrial, também instrução superior em administração de empresas, além de licenciatura em letras (literatura/português/inglês).

Entre os diversos eventos que produziu no Brasil se destacam o Congresso Brasileiro de Tarô (São Paulo: 2002), o Encontro de Tarólogos (Campina Grande: 2007, 2009, 2011) e o Fórum de Tarô e Simbologia (São Paulo: 2009; Rio de Janeiro: 2011; Belo Horizonte: 2013), nos quais reuniu distintos profissionais e estudantes para tratarem do futuro e do aprendizado do tarô.

Autor de mais de 18 livros de conteúdo oracular e terapêutico, recebeu o prêmio Recordista 2011 por sua obra *Curso Completo de Tarô* (editora Nova Era), que vendeu mais de 120 mil exemplares; além disso, o livro *Tarô, simbologia e ocultismo* foi agraciado na premiação Wener Klatt de Excelência Gráfica como melhor projeto editorial de 2012. Por sua vez, o conjunto de sua obra já vendeu mais de meio milhão de exemplares.

Há mais de 40 anos tem se dedicado ao esoterismo; contudo, ainda se considera um buscador, um eterno aprendiz, cujo lema principal é "**O autoconhecimento é a única evolução**". Sua vasta experiência profissional no atendimento a mais de 11 mil clientes (tarô, astrologia e terapia) e de 15 mil alunos (cursos regulares, intensivos e internet), incluindo a exposição de aproximadamente 300 palestras, possibilita uma visão ampla da vida e do universo espiritual, que serve de base sólida para seus livros e cursos práticos. Por suas ideias inovadoras e contemporâneas, Nei Naiff foi convidado a se apresentar no 3º Congresso Mundial de Tarô, Chicago-EUA (2001), no 7º Congresso Internacional de Tarô, Madri-Espanha (2018).

Siga Nei Naiff nas redes sociais:

E-mail: livro@neinaiff.com

Site Oficial: www.neinaiff.com

Escola de Tarô: www.tarotista.com.br

Facebook: www.facebook.com/escritor.nei.naiff

Instagram: www.instagram.com/neinaiff

Pinterest: www.pinterest.com/neinaiff Youtube:

www.youtube.com/neinaiff

ESCOLA DE TARÔ ON-LINE!

Quer aprender tarô de verdade, com orientação e suporte mesmo após terminado o curso? É iniciante ou acaso já fez um curso de tarô e ainda se sente inseguro? Seus horários nunca combinam com os cursos ofertados?

Então, matricule-se na escola on-line de tarô administrada por Nei Naiff. Estude via internet no horário que desejar (celular, tablet, TV, PC), aprendendo a ler o tarô de modo eficaz e seguro. O curso consta de estudo progressivo em videoaulas, avaliações individualizadas e certificado de conclusão.

>> VISITE: www.tarotista.com.br

NEI NAIFF
TARÔ
SIMBOLOGIA E OCULTISMO
ESTUDOS COMPLETOS DO TARÔ
VOLUME 1
ALFABETO
1
NEI NAIFF
TARÔ – SIMBOLOGIA E OCULTISMO
ALFABETO

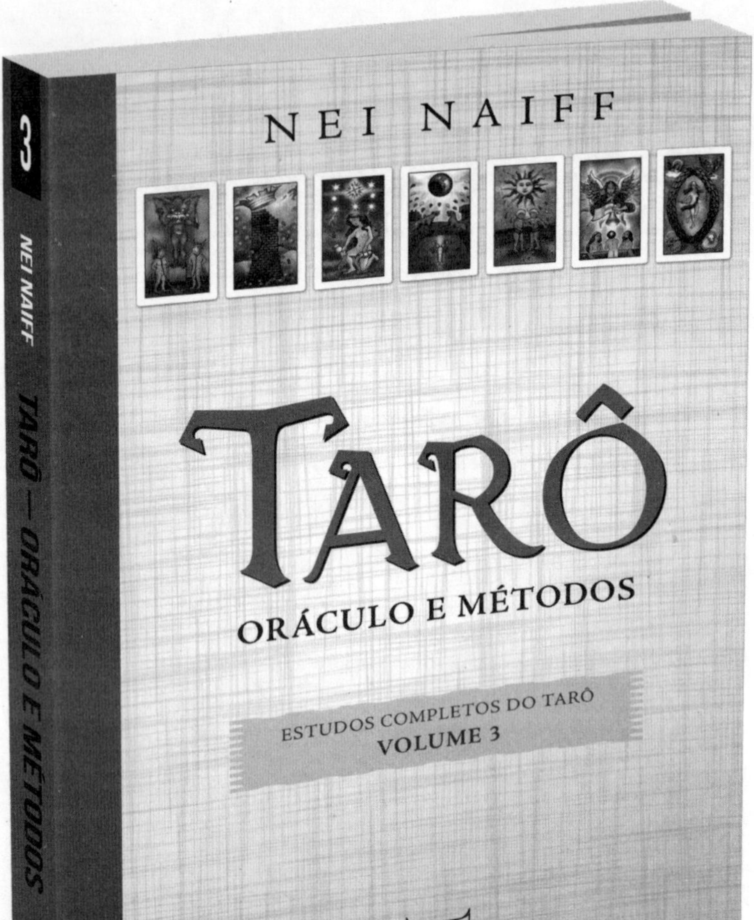
3
NEI NAIFF
TARÔ — ORÁCULO E MÉTODOS
ALFABETO
NEI NAIFF
TARÔ
ORÁCULO E MÉTODOS
ESTUDOS COMPLETOS DO TARÔ
VOLUME 3
ALFABETO